Tableaux culturels de la France

THIRD EDITION

Tableaux culturels de la France

J. Suzanne Ravisé

National Textbook Company
a division of NTC/CONTEMPORARY PUBLISHING GROUP
Lincolnwood, Illinois USA

ISBN: 0-8442-1273-3

Published by National Textbook Company,
a division of NTC/Contemporary Publishing Group, Inc.,
4255 West Touhy Avenue,
Lincolnwood (Chicago), Illinois 60646-1975 U.S.A.

Table des Matières

PREMIÈRE PARTIE

Autrefois

Les Gaulois ont laissé peu de traces dans le pays mais on retrouve leurs traits de caractère chez beaucoup de Français. (T. Suquet)

1

LA GAULE ET LA PÉRIODE GALLO-ROMAINE

L'HISTOIRE

Les premiers ancêtres véritables des Français appartenaient à des tribus venues des plaines de l'Europe centrale qui comprenaient parmi d'autres les Celtes, les Belges et les Ibères; on les appelle les Gaulois. A cette époque, vers l'an 500 avant Jésus-Christ, la France s'appelait la Gaule et Paris s'appelait Lutèce. Les Gaulois avaient le teint clair, les yeux bleus et les cheveux blonds. Ils étaient bavards, violents, batailleurs. Ils aimaient bien boire et bien manger. Les Gaulois étaient surtout des agriculteurs et des éleveurs de bétail, mais ils avaient bien développé les industries de la laine et du fer.

Comme beaucoup de peuples primitifs, les Gaulois peuplaient la nature de dieux nombreux et ils adoraient des phénomènes naturels comme le feu, le tonnerre, les sources, ou des astres comme le soleil et la lune. Le gui du chêne était leur plante sacrée et ils croyaient qu'il avait le don de guérir toutes les maladies. Les druides étaient à la fois prêtres, médecins et juges et ils occupaient une place importante dans la société gauloise.

Le dernier chef gaulois, Vercingétorix est le premier héros national français. Il a défendu le pays contre les Romains commandés par Jules César; il a

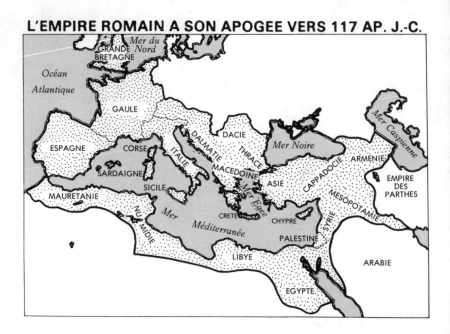

L'EMPIRE ROMAIN A SON APOGEE VERS 117 AP. J.-C.

uni les tribus gauloises et les a encouragées à s'opposer aux envahisseurs. Il a cependant perdu la bataille d'Alésia en 52 av. J.-C. parce que les Romains étaient mieux armés et mieux disciplinés. Jules César a emmené Vercingétorix à Rome où il a été exécuté six ans plus tard. Malgré sa défaite, Vercingétorix est célèbre pour son esprit d'indépendance et pour son amour de la liberté — traits de caractère importants chez les Français.

Après la chute d'Alésia, les Romains ont établi leur domination sur toute la Gaule. Ils ont transformé le pays qui est devenu paisible et très prospère, car les guerres entre les tribus ont cessé. Ils y ont bâti de nombreux monuments dont on peut encore voir les ruines et ils ont construit de belles routes. Les Gaulois ont adopté les coutumes et surtout la langue des vainqueurs, le latin, qui est l'ancêtre du français moderne. L'administration romaine a duré environ 500 ans, jusqu'au milieu du Ve siècle.

LES ARTS

1. Les premières œuvres d'art françaises remontent à une époque préhistorique, le Paléolithique supérieur. Ce sont des dessins peints et gravés sur les murs des grottes du sud-ouest de la France: Lascaux, Cro-Magnon, etc. Ces dessins représentent surtout des animaux — chevaux, bisons, taureaux — avec un très grand réalisme et on pense qu'ils ont peut-être une signification religieuse.

Ces dessins, qui se trouvent dans des grottes à Lascaux, sont étonnants de fraîcheur, de "modernisme" et de vie.

Quel peuple a dressé ces énormes pierres à Carnac? Comment? Pourquoi? . . . Autant de questions toujours sans réponses.

2. Les premiers monuments français datent aussi de la préhistoire, de l'Age de bronze. On les trouve en Bretagne, surtout à Carnac. Ce sont d'énormes pierres très lourdes qui se dressent vers le ciel, les menhirs, ou bien des tables de pierre, les dolmens, ou bien des alignements en ligne droite ou circulaire. Ces vestiges gigantesques, que l'on peut voir aussi en Angleterre, appartiennent à une civilisation inconnue.

Très bien conservées, les arènes romaines de Nîmes servent encore pour les courses de taureaux.

La "Maison Carrée" de Nîmes est le temple romain le mieux conservé de France.

La taille imposante du théâtre de Lyon donne une idée de l'importance de cette ville à l'époque gallo-romaine.

3. Il reste peu de choses de la civilisation gauloise, mais il y a encore en France de nombreux monuments de la période gallo-romaine. On peut encore voir des arènes à Paris, mais c'est surtout au sud de la France, dans la vallée du Rhône, que l'on trouve les principaux monuments: arènes de Nîmes et d'Arles; "La Maison Carrée" de Nîmes (le temple romain le mieux conservé de France), bâtie pendant le règne de l'empereur Auguste, successeur de Jules César; les théâtres d'Arles et d'Orange; l'arc de triomphe d'Orange; et d'autres encore. Le plus beau monument gallo-romain est à la fois un aqueduc et un pont: le Pont du Gard qui se trouve près de Nîmes.

Le Pont du Gard est en réalité un aqueduc romain doublé d'un pont à l'étage inférieur. Il a été restauré sous Napoléon III.

QUESTIONS

L'Histoire

1. Qui sont les véritables ancêtres des Français?
2. Comment s'appelait la France? Et Paris?
3. Décrivez les Gaulois, leurs occupations et leur religion.
4. Pourquoi Vercingétorix est-il important?
5. Qu'est-ce que les Romains ont fait en Gaule?
6. Combien de temps leur administration a-t-elle duré?

Les Arts

1. Quelles sont les premières œuvres d'art françaises? Où les trouve-t-on?
2. Décrivez des monuments de l'Age de bronze. Dans quelle partie de la France y en a-t-il?
3. Nommez des monuments de la Gaule romaine et dites où ils se trouvent.
4. Quelle est la différence entre un aqueduc et un pont?

SUJETS DE COMPOSITION FRANÇAISE

1. Expliquez comment les Romains ont changé le cours de l'histoire de France. A votre avis, ces changements ont-ils eu un bon ou un mauvais résultat?
2. Décrivez les différents monuments de la Gaule romaine. Quelles sont leurs qualités artistiques?

Roi des Francs, empereur d'Occident, Charlemagne a été un grand civilisateur.

2

LE HAUT
MOYEN AGE

L'HISTOIRE

Les Francs

Vers la fin de la période gallo-romaine, l'Empire romain d'Occident est devenu faible. La frontière du Rhin entre la Gaule et la Germanie (l'Allemagne moderne) était mal défendue. Les membres des tribus germaniques, appelés les "Barbares", ont envahi la Gaule et, vers la fin du Ve siècle, la tribu la plus importante, celle des Francs, occupait une grande partie du pays. Les Francs étaient très batailleurs et ils se battaient continuellement entre eux et contre les Romains. Finalement, le gouvernement romain s'est effondré, la civilisation gallo-romaine a disparu et les habitants sont retournés à la vie barbare.

Cependant, les Francs ont adopté la langue et la religion des vaincus: le latin et le christianisme. C'est ainsi que Clovis (roi de 481 à 511) a été le premier roi franc à devenir chrétien en 496. Il a réussi à réunir toute la Gaule—devenue la France—sous son pouvoir mais, après sa mort, le royaume a été partagé entre ses quatre fils selon la coutume franque, et les grands chefs des différentes tribus sont redevenus indépendants.

Après 300 ans de guerre et d'anarchie, le grand roi franc Charlemagne, qui a régné de 768 à 814, a fait beaucoup pour le progrès de la civilisation. Il a

EMPIRE DE CHARLEMAGNE VERS 800

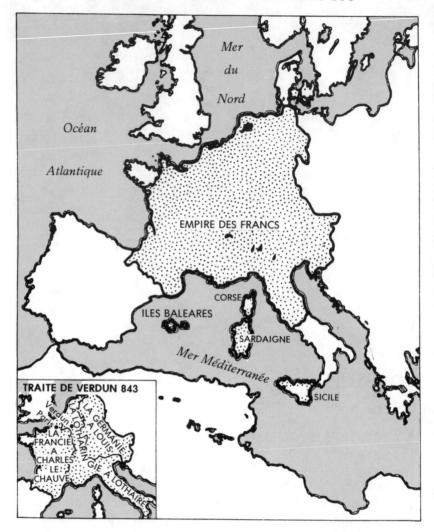

établi une domination unique sur toute la France; il a conquis une partie de l'Espagne après avoir lutté contre les Maures ou Musulmans, et il est devenu maître de l'Italie et de la Germanie. En 800 il a été couronné empereur par le pape à Rome. D'autre part, il a fondé des écoles et des bibliothèques, encouragé l'étude de la langue et de la littérature latines et fait des lois justes.

Mais les successeurs de Charlemagne ont été aussi faibles que ceux de Clovis. Un traité célèbre, le traité de Verdun, signé en 843, a partagé l'empire de Charlemagne entre ses trois petits-fils, et l'aîné, Charles le Chauve, est ainsi devenu roi de France. Après la signature de ce traité, la France est devenue indépendante et elle l'est toujours restée jusqu'à nos jours.

Cependant, l'autorité des rois s'est affaiblie; la guerre et l'anarchie ont reparu dans tout le pays. De nouvelles invasions aux IXe et Xe siècles ont ajouté au désordre: les Vikings, que les Français ont appelés Normands (les hommes du nord), sont venus par mer des pays scandinaves. Ils pillaient les villages et massacraient les habitants des côtes de France. En 911, le roi de France, Charles le Simple, leur a donné le territoire qui est devenu la Normandie. Leur chef Rollon s'est fait chrétien et est devenu vassal du roi de France sous le titre de duc de Normandie.

En 987 Hugues Capet a fondé la dynastie capétienne. Ses descendants ont régné jusqu'en 1848 (sauf entre 1793 et 1815). Jusqu'à la fin du XIIe siècle, le roi est resté très faible, sans aucun pouvoir réel sur les grands seigneurs du royaume.

La Religion et la Société

Du Ve au Xe siècle, la religion chrétienne a pénétré dans les campagnes. Les moines, de plus en plus nombreux, s'occupaient surtout de la culture des champs, en plus de leurs activités religieuses. Dans cette société grossière, le chrétien, naïf, très croyant, vivait dans un monde imaginaire de miracles, de démons, d'anges et de saints.

Grâce à leurs excellents navires, les Normands traversaient les mers, remontaient les fleuves et attaquaient les villes. On les voit ici faisant le siège de Paris en 845.

Vers la fin du Haut Moyen Age (fin XIe siècle), le régime féodal était à peu près établi. En principe, les nobles les plus puissants — comme les comtes et les ducs — étaient les vassaux ("vassal" au singulier) du roi, leur seigneur ou suzerain. Ils tenaient de lui en fief — c'est-à-dire en prêt — leurs immenses territoires où ils exerçaient un pouvoir absolu. Ce rapport entre seigneur et vassal était répété aux degrés inférieurs de la noblesse jusqu'au simple chevalier. Les paysans, appelés serfs, étaient presque des esclaves. Ils cultivaient les domaines des seigneurs ou bien ils produisaient ou fabriquaient tout ce dont le seigneur avait besoin. Ils devaient une grande partie de leur récolte ou de leur travail au seigneur qui avait le droit de vie ou de mort sur eux. Par contre, celui-ci avait le devoir de les protéger en cas de guerre ou de danger.

La vie des seigneurs était partagée entre la guerre, la chasse et les tournois. C'était une société guerrière, basée sur l'héritage des titres (comte, duc, etc.) et des domaines; sur les droits seigneuriaux; sur le contrat moral entre le seigneur et le vassal; et sur l'exploitation de l'homme par l'homme, qui attachait le paysan et l'artisan à la terre où ils étaient nés.

Comme la société, la majorité du clergé au Xe siècle était ignorante, grossière, et n'observait plus les règles de l'Eglise, ni des ordres monastiques. A cette époque, l'Eglise a commencé un mouvement de réformes pour rétablir la discipline. L'abbaye bénédictine de Cluny en Bourgogne, fondée en 910, a donné l'exemple et a aidé — avec les autres hommes d'Eglise — à humaniser la société féodale. C'est alors que la chevalerie est née, avec son caractère "cheva-

leresque". L'idéal du chevalier était d'agir avec honneur, d'être courtois, d'aider les faibles et les opprimés, de faire des prouesses, de servir Dieu et, plus tard, d'honorer sa "Dame".

La Conquête de l'Angleterre

C'est pendant la deuxième moitié du XIᵉ siècle que le duc de Normandie, Guillaume le Conquérant, devenu complètement français, est parti à la conquête de l'Angleterre. Il a gagné la bataille d'Hastings en 1066 et il est devenu le maître de ce pays où il a apporté la langue et la civilisation françaises. Guillaume et ses descendants sont devenus rois d'Angleterre, mais, comme ils étaient toujours ducs de Normandie, ils sont restés vassaux du roi de France et c'est cela qui a créé, pendant de nombreuses années, la rivalité entre les deux pays.

LA LITTÉRATURE

Le premier document en vieux français est le texte des *Serments de Strasbourg* échangés en 842 entre Louis le Germanique et Charles le Chauve, petits-fils de Charlemagne, s'alliant contre leur frère Lothaire. Le texte est assez éloigné du latin pour qu'on y trouve les marques d'une nouvelle langue.

La Tapisserie de Bayeux raconte, par l'image, la conquête de l'Angleterre.

La littérature des Français, comme celle de tous les autres peuples, commence par la poésie qui traduit les émotions et qui est plus facile à comprendre que le raisonnement. Il nous reste quelques petits poèmes de cette époque, mais la plupart étaient chantés par les trouvères et les troubadours, hommes qui allaient de château en château et de ville en ville pour distraire les seigneurs et la population. Ces poèmes se transmettaient oralement et n'étaient généralement pas écrits: c'est pourquoi nous en avons très peu.

Pendant cette période, tous les documents importants et la correspondance étaient écrits en latin; cette coutume s'est prolongée jusqu'en 1539 lorsque le roi François Ier a ordonné la rédaction des actes officiels en français. Elle a cependant continué jusqu'au XVIIe siècle pour les documents scientifiques et religieux.

LES ARTS

L'Architecture Religieuse

Les premières églises chrétiennes étaient bâties sur le principe de la basilique romaine qui se servait de l'arc rond pour supporter les ouvertures et qui était couverte d'un toit en bois où le risque d'incendie était très grand, ou bien de larges pierres horizontales qui étaient difficiles à transporter et à mettre en place.

La basilique Sainte-Madeleine à Vézelay faisait partie d'une abbaye. Elle a été commencée au XIe siècle.

Tête de Christ de style roman.
Basilique de la Madeleine à
Vézelay.

Vers le IXᵉ siècle, l'architecture religieuse se transforme et donne naissance à un art nouveau, né en France, que l'on appelle l'art roman parce qu'il est basé sur l'arc rond utilisé dans les bâtiments romains. Les églises sont construites en forme de croix latine et sont couvertes d'une voûte en pierre. Des murs très épais, doublés de contreforts à l'extérieur et percés de très petites ouvertures, supportent le poids de la voûte. A l'intérieur, de gros piliers massifs aident aussi à la soutenir. La façade est surmontée de clochers peu élevés. Ces églises ont un aspect massif, elles donnent une impression de lourdeur et elles sont très sombres à l'intérieur.

Les bas-reliefs et les sculptures qui décorent les églises romanes représentent surtout des scènes de l'Ancien et du Nouveau Testament. Les personnages sont longs et minces et ils semblent souvent tourmentés par le poids de

L'art roman était encore massif, prisonnier de la pierre. Voici une sculpture du XIIᵉ siècle
au cloître de Serrabone. (P.O.)

Notre-Dame-la-Grande de Poitiers, très décorée, est pleine de charme. Ses tours ont une forme curieuse.

La basilique Saint-Sernin de Toulouse est une des églises romanes les plus vastes.

leurs fautes. Les sculpteurs romans n'appliquent pas les lois de la perspective, ils ne respectent pas les proportions; ils cherchent surtout à éduquer les fidèles qui ne savent pas lire et à peindre l'émotion religieuse. Leurs œuvres comprennent aussi des lignes géométriques (ou arabesques), des plantes stylisées et des monstres ailés, gravés ou sculptés dans la pierre.

Parmi les principales églises romanes il y a Saint-Germain-des-Prés à Paris, l'église abbatiale de la Madeleine à Vézelay (Bourgogne), Notre-Dame-la-Grande à Poitiers, Saint-Trophime à Arles, Saint-Sernin à Toulouse et l'Abbaye aux Hommes à Caen.

L'Architecture Civile

Les châteaux forts ont été construits pour les seigneurs. Ils ont des murs épais avec de très petites ouvertures placées haut dans les murs. Ce sont des bâtiments de défense contre les attaques de nombreux ennemis: barbares, pillards ou seigneurs qui veulent agrandir leur domaine. Les meilleurs exemples sont les châteaux de Chinon, Falaise, Fougères, Angers, Château-Gaillard.

Bien placé au sommet de la colline d'où il surveillait la vallée et le fleuve, le seigneur pouvait voir arriver l'ennemi de loin, à l'abri derrière les murs épais de son château fort. Vue aérienne de Château-Chinon. (Nièvre)

La vieille Cité de Carcassonne n'a pas changé depuis des siècles et la ville nouvelle s'est étendue de l'autre côté de la rivière.

Les villes sont fortifiées aussi. Elles sont entourées de murs épais. L'exemple le plus beau et le plus complet est la vieille Cité de Carcassonne dans le sud-ouest de la France, dont l'enceinte fortifiée date du XIIIᵉ siècle.

QUESTIONS

L'Histoire

1. Pourquoi la civilisation gallo-romaine a-t-elle disparu?
2. Qu'est-ce que les Francs ont pris aux vaincus?
3. Comment s'appelle le premier roi franc chrétien? Etait-il puissant? Pourquoi?
4. Quelle est l'œuvre de Charlemagne?
5. Qu'est-ce que le traité de Verdun?
6. Quels sont les nouveaux envahisseurs de la France aux IXᵉ et Xᵉ siècles? Que sont-ils devenus?
7. Quand et par qui la dynastie capétienne a-t-elle été fondée?
8. Décrivez le régime féodal.
9. Qui est Guillaume le Conquérant? Qu'a-t-il fait d'important?
10. Pourquoi le vocabulaire de la langue anglaise est-il semblable au vocabulaire de la langue française?

La Littérature

1. Quel est le premier document en français?
2. Comment commence la littérature en France? Pourquoi?
3. Pourquoi avons-nous peu de poèmes de cette époque?
4. En quelle langue écrivait-on autrefois les documents importants en France? A quel moment est-ce que la coutume a changé?

Les Arts

1. Comment étaient bâties les premières églises chrétiennes?
2. Comment ont-elles été bâties à partir du IXe siècle? Quelles sont les caractéristiques qui distinguent les nouvelles églises des précédentes?
3. Comment sont les décorations des églises romanes? A quoi servent ces "tableaux de pierre"?
4. Nommez quelques églises de style roman et dites où elles se trouvent.
5. Comment étaient les villes et les habitations des seigneurs pendant cette période?

Sujets de Composition Française

1. Quelles sont les caractéristiques des églises romanes? En quoi sont-elles semblables ou différentes des bâtiments romains?
2. Décrivez l'œuvre de Charlemagne. Pensez-vous qu'elle ait été utile pour le progrès de la civilisation?
3. Comparez la conquête romaine et les invasions barbares de la fin du Ve siècle.

Sur cette miniature du XIVe siècle on peut voir le roi Saint Louis qui parle à son fils.
(Holzapfel)

CHAPITRE

3

LE MOYEN AGE

L'HISTOIRE

Cette période s'étend sur quatre siècles, du XIIe au XVe siècle. La prospérité et le progrès marquent les XIIe et XIIIe siècles. Au XIVe siècle, tout s'arrête à cause de la Guerre de Cent Ans.

Les Croisades

A la fin du XIe siècle, la Terre Sainte, où de nombreux chrétiens allaient en pèlerinage, est conquise par un peuple musulman, les Turcs, qui leur refusent l'entrée de Jérusalem. Alors, au lieu d'y aller individuellement ou par petits groupes, les chrétiens forment des troupes armées pour se défendre contre les cruautés et les persécutions des Turcs.

En 1095, le pape Urbain II, français de la grande abbaye de Cluny, organise une expédition armée pour aller reprendre la Terre Sainte aux Turcs. Les hommes portent une croix de drap rouge sur l'épaule et sont appelés des Croisés: c'est le début des Croisades. Il y a eu huit Croisades entre 1096 et 1270, et les Français y ont joué un rôle important. Pierre l'Ermite a prêché la première Croisade et Godefroy de Bouillon l'a commandée. Le roi Philippe Auguste a été un des chefs de la troisième Croisade (avec Richard Cœur de Lion, roi d'Angleterre). Villehardouin a été l'historien et un des chefs de la quatrième. Le roi saint Louis (Louis IX) a organisé et commandé les septième et huitième. Il est mort de la peste pendant cette dernière à Tunis en Afrique.

Jérusalem a été prise par les Croisés en juillet 1099 et est restée chrétienne jusqu'à 1187. Elle a été reprise en 1229 pour être perdue définitivement pour les chrétiens en 1244.

Les Rois

Pendant cette période, les rois capétiens ont travaillé pour étendre leurs possessions personnelles et pour augmenter leur autorité. Ils ont établi le principe de la monarchie héréditaire par laquelle le fils aîné hérite seul de toutes les possessions de son père. Ils se sont battus contre le roi d'Angleterre qui était toujours duc de Normandie et qui avait obtenu par mariage de grands territoires en France (environ un tiers du pays lui appartenait). Les rois de France lui ont arraché la Normandie et des pays en bordure de la Loire comme la Touraine. Par ces conquêtes, par des achats et par des mariages, le domaine royal s'est étendu sur une grande partie du territoire. L'énergie de Philippe Auguste, roi de 1180 à 1223, l'exemple chrétien de Louis IX (saint Louis), qui a régné de 1226 à 1270, et l'intelligence rusée de Philippe le Bel, dont le règne a duré de 1285 à 1314, ont beaucoup contribué à augmenter le prestige et l'autorité du roi.

La Guerre de Cent Ans

1. Ses Causes et les premières batailles. En 1328, le roi de France est mort ne laissant que deux filles. Comme une fille ne pouvait pas hériter de la couronne, d'après une vieille loi qui datait des premiers Francs, c'est un cousin, Philippe de Valois, qui est devenu l'héritier. Mais le roi d'Angleterre, Edouard III, petit-fils de Philippe le Bel par sa mère, a réclamé la couronne de France. Les grands seigneurs et les docteurs de l'Eglise ont refusé de la lui donner pour deux raisons: (a) une raison légale: une femme ne peut pas transmettre des droits qu'elle n'a pas elle-même; et (b) une raison politique: on ne voulait pas, en France, être sujet du roi d'Angleterre. Ainsi a commencé une guerre qui n'a fini qu'en 1453—c'est la Guerre de Cent Ans.

Les Anglais ont d'abord remporté de grandes victoires à Crécy (1346), à Poitiers (1356) et à Azincourt (1415). Le roi d'Angleterre, aidé de son allié le duc de Bourgogne, a occupé Paris. Le roi de France, Charles VII, s'est réfugié au sud de la Loire à Bourges. La France était sur le point de perdre la guerre.
2. La Défaite des Anglais et la fin de la guerre. Une jeune fille de seize ans l'a

Cette scène qui se passe en Bretagne a eu lieu dans toute la France. La Guerre de Cent Ans a ruiné le pays.

sauvée, c'est Jeanne d'Arc. Elle a déclaré que c'était Dieu qui l'envoyait pour aider le roi de France et lui rendre son royaume. Charles VII lui a donné une petite armée et sa première victoire importante a été remportée devant Orléans. Elle a emmené Charles VII à Reims où le sacre de celui-ci a eu lieu dans la cathédrale. Ce sacre était nécessaire pour le faire reconnaître par toute la population. Jeanne d'Arc a continué à attaquer les Anglais et les Bourguignons, mais elle a été faite prisonnière par ces derniers, à Compiègne, puis vendue aux Anglais qui avaient mis sa tête à prix. Elle a été jugée comme hérétique et brûlée sur le bûcher à Rouen, le 30 mai 1431.

La campagne de Jeanne d'Arc contre les Anglais, sa piété et son patriotisme ont redonné du courage à tout le pays. A partir de ce moment, les Anglais ont été chassés de partout en France et en 1453 ils ne gardaient qu'une seule ville en France: Calais.

Jeanne d'Arc était à la tête des soldats qui ont attaqué Orléans et, pour la première fois depuis de longues années, les Français ont été victorieux.

A la fin de la Guerre de Cent Ans, le pays était dévasté, des bandes de pillards jetaient la terreur partout. Cependant, l'énergie et la bonne fortune de Louis XI, roi de France de 1461 à 1483, et de son fils, Charles VIII, qui a régné de 1483 à 1498, leur ont permis de redresser le pays et de compléter l'annexion de territoires qui ont à peu près donné à la France sa superficie actuelle.

Le Début de la Bourgeoisie

Dès le XIᵉ siècle, les bourgeois—habitants des bourgs ou villes—ont commencé à s'enrichir par le commerce et par l'industrie. Les seigneurs féodaux ne pouvaient maintenir sur eux la même autorité que sur les paysans et, peu à peu, les habitants des villes se sont émancipés. Au XIIᵉ siècle ils ont arraché aux nobles des libertés et même l'autonomie municipale. A partir de ce moment-là une grande rivalité s'est élevée entre la classe bourgeoise et l'aristocratie seigneuriale qui s'est finalement terminée, au XIXᵉ siècle, par la victoire de la bourgeoisie.

La Langue et l'Instruction

1. L'Evolution de la langue. La langue a changé au cours des siècles. Le latin vulgaire s'est transformé de plus en plus. La division du pays en nombreuses provinces a permis la constitution de nombreux dialectes, mais, du fait de la centralisation administrative à Paris, le dialecte de l'Ile-de-France (la province où se trouve Paris) l'a emporté sur les autres dialectes et il est devenu d'abord le "roman" ou langue romane vers le VIᵉ siècle. Appelée ensuite le français, la langue a continué à évoluer et à partir du XVIIᵉ siècle elle est arrivée à sa structure moderne.

2. La Création des premières universités. Pendant que l'activité économique se développait dans les villes, un grand désir de connaissances s'emparait de la population. Des universités ont été établies qui ont répandu la culture parmi les nobles et les bourgeois. La première est celle de Paris que l'on appelle la Sorbonne (1110). Puis d'autres ont été créées, à peu près à la même époque, à Toulouse, Orléans et Montpellier.

LA LITTÉRATURE

La Littérature Aristocratique

1. Les Chansons de geste. Ce sont de longs poèmes épiques, écrits longtemps après les événements qu'ils racontent. Ils sont basés sur des faits précis, mais les poètes ont grandi les hommes et grossi les événements. Ces œuvres exaltent l'idéal chevaleresque et chrétien de la société féodale au commencement du XIIᵉ siècle.

Il y a beaucoup de chansons de geste; la plus ancienne et la plus célèbre est *La Chanson de Roland,* le premier chef-d'œuvre de la littérature française. On ne sait pas exactement quand ce poème a été écrit ni qui en est l'auteur, mais le poète a créé un drame puissant où il montre son patriotisme—il parle souvent de la "douce France"—sa piété et sa grande imagination. Cette épopée décrit un combat d'un lieutenant de Charlemagne pendant l'expédition d'Espagne. Dans le poème Roland est devenu le neveu de l'empereur "à la barbe fleurie"; l'histoire est transformée en légende et les personnages pensent et agissent d'une façon héroïque, au service de Dieu et de leur seigneur.

2. Les Romans courtois. A cette époque le mot "roman" veut simplement dire que l'ouvrage est écrit en langue romane. Les œuvres appelées "romans courtois" sont des poèmes dont la plupart sont basés sur des légendes celtiques: Tristan et Yseult ou le roi Arthur et les chevaliers de la Table Ronde, comme Lancelot, Gauvain et Perceval. Dans ces poèmes le chevalier continue à faire des prouesses mais ce n'est plus pour le service de Dieu ou de son seigneur comme dans les chansons de geste: c'est pour servir la dame qu'il aime. L'amour est donc le thème principal de ce genre littéraire dont le plus grand écrivain est Chrétien de Troyes.

La Littérature Bourgeoise

Les personnages des chansons de geste et des romans courtois sont des nobles qui se soumettent aux règles de la chevalerie et de la courtoisie. A la même époque il y a un autre courant littéraire "bourgeois" qui présente la vie d'une façon réaliste et qui illustre ce que l'on appelle l'esprit gaulois: mélange de bon sens, de joie de vivre et d'humour plus ou moins grossier. Cette littérature nous a donné des œuvres diverses:

1. Les fabliaux, contes amusants et satiriques, écrits en vers, dont les sujets sont généralement tirés de la vie de tous les jours. *Le Vilain Mire* (le paysan médecin), dont Molière s'est inspiré lorsqu'il a écrit *Le Médecin malgré lui,* en est un exemple.

2. *Le Roman de Renart,* collection de poèmes dans lesquels les personnages sont des animaux qui, par leurs défauts et leurs qualités, ressemblent à des hommes et agissent comme eux. Cet ouvrage est une parodie de l'épopée ainsi qu'une critique des mœurs de la société.

3. *La Farce de Maître Pathelin* (XVe siècle), comédie dont l'auteur est inconnu. Elle met en scène un marchand, un avocat et un paysan qui, étant aussi

*Où l'on voit Maître Pathelin acheter du drap
qu'il promet de payer plus tard . . . (Petit)*

malhonnêtes les uns que les autres, se dupent mutuellement. Cette pièce est intéressante par la vérité des caractères, par le mélange de fantaisie, de vérité, de gaieté—parfois grossière—et de finesse, qui en font un chef-d'œuvre. L'expression "revenons à nos moutons"—qui veut dire revenons à notre sujet— est tirée de cette farce et on l'emploie encore maintenant lorsqu'une discussion s'égare. Le nom Pathelin est aussi utilisé dans la langue courante pour qualifier une personne de caractère souple, rusé et un peu malhonnête (dans ce cas on l'écrit "patelin").

François Villon

En dehors des courants littéraires, François Villon (1431–après 1463) est le plus grand poète du Moyen Age et, en même temps, le premier poète moderne. Il a parlé du temps qui détruit la beauté des femmes dans des poèmes comme la *Ballade des dames du temps jadis* avec son beau refrain "Mais où sont les neiges d'antan"? Ou bien il a décrit son horreur de la mort dans la *Ballade des pendus* qui fait penser à une sinistre danse macabre. Dans ses œuvres il a aussi exprimé son repentir devant ses nombreuses fautes car il a mené une vie

Cy comence le grant coδialle que te
ftamet maiftre francois Villon

Leuefque

La groffe margot

Cette illustration représente François Villon. Elle a paru dans l'édition de 1489 de son Grand Testament. *(Lauros)*

très déréglée et même criminelle. Son chef-d'œuvre s'appelle *Le Grand Testament.* Villon a disparu vers la fin de sa vie et on n'est pas sûr de la date de sa mort.

LES ARTS

L'Architecture Religieuse

Au XIIᵉ siècle, les architectes des églises romanes ont découvert une technique nouvelle pour bâtir leurs églises: la voûte d'ogives. Celle-ci est formée du croisement, en diagonale, de deux arcs brisés (l'ogive connue des architectes des églises romanes). Ces nervures croisées, qui partent des piliers, forment la charpente de l'édifice et le poids de la voûte repose ainsi sur les piliers au lieu de tomber sur les murs. Les architectes ont aussi ajouté à l'extérieur du bâtiment des arcs-boutants pour soutenir les murs latéralement. De ce fait, les contreforts ont pu être diminués et même supprimés. Tout ceci allège l'édifice. On a fait de grandes ouvertures dans les murs qui n'étaient plus nécessaires pour soutenir la voûte. Les fenêtres sont devenues plus grandes, plus nombreuses et elles ont été ornées de magnifiques vitraux ("vitrail" au singulier). Ce style est appelé "gothique" par erreur parce que les Goths n'en sont pas les auteurs.

Le chevet de la cathédrale de Reims avec ses arcs-boutants.

27

Vue intérieure de Notre-Dame d'Amiens montrant une voûte d'ogives au-dessus du chœur.

Grâce à ces découvertes, les cathédrales gothiques sont devenues beaucoup plus grandes et plus hautes que les églises romanes et on y a ajouté de jolies flèches comme celle de Notre-Dame de Paris. Celle-ci est la première des grandes cathédrales gothiques et elle a été construite de 1163 à 1345. Ces cathédrales donnent une impression de légèreté, de hauteur et de fragilité: on parle de "dentelle de pierre" pour les qualifier. Du fait que les murs sont percés de nombreuses ouvertures, elles sont très claires à l'intérieur.

Les statues et les décorations qui ornent les cathédrales gothiques ont plus de relief que celles des cathédrales romanes; les personnages se détachent de la colonne ou du mur en formes pleines et vivantes comme le font ceux des

Notre-Dame de Paris: le jugement dernier.

scènes en haut-relief qui ornent le déambulatoire (passage derrière le chœur) de la cathédrale de Chartres. Les figures deviennent plus réelles, mais d'une humanité idéalisée: l'ange au sourire de la cathédrale de Reims. Les personnages ne semblent plus ressentir autant les horribles souffrances des damnés comme ceux des églises romanes. L'art gothique est un art bien français qui est né autour de Paris, dans l'Ile-de-France, comme la langue. Il y a une soixantaine de cathédrales gothiques en France; les plus importantes et les plus belles sont celles de Paris, Amiens, Chartres, Reims, Bourges, etc., presque toutes dédiées à Notre-Dame (la Vierge Marie).

Depuis 1443, rien n'a changé ici: l'Hôtel-Dieu de Beaune est resté le même, et le costume des infirmières aussi.

L'Architecture Civile

L'art gothique a eu une grande influence sur les constructions civiles et les châteaux seigneuriaux. Les bâtiments se sont allégés; les ouvertures ont été agrandies. Les portes, les fenêtres, la toiture et même les murs extérieurs ont été revêtus de décorations semblables à celles des cathédrales. Parmi les plus beaux exemples on peut citer l'hôtel de Cluny à Paris, l'hôtel de Jacques Cœur à Bourges, le Palais de Justice à Rouen, l'hospice de Beaune, les châteaux de Langeais et de Sully-sur-Loire.

Les Vitraux

L'art du vitrail s'est développé rapidement pour orner les grandes fenêtres des cathédrales gothiques. Les vitraux sont formés de petits morceaux de verre de différentes couleurs assemblés à l'aide d'une armature de métal. Ils représentent des scènes de l'Ancien ou du Nouveau Testament, ou des dessins stylisés, comme les sculptures de l'église. Parmi les plus beaux se trouvent ceux de la cathédrale de Chartres. Cependant, le triomphe de l'art du vitrail est à la Sainte-Chapelle à Paris, construite par Saint Louis qui avait fait le vœu de faire bâtir une chapelle s'il revenait sain et sauf de la septième Croisade. Elle a été construite entre 1242 et 1248. Ce bâtiment est constitué d'un squelette de pierre qui est le cadre dans lequel sont placés de magnifiques vitraux. Il n'y a presque pas de murs. C'est peut-être la plus grande merveille de l'architecture gothique.

La Tapisserie

Venu de l'Orient, l'art de la tapisserie est renouvelé à la fin du Haut Moyen Age en Occident et devient une création bien française. Les tapisseries servaient de décoration, accrochées aux murs des châteaux seigneuriaux, ou bien elles pendaient des plafonds pour diviser les énormes salles en petites pièces plus intimes et plus chaudes. *La Tapisserie de Bayeux,* fabriquée de 1088 à 1092, représente la conquête de l'Angleterre par les Normands. C'est un chef-d'œuvre artistique qui a aussi une grand valeur historique.

Ce vitrail qu'on peut voir à Rouen date de 1335. (J. Niepce)

La Dame à la licorne, *au musée de Cluny à Paris, est une des tapisseries les plus célèbres du monde et une des plus belles.*

La célèbre Manufacture des Gobelins de Paris date du XVe siècle. Le chef-d'œuvre de la fin du XVe siècle est la *Dame à la licorne* (une "licorne" est un animal légendaire), qui est célèbre pour la beauté de ses coloris. Au XVIe siècle des ateliers ont aussi été établis à Arras et à Tournai.

La Peinture

1. Le premier grand artiste français est Jean Fouquet (vers 1420–1480). Il a peint des miniatures où il a représenté des batailles et des paysages avec un grand réalisme. Il a aussi peint des portraits de rois et d'hommes importants ainsi que des tableaux de la Vierge avec l'enfant Jésus.
2. Les enluminures sont des dessins coloriés qui ornent les manuscrits. Ceux-ci sont généralement des livres religieux, alors les enluminures représentent

surtout des scènes religieuses. Ces dessins sont très décoratifs à cause de leurs couleurs très vives, des arabesques et des plantes stylisées dont ils sont remplis. Comme la tapisserie, cet art date du Haut Moyen Age, mais les plus belles œuvres ont été exécutées à partir du XIIIe siècle. Une des merveilles de

Une belle œuvre de Jean Fouquet, le premier grand peintre français. (Bulloz)

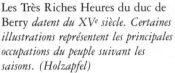

Les Très Riches Heures du duc de Berry *datent du XVe siècle. Certaines illustrations représentent les principales occupations du peuple suivant les saisons.* (Holzapfel)

l'enluminure, peinte au XVe siècle, se trouve au Musée Condé à Chantilly: *Les Très Riches Heures du duc de Berry.* C'est un livre de prières qui a été exécuté pour le duc Jean de Berry.

QUESTIONS

L'Histoire

1. Combien de temps le Moyen Age a-t-il duré?
2. Qu'est-ce que les Croisades? Pourquoi ont-elles eu lieu?
3. Nommez des personnages importants pour l'histoire des Croisades.
4. Comment les rois de France ont-ils augmenté leur autorité et agrandi leurs territoires?
5. Pourquoi la Guerre de Cent Ans a-t-elle eu lieu?
6. Qui a sauvé la France? Racontez son histoire.
7. Comment était le pays à la fin de la Guerre de Cent Ans? Qui l'a redressé?

8. Qui sont les "bourgeois" au Moyen Age? Et maintenant?
9. Quel est le dialecte qui est l'ancêtre du français moderne? Pourquoi?
10. Pourquoi les universités ont-elles été créées? Nommez celles qui étaient les plus importantes au Moyen Age.

La Littérature

1. Qu'est-ce qu'une chanson de geste? Quelles sont ses caractéristiques?
2. Quelle est la chanson de geste la plus célèbre? Quelles sont les qualités de cette œuvre?
3. Que veut dire le mot "roman" au Moyen Age?
4. Sur quoi les romans courtois sont-ils basés? Qui en sont les héros?
5. Qui est le plus grand écrivain de romans courtois?
6. Qu'est-ce que la littérature bourgeoise? Donnez-en des exemples.
7. Quels sont les héros du *Roman de Renart?*
8. Parlez de la *Farce de Maître Pathelin.*
9. Qui est François Villon? Comment a-t-il vécu? Parlez de ses œuvres.

Les Arts

1. Quelles sont les nouvelles caractéristiques des cathédrales gothiques?
2. Comparez les décorations d'art roman et celles d'art gothique.
3. Nommez les plus belles cathédrales gothiques de France.
4. Comment l'art gothique a-t-il influencé les constructions civiles?
5. Décrivez un vitrail. Nommez une cathédrale avec des beaux vitraux.
6. Quelle est une des plus grandes merveilles de l'architecture gothique?
7. Nommez deux tapisseries importantes.
8. Qui est le plus grand peintre français du XVe siècle? Quelles sont ses principales œuvres?
9. Qu'est-ce que les enluminures? Quelles sont leurs caractéristiques?

SUJETS DE COMPOSITION FRANÇAISE

1. Racontez ce qui s'est passé pendant la Guerre de Cent Ans. Quelles sont ses causes et conséquences en France et en Angleterre?
2. Comparez les églises romanes aux cathédrales gothiques. Dites quelles sont celles que vous préférez et pourquoi vous les préférez.
3. Il y a trois formes d'art typiques au Moyen Age: les vitraux, les tapisseries et les enluminures. Comparez-les.

Un des joyaux de la Renaissance française, le château d'Azay-le-Rideau combine à merveille l'art gothique et féodal français avec l'art italo-antique. (Bulloz)

4

LA RENAISSANCE ET LA RÉFORME AU XVIᵉ SIÈCLE

L'HISTOIRE

La Renaissance

1. Qu'est-ce que la Renaissance? C'est une période pendant laquelle les Occidentaux ont redécouvert les idées, les connaissances, la philosophie des Anciens, c'est-à-dire la civilisation antique des Grecs et des Romains. Il ne faut cependant pas croire que cette dernière avait été totalement ignorée pendant le Moyen Age car le passage d'une époque à l'autre ne s'est pas fait brusquement. En effet, il y avait eu plusieurs petites renaissances au Moyen Age dont la plus importante avait eu lieu au moment de l'établissement des universités au XIIIᵉ siècle. D'autre part, les goûts et les façons de penser du Moyen Age ont coexisté pendant de nombreuses années avec les idées nouvelles de la Renaissance pendant le XVIᵉ siècle.

2. Ses Principales Causes.

(a) L'année 1453 est une année importante pour la Renaissance parce qu'elle a marqué la fin de la Guerre de Cent Ans ainsi que la prise de Constantinople (l'ancienne Byzance, dernier vestige de l'immense empire romain) par les Turcs. A ce moment, les savants de cette ville sont partis se réfugier en

LE DOMAINE ROYAL

EN 987

EN 1223

EN 1498

EN 1610

Europe occidentale. Ils ont emporté avec eux des textes inconnus et des connaissances supérieures à celles de l'Europe médiévale. Cela a provoqué d'abord en Italie, puis dans toute l'Europe occidentale la Renaissance des sciences, de la philosophie et des lettres antiques.

(b) A la fin du XVe siècle, les rois de France possédaient une grande partie du territoire français et ils ont envahi l'Italie pour étendre leurs possessions. Ils ont été éblouis par la richesse et le raffinement de la civilisation italienne, qui connaissait déjà un épanouissement prodigieux, et ils ont ramené en France les idées nouvelles de la Renaissance italienne.

3. Les Idées. Depuis des siècles, la religion chrétienne avait poussé les hommes à regarder la vie sur terre comme une période de misère et d'expiation en attendant la Vie éternelle après la mort. La religion enseignait que le corps n'est pas important, que l'âme seule compte. A la Renaissance, les érudits ont étudié les textes grecs et latins qui donnaient beaucoup d'importance à la vie terrestre, à la nature, aux choses de ce monde. Ces humanistes—étudiants de la culture antique "humanitas"—ont repris goût à la vie; ils ont redonné plus d'importance à la vie terrestre, à la nature et à la raison humaine. Le principe d'autorité par lequel on acceptait les idées et théories des "Maîtres" et qui remplaçait souvent les études originales vers la fin du Moyen Age n'a plus été suffisant. On s'est tourné vers l'examen individuel, la libre pensée.

L'idéal des humanistes était basé sur le principe de "l'homme complet" qui demande le libre développement physique et intellectuel de l'individu, sans contraintes ni limites.

Du reste, la Renaissance est une période d'enthousiasme, d'espoir, de confiance immense dans l'avenir, dans la puissance de la raison humaine. Les découvertes scientifiques, techniques et géographiques de la deuxième moitié du XVe siècle montraient que l'homme est capable d'étendre continuellement ses connaissances par de nouvelles découvertes. L'invention de l'imprimerie par Gutenberg (vers 1450), qui a permis la rapide dissémination des idées nouvelles et qui a, par conséquent, beaucoup aidé la Renaissance, en est un exemple.

4. Le Mécène de la Renaissance française. Le grand roi de France, François Ier, qui a régné de 1515 à 1547, a vraiment aidé les artistes, les hommes de lettres et les savants. Il a fondé le Collège des Lecteurs Royaux (1530)—qui deviendra le Collège de France—pour l'enseignement du latin classique, du grec et de l'hébreu: victoire pour l'esprit de la Renaissance et pour l'esprit de la Réforme puisque les érudits voulaient lire les nouveaux livres dans la langue originale.

François Ier a aussi créé une cour brillante où venaient les nobles, au lieu de rester sur leurs terres. A l'extérieur, il a lutté contre Charles Quint, empereur d'Allemagne et roi d'Espagne, qui a envahi plusieurs fois la France.

La Réforme

L'esprit critique, libéré par la Renaissance, est à la base de la Réforme. Comme le Hollandais Erasme (1467–1536)—qui a longtemps vécu en France—ou le Français Guillaume Budé (1468–1540), les réformateurs dénoncent la corruption et l'autorité de l'Eglise. Ils veulent débarrasser la religion des pratiques et des croyances superstitieuses du Moyen Age. Ils désirent purifier la religion en remontant aux sources, c'est-à-dire à l'Evangile et aux Pères de l'Eglise: c'est pourquoi la connaissance du grec et de l'hébreu était importante.

L'Allemand Martin Luther (1483–1546) et le Français Jean Calvin (1509–1564) ont réclamé des changements importants dans les dogmes de l'Eglise. Ils voulaient retourner aux pratiques des premières institutions chrétiennes et à l'Evangile. L'Eglise de Rome a refusé, alors, ils ont tous les deux établi des églises nouvelles en se séparant de Rome et leurs adhérents ont été appelés des protestants. La plupart des Français sont restés catholiques, mais il y a tout de même eu un certain nombre de français qui se sont convertis au protestantisme. C'est ainsi que les Guerres de Religion ont commencé en France entre catholiques et protestants.

Jean Calvin a ébranlé le pouvoir du pape. Son livre, l'Institution chrétienne, *marque une étape importante dans l'évolution de la langue française.*

Henri IV, roi de France et de Navarre. Bon, juste et tolérant, il a été un grand monarque.

Les Guerres de Religion

La deuxième moitié du XVIe siècle est marquée par huit guerres civiles pendant lesquelles catholiques et protestants commettent des atrocités. L'autorité royale est affaiblie, le désordre et la confusion règnent partout. Le roi Henri III est assassiné en 1589 et l'héritier, Henri de Navarre, est protestant. Les catholiques lui résistent et ce n'est qu'après avoir renoncé au protestantisme en 1594 ("Paris vaut bien une messe", aurait-il dit à ce moment-là) qu'il est accepté comme roi de France sous le nom de Henri IV. En 1598 il signe l'Edit de Nantes qui donne aux protestants certaines libertés, surtout celle de religion.

Henri IV a rétabli la paix dans le pays et l'autorité royale sur les provinces. Il a été un des meilleurs rois de France parce qu'il a redressé le pays dévasté par la guerre civile et qu'il s'est efforcé de donner un peu de bien-être au peuple de France. Il voulait que les paysans puissent "mettre chaque dimanche la poule au pot". Malheureusement, il est mort assassiné en 1610.

LA LITTÉRATURE

La Langue Française

Les écrivains de l'époque ont décidé d'utiliser exclusivement le français (au lieu du latin) en littérature et d'essayer de rivaliser, en français, avec les grands auteurs grecs et latins pour rendre leur langue illustre. DuBellay, grand poète de la Renaissance et ami de Ronsard, a écrit un manifeste à ce sujet: *Défense et illustration* (pour rendre illustre) *de la langue française*.

Les Grands Écrivains

Le XVIᵉ siècle a donné à la France trois grands écrivains:

1. François Rabelais (1494–1553) qui a été moine; médecin (diplômé de la grande université française de Montpellier); secrétaire d'un cardinal ambassadeur à la cour du pape à Rome; curé d'une église. Rabelais était bien l'enfant de la Renaissance: joyeux, aimant la vie, confiant dans les destinées humaines. C'était un de ces esprits universels que tous les problèmes de son siècle intéressaient comme la guerre, l'éducation, la justice, le mariage, les superstitions, la nature humaine et sur lesquels il avait des idées originales pour son époque. Il a caché ses idées—dont certaines étaient très osées pour un homme d'Eglise—sous d'énormes plaisanteries (parfois très grossières) dans ses livres qui racontent les aventures de deux géants, Gargantua et Pantagruel, et de leur ami Panurge.

2. Pierre de Ronsard (1524–1585) est un grand poète lyrique qui, dans ses odes et sonnets, a traité certains thèmes de l'antiquité tels que l'aspiration païenne à l'immortalité parmi les hommes; l'amour humain qui est d'autant plus précieux que le temps passe très vite: "Cueillez dès aujourd'hui les roses de la vie"; la belle nature; la mort. Ses vers ont une puissance et une harmonie jusqu'alors inconnues dans la poésie française.

3. Michel de Montaigne (1533–1592), humaniste par sa culture, son érudition et son culte de l'antiquité, n'a cependant ni l'enthousiasme, ni la joie de vivre des hommes de la première partie du siècle, du fait qu'il vit au moment des Guerres de Religion. Il ne pense pas comme Rabelais que la nature sous toutes ses formes, humaines ou non, est bonne. Il s'applique à étudier

François Rabelais.
Une vie bien remplie,
un savoir énorme.

Pierre de Ronsard.
L'amour et la nature.

*Michel de Montaigne.
Ses réflexions sur l'homme
sont encore valables de nos
jours. (Bulloz)*

l'homme en général et lui-même en particulier parce qu'il pense que "chaque homme porte la forme entière de l'humaine condition". Il se rend compte que la vie est un changement continuel: "Je ne peins pas l'être, mais le passage", écrit-il. Il cherche à pénétrer le sens de la vie, mais rien ne résiste à ses études et il devient sceptique: "Que sais-je?" dit-il finalement. Ses livres sont intitulés *Essais* et c'est lui qui a créé ce genre littéraire.

LES ARTS

L'Architecture

Revenus des guerres d'Italie, les seigneurs français ont décidé de rivaliser en magnificence avec les seigneurs italiens. Ils n'ont plus voulu de leurs châteaux sombres et froids. Ils se sont fait construire des demeures plaisantes aux décorations magnifiques et aux larges fenêtres—ornées de sculptures—qui laissent entrer l'air et le soleil. Les plus beaux exemples de châteaux Renaissance sont surtout dans la vallée de la Loire où le climat est très agréable: Chambord, construit par François Ier, est peut-être le plus somptueux au point de vue architectural; Chenonceaux est bâti sur une rivière, le Cher; Amboise, situé sur une falaise au bord de la Loire; l'aile François Ier du château de Blois; et le château de Fontainebleau, près de Paris. Ces constructions montrent que les Français n'ont pas imité simplement les palais italiens. Ils ont combiné avec bonheur la vieille inspiration gothique et féodale des châteaux forts avec l'art italo-antique. La partie principale du Louvre à Paris, construite par Pierre Lescot pour François Ier vers le milieu du XVIe siècle, est presque classique et annonce l'architecture du XVIIe siècle. On retrouve aussi les deux inspirations—gothique et italo-antique—dans les décorations intérieures des châteaux, mais vers la fin du siècle, on y voit surtout des compositions allégoriques et mythologiques.

Le château de Blois

Le château de Chambord.

Le château de Chenonceaux.

*François Ier, protecteur des arts,
a fait remplacer le latin par le
français dans les textes officiels.
(Alinari)*

La Peinture

Les deux meilleurs peintres français du siècle sont des portraitistes: Jean Clouet et son fils François. On admire beaucoup le portrait de François Ier peint par Jean.

LES SCIENCES

L'Anatomie

L'esprit de libre examen, la soif de connaissance des humanistes, l'importance redonnée au corps humain, incitent certains médecins à faire des dissections sur des cadavres. Rabelais a écrit qu'il faut développer le corps aussi bien que l'esprit des gens pour qu'ils mènent une vie saine. Il était, en plus de ses autres activités, professeur d'anatomie et on sait qu'il a aussi fait lui-même des dissections.

La Médecine

Elle fait des progrès au XVIe siècle et Ambroise Paré (vers 1517–1590), "le père de la chirurgie moderne", y contribue, ayant eu l'idée de faire la ligature des artères après les amputations. Avant lui on brûlait les plaies pour arrêter l'hémorragie.

QUESTIONS

L'Histoire

1. Qu'est-ce que la Renaissance?
2. Quels sont les différents événements qui ont préparé la Renaissance en Europe occidentale et en France?
3. Pourquoi l'année 1453 est-elle importante pour la Renaissance?
4. Quelles sont les idées des humanistes sur la vie en général?
5. Que pensent-ils de la raison humaine? Pourquoi?

La Littérature

1. Pourquoi et comment la langue française est-elle importante pour les écrivains de l'époque?
2. Quels sont les principaux auteurs du XVIe siècle?
3. Que savez-vous de Rabelais? Pourquoi peut-on le considérer comme un esprit universel?
4. Qui est Ronsard? Qu'est-ce qu'il a écrit? Quels sont ses thèmes?
5. Que savez-vous de Montaigne?

Les Arts

1. Qu'est-ce que les seigneurs français ont décidé de faire en revenant d'Italie?
2. Les Français ont-ils simplement imité les Italiens? Qu'est-ce qu'ils ont fait?
3. Comparez un château fort et un château Renaissance.
4. Nommez deux peintres français de la période. Quel genre de tableaux ont-ils peint?

Les Sciences

1. Quelles sont les raisons pour lesquelles on commence à faire des dissections? Qui en a fait?
2. Comment appelle-t-on Ambroise Paré? Pourquoi l'appelle-t-on ainsi? Que faisait-on avant lui pour arrêter une hémorragie?

SUJETS DE COMPOSITION FRANÇAISE

1. Quelles sont les causes directes et indirectes de la Renaissance en France?
2. On dit que François Ier est le mécène de la Renaissance française. Expliquez comment et pourquoi.

3. On dit que les écrivains et artistes de la Renaissance française ont "imité" les œuvres antiques et italo-antiques. Ont-ils simplement imité, ou bien ont-ils ajouté des éléments qui font de leurs œuvres des chefs-d'œuvre? Expliquez votre point de vue en vous basant sur des œuvres précises.

4. Quelles sont les conséquences artistiques, économiques, intellectuelles et religieuses de la Renaissance en France?

ICS, QVI FORTIBVS ARMIS

5

LA MONARCHIE ABSOLUE ET LE CLASSICISME AU XVIIᵉ SIÈCLE

L'HISTOIRE

Louis XIII et Richelieu

A la mort de Henri IV, son fils Louis XIII, qui a régné de 1610 à 1643, avait neuf ans. Sous la régence de sa mère Marie de Médicis, la France a été gouvernée par des ministres donnant des ordres au nom du roi. En 1624, quelques années après sa majorité, Louis XIII a pris un homme remarquable comme ministre, le cardinal de Richelieu (1585–1642). C'était un véritable homme d'Etat et le roi, qui le savait, lui a toujours laissé les mains libres. Richelieu a eu un triple but dans sa politique:

1. Détruire le pouvoir politique et militaire des protestants que leur donnait l'Edit de Nantes, tout en leur laissant la liberté de religion.

2. Forcer les nobles à obéir au gouvernement du roi. Il est donc en grande partie responsable de l'absolutisme des descendants de Louis XIII.

3. Abaisser la puissante famille des Habsbourg qui était trop dangereuse

---

Louis XIII par Philippe de Champaigne. Ce roi a eu l'intelligence de choisir un ministre fort et de savoir le garder. (Hamelle)

Richelieu par Philippe de Champaigne. Aimé de quelques-uns, détesté de beaucoup, le cardinal de Richelieu a travaillé continuellement pour fortifier l'autorité royale. (Studiocolor)

pour la France. (Pour cela il a engagé une longue lutte contre le roi d'Espagne et contre l'empereur d'Autriche.)

Il a réalisé les deux premières parties de ce programme, mais il est mort avant de terminer la lutte contre les Habsbourg.

Louis XIV et Mazarin

Le cardinal Mazarin (1602–1661) a succédé à Richelieu en 1643. Il a été ministre pendant l'enfance et la première jeunesse du fils de Louis XIII, Louis XIV, qui était mineur, comme son père, lorsqu'il a hérité du trône en 1643.

Mazarin a fini la lutte commencée par Richelieu contre les Habsbourg. L'empereur d'Autriche a signé le traité de Westphalie en 1648, terminant ainsi la Guerre de Trente Ans et donnant l'Alsace à la France. Le roi d'Espagne a signé le traité des Pyrénées en 1659 qui cédait l'Artois et le Roussillon à Louis XIV et par lequel ce dernier convenait d'épouser l'infante Marie-Thérèse. Cependant, à l'intérieur, le Parlement et les grands seigneurs se sont révoltés contre l'autorité de Mazarin. Cette lutte armée, dont le cardinal est sorti vainqueur, s'est appelée la Fronde.

Le Règne Personnel de Louis XIV

A la mort de Mazarin, Louis XIV a pris le pouvoir et il l'a exercé lui-même jusqu'à sa propre mort en 1715. Au début de son règne personnel, la France tenait le premier rôle en Europe par sa puissance matérielle et par l'éclat de sa littérature. Le royaume était le plus peuplé, le plus riche et le plus puissant de toute l'Europe. Louis XIV a cependant recommencé la guerre contre l'Espagne et a obtenu des territoires à l'est, la Franche-Comté, et au nord, en Flandre.

Le Roi-Soleil, comme on l'appelle, parce qu'il a pris le soleil comme emblème, a adopté un cérémonial solennel à la cour qu'il a fait observer par tous les courtisans qui habitaient avec lui dans son château de Versailles.

A la fin de sa vie il a été poussé à soutenir des guerres qui ont affaibli la France et à révoquer l'Edit de Nantes en 1685. Les huguenots, comme on appelait les protestants français, se sont expatriés en grand nombre car ils ne pouvaient plus exercer leur culte et la France a ainsi perdu une partie importante de ses habitants les plus productifs. Il y a eu aussi une crise financière et économique qui a contribué à diminuer le prestige du régime. Cependant, du fait de ses qualités personnelles, de sa grande activité et grâce à l'énergie de ministres tels que Colbert et Louvois, certaines améliorations ont été apportées aux affaires du royaume: réorganisation de l'administration; établissement dans tout le pays de postes et messageries; fondation de nouvelles industries ou amélioration d'anciennes (verreries, glaces, porcelaines, tapisseries, travail de métaux comme le fer-blanc) pour éviter les importations étrangères; fondation d'une marine marchande et de guerre; percement de nouveaux canaux comme le Canal du Midi. De plus le roi a créé un climat favorable à la littérature, aux arts et aux sciences.

Louis XIV, le Roi-Soleil. (Fosse)

Versailles est le palais le plus célèbre du monde et le chef-d'œuvre de l'art classique. Cette photo montre la façade du château du côté du parc.

LA LITTÉRATURE

Le Siècle de l'Analyse

La littérature est essentiellement une littérature d'analyse psychologique. Dès le Moyen Age, ce que l'on appelle "la vie en société" se développe en France. On se réunit par petits groupes, on discute de littérature, d'amour, et on fait des vers. Au début du XVIIᵉ siècle, les dames ont des salons—celui de Madame de Rambouillet est devenu célèbre. On y discute des idées de l'époque, on analyse des sentiments. Cependant on ne s'attache pas à l'individu, mais on recherche ce qu'il y a d'universel dans l'homme. Cette habitude de la discussion et de l'analyse est un trait de caractère typiquement français, renforcé par l'esprit de libre examen développé depuis la Renaissance.

La langue suit les idées: elle devient claire, précise, permettant d'exprimer les idées les plus subtiles et de définir tous les degrés des sentiments. Le poète François de Malherbe (1555–1628) a poussé les écrivains à simplifier leur langue et il a établi certaines règles à suivre en ce qui concerne la composition littéraire. L'Académie Française, issue d'un salon pour hommes seuls, est fondée par Richelieu en 1635. Son but est de composer un dictionnaire, une grammaire, une poétique.

Les membres de l'Académie se basent sur l'usage, c'est-à-dire sur la façon de parler de la bonne société, pour établir des règles de grammaire et de littérature. Jusqu'à nos jours, les académiciens se sont basés sur cet usage pour accepter des changements à la langue. Il y a actuellement quarante académiciens, élus à vie. On les appelle les "Immortels" parce que cette institution se renouvelle continuellement—quand un membre meurt, un autre est élu à sa place.

Le Théâtre

Parmi les auteurs les plus importants du siècle classique, il faut commencer par les auteurs dramatiques. C'est à cette époque que la tragédie classique atteint une grande perfection. En ce qui concerne la structure, la tragédie classique applique la règle des trois unités: l'action ne doit pas durer plus d'une journée (unité de temps); elle ne doit développer qu'une intrigue principale (unité d'action); et elle doit avoir lieu dans un seul endroit (unité de lieu). Cette règle permet de créer des situations simples, claires et logiques; elle concentre l'action et fait de la tragédie l'histoire d'une crise morale, le dénouement d'une situation dramatique qui existe depuis longtemps.

1. Le premier auteur dramatique en date est Pierre Corneille (1606–1684). C'est lui qui a créé la tragédie psychologique, où le progrès de l'action est déterminé par les sentiments des personnages. Le conflit entre la volonté et la passion amoureuse est développé dans *Le Cid;* entre la volonté et l'honneur ou le patriotisme dans *Horace;* entre la volonté et la foi religieuse dans *Polyeucte.* Ses héros tendent leur volonté pour ne rien faire qui soit contraire à leur honneur et ils ne se laissent jamais conduire par leurs émotions. Les vers de Corneille sont énergiques comme ses héros. Ils expriment souvent des idées d'un sens général qui sont passées dans la conversation; par exemple: "La valeur n'attend pas le nombre des années".

2. Corneille n'applique pas complètement la règle des trois unités car l'intrigue et les coups de théâtre lui sont nécessaires pour mettre en valeur le conflit moral de ses héros. Par contre, Jean Racine (1639–1699), le deuxième grand auteur dramatique du siècle, observe les règles sans difficulté. Ses pièces sont d'une extrême simplicité. Il base la situation tragique de son théâtre sur la faiblesse de ses héros et héroïnes qui ne peuvent réagir contre leurs passions violentes et qui, par conséquent, agissent d'une façon déraisonnable. Ceci amène la catastrophe sans que l'auteur ait besoin d'introduire des événements extérieurs au drame psychologique. Cet amour-passion est ainsi bien différent de l'amour raisonné de Corneille et a permis à La Bruyère cette réflexion: "Racine peint les hommes tels qu'ils sont et Corneille tels qu'ils devraient être".

Pierre Corneille, le premier grand auteur classique, dont le chef-d'œuvre est Le Cid.

Avec Jean Racine la tragédie est devenue psychologique. Il a écrit dans une très belle langue poétique.

Une représentation à Versailles. La scène a été construite en plein air, dans une allée du parc; le roi Louis XIV se trouve au centre.

Racine est un poète d'un style pur, harmonieux et simple. C'est un psychologue qui connaît le cœur des femmes; en effet, la plupart de ses personnages principaux sont des femmes, comme l'indique le titre de ses meilleures œuvres: *Andromaque, Phèdre, Athalie*.

3. Jean-Baptiste Poquelin, dit Molière (1622–1673), est un grand auteur classique de comédies: comédies de mœurs, comme *Les Précieuses ridicules, Les Femmes savantes, Le Bourgeois gentilhomme*; comédies de caractère comme *L'Avare, Le Malade imaginaire, Tartuffe, Le Misanthrope*. Il amuse les spectateurs en exposant les faiblesses du genre humain. Cependant, Molière est un réaliste qui connaît la vie et qui sait qu'elle n'est pas toujours gaie. Il incorpore donc des scènes tristes dans ses comédies et c'est dans ce mélange de situations tristes et gaies que réside le génie de cet auteur. Dans toutes ses grandes comédies, écrites en vers ou en prose, il est toujours vrai. Ses pièces sont encore jouées de nos jours, même en traduction à l'étranger, ce qui prouve l'universalité de ses thèmes et de ses situations.

La Poésie

Il y a peu de poètes au XVIIe siècle car on aime trop l'ordre et la raison. Néanmoins, Jean de La Fontaine (1621–1695) peut être considéré comme un poète plein de fantaisie et d'humour malicieux. Ses fables sont écrites en vers. Elles mettent principalement en scène des animaux qui agissent comme des hommes. Comme dans *Le Roman de Renart* au Moyen Age, l'auteur se sert de ses fables et de leurs héros, les animaux, pour critiquer la société, les mœurs du temps et les hommes en général. La Fontaine est aussi un moraliste car s'il critique ou s'il se moque de ses semblables, c'est pour leur montrer leurs fautes et les encourager à devenir meilleurs.

La Fontaine s'est beaucoup inspiré des fables d'Esope, fabuliste grec. Cependant, comme tous les grands écrivains français qui ont employé des situations ou des thèmes adaptés d'auteurs anciens ou étrangers, il ne présente pas une simple copie des textes imités—il s'en inspire seulement et les adapte si bien, avec une telle originalité, que les œuvres finales ressemblent très peu aux textes originaux. Certaines des fables les plus connues sont *La Cigale et la fourmi; Le Chat, la belette et le petit lapin; Les Animaux malades de la peste; Le Chêne et le roseau.*

Jean de La Fontaine. Ses fables ont charmé les adultes avant d'apprendre aux petits Français combien leur langue peut être belle. (Holzapfel)

LA PHILOSOPHIE

Deux grands penseurs français du XVIIe siècle sont à la fois des philosophes et des mathématiciens: Descartes et Pascal.

Descartes

Les sciences et la philosophie ont beaucoup changé depuis le Moyen Age quand on se contentait d'étudier les œuvres des auteurs des âges précédents sans discuter leurs idées et en acceptant leurs déductions. Au XVIe siècle, l'esprit critique s'est développé et cela a amené René Descartes (1596–1650), au XVIIe siècle, à vouloir se libérer de toute idée préconçue dans ses recherches. Dans son *Discours de la méthode,* le "père de la philosophie moderne" a affirmé qu'il faut chercher la vérité dans tous les domaines comme on la cherche dans les mathématiques, c'est-à-dire en se servant seulement de la raison.

Première page du Discours de la Méthode *de Descartes. "Le bon sens est la chose du monde la mieux partagée . . ."*

De nombreux sujets ont intéressé René Descartes: mathématiques, physique, physiologie, psychologie, philosophie.

Blaise Pascal, génie extraordinaire, célèbre comme écrivain, savant et théologien, a marqué profondément son époque.

Pascal

Ayant moins de confiance en la raison que Descartes, surtout pour les problèmes religieux, Blaise Pascal (1623–1662) pensait qu'il faut suivre ses sentiments car "le cœur a des raisons que la raison ignore". Dans ses *Pensées* (livre posthume) il analyse les rapports entre l'homme et l'univers ainsi qu'entre l'homme et Dieu. Dans les *Provinciales,* où il défend ses amis jansénistes contre les jésuites, il utilise l'éloquence et l'ironie pour soutenir sa cause. (Cette querelle met en cause l'idée de prédestination des jansénistes contre celle de libre arbitre des jésuites en ce qui concerne le destin de l'homme vis-à-vis de Dieu.)

LES ARTS

L'Architecture

Comme dans tous les autres domaines, la raison et l'ordre sont de première importance dans l'architecture classique. Les châteaux sont des édifices majestueux aux lignes pures et aux proportions parfaites. Les différentes parties sont symétriques et des colonnes verticales brisent la monotonie des lignes horizontales. Les toits sont plats, bordés de statues et de sculptures genre antique.

Les jardins et parcs comprennent des bassins aux jeux d'eau importants et des parties boisées. Ils sont aménagés de façon à former un ensemble harmonieux avec le château.

Le cabinet du Conseil au château de Versailles.

Le magnifique palais de Versailles, construit sur les ordres de Louis XIV, est dû à la collaboration de quatre artistes: les architectes Louis Le Vau et Jules Hardouin-Mansart, le décorateur Charles Le Brun et l'architecte des jardins André Le Nôtre.

La Peinture

On peut diviser les grands artistes de ce siècle en trois groupes:
1. Parmi ceux qui s'intéressent à la nature, il y a Nicolas Poussin (1594–1665) qui trouve ses sujets dans l'antiquité. Ses tableaux, comme *Les Bergers d'Arcadie,* ont des qualités classiques par l'harmonie de la composition. Pour lui la nature est noble et tranquille.
2. Les peintres qui peignent la vie aristocratique comprennent des portraitistes tels que Philippe de Champaigne (1602–1674) qui a peint un célèbre portrait de Richelieu et Hyacinthe Rigaud (1659–1743) dont le chef-d'œuvre est probablement son portrait de Louis XIV.
3. Le troisième groupe, dont les frères Le Nain font partie, reproduit sur toile la vie du peuple. Un des meilleurs tableaux de ce groupe est *Repas villageois* de Louis Le Nain.

Une des œuvres de Rigaud: Louis XIV âgé. (Viguier)

La Tapisserie

La tapisserie jouit d'un renouveau important au XVIIe siècle. Colbert, un des ministres de Louis XIV, a établi des manufactures royales à Beauvais (1664), à Aubusson (1665) et à Paris où il a relevé la vieille manufacture des Gobelins (1667). Les chefs-d'œuvre de ces entreprises ornent de nombreux châteaux et musées de France et de l'étranger. Cette industrie est encore prospère de nos jours en France.

La Musique

L'opéra italien est introduit en France par Mazarin qui fait venir une troupe de chanteurs de Rome en 1645. Suivant leur habitude, les Français, tout en s'inspirant des Italiens, créent un genre d'opéra adapté à leur caractère et à leurs goûts.

Le plus grand représentant de l'opéra français de l'époque est un compositeur né à Florence, mais français par son éducation: Jean-Baptiste Lully (1632–1687). Son style possède deux traits bien classiques: la clarté et l'ordre.

*Denis Papin, inventeur malheureux
du bateau à vapeur.*

Musicien de la cour de Louis XIV, il a composé la musique de presque tous les "divertissements" du roi. C'est lui aussi qui a composé la musique de ballet de plusieurs comédies de Molière, entre autres *Le Bourgeois gentilhomme*. *Psyché* est un de ses meilleurs opéras.

LES SCIENCES

1. Précurseur de Fulton qui est né en 1765, Denis Papin (1647–1714) a reconnu la force élastique de la vapeur d'eau et en 1707 il a construit un bateau à vapeur, mais son invention n'a pas été améliorée et elle a fini par être oubliée. Papin a aussi inventé la marmite à pression.

2. En tant que mathématicien, René Descartes a posé les bases de la géométrie analytique; il a étudié les lois de la réfraction qui servent pour fabriquer les lentilles optiques et les télescopes. Par ses études sur les corps et sur les passions de l'homme, il a aidé au développement de la physiologie et de la psychologie.

3. Blaise Pascal était aussi un homme de science. A seize ans il a écrit un essai sur les sections coniques qui a étonné les savants de son temps. A dix-neuf ans il a inventé une machine à calculer qui sert encore de modèle et à vingt-trois ans il a fait des recherches sur la pesanteur de l'atmosphère qui ont permis l'invention du baromètre. C'est surtout en physique qu'il a été le plus original lorsqu'il a trouvé la loi (qui porte son nom) sur la pression des liquides.

4. Autour de Descartes et de Pascal, d'autres savants français ont collaboré à fonder l'Académie des Sciences (1666) et à recevoir à Paris les savants européens. On peut dire que la science moderne basée sur les recherches rationnelles et sur les expériences a vraiment débuté au XVIIe siècle.

QUESTIONS

L'Histoire

1. Comment s'appelait le fils de Henri IV? A-t-il gouverné seul?
2. Quelle est l'œuvre de Richelieu?
3. Qui a été ministre après lui? Comment s'appelait le roi de France à ce moment-là?
4. Qu'est-ce que la Fronde?

5. A la mort de Mazarin Louis XIV a-t-il laissé le pouvoir à un autre ministre? Qu'est-ce qu'il a fait?
6. Comment était la France au début du règne de Louis XIV? Y a-t-il eu des changements ensuite? Lesquels?
7. Quels événements ont contribué à diminuer le prestige du régime?
8. Quelles sont les différentes améliorations apportées aux affaires du royaume par le roi et ses ministres?

La Littérature et la Philosophie

1. En quoi consiste la "vie en société"? Quel est le salon le plus célèbre au XVIIe siècle? Qu'y faisait-on?
2. Qui est Malherbe? Qu'a-t-il fait d'important?
3. Que savez-vous de l'Académie Française et de ses membres?
4. Qu'est-ce que la règle des trois unités? Dans quel genre littéraire est-elle surtout employée?
5. Qui est Corneille? Qu'a-t-il créé? Comment sont ses héros? Quelles sont ses meilleures œuvres?
6. Qui applique la règle des trois unités sans gêne? Sur quoi base-t-il la situation tragique de ses pièces? Quelles sont ses œuvres principales?
7. Quelle comparaison a-t-on fait entre Racine et Corneille?
8. Dites ce que vous savez de Molière et de son œuvre.
9. Qui est Jean de La Fontaine? Qu'est-ce qu'il a écrit? Quels sont ses héros principaux?
10. De qui s'est-il surtout inspiré? Son imitation est-elle une simple copie? Pourquoi? Nommez plusieurs de ses fables.
11. Quelle est l'œuvre de Descartes en philosophie? Qu'est-ce qui l'a amené à formuler son principe de base?
12. Que veut dire "le cœur a des raisons que la raison ignore"?
13. En quoi consiste la querelle entre jansénistes et jésuites? Que fait Pascal pour soutenir sa cause dans cette querelle?

Les Arts

1. Décrivez un château classique à l'extérieur et à l'intérieur.
2. Quel est le plus beau palais classique de France? Qui a collaboré à sa construction?
3. Quels sont les trois groupes de peintres du siècle?
4. Qui est Colbert? Qu'est-ce qu'il a fait d'important?

5. Nommez un compositeur d'opéra français du siècle classique. Comment est son style? Qu'a-t-il fait d'autre?

Les Sciences

1. Qui est Denis Papin? Qu'est-ce qu'il a découvert? Qu'a-t-il inventé?
2. Quelles sont les découvertes de Descartes en sciences? Qu'y a-t-il d'étonnant au sujet de Pascal? Quelles sont ses principales découvertes?
3. Qui a fondé l'Académie des Sciences?

SUJETS DE COMPOSITION FRANÇAISE

1. Deux traits caractéristiques du siècle classique sont l'ordre et la clarté. Montrez comment ces deux traits se retrouvent dans tous les domaines: en littérature et philosophie, dans les arts et les sciences.
2. Expliquez pourquoi René Descartes est considéré comme le "père de la philosophie moderne".
3. Qu'est-ce que l'Académie Française? Quels sont ses membres? Que font-ils? Pensez-vous qu'ils fassent œuvre utile?
4. Retracez l'histoire du théâtre en France depuis le Moyen Age jusqu'au XVIIe siècle.

DÉCLARATION DES DROITS DE L'HOMME ET DU CITOYEN,

Décrétés par l'Assemblée Nationale dans les séances des 20, 21, 23, 24 et 26 août 1789, acceptés par le Roi.

PRÉAMBULE

LES représentans du peuple François, constitués en assemblée nationale, considérant que l'ignorance, l'oubli ou le mépris des droits de l'homme sont les seules causes des malheurs publics et de la corruption des gouvernemens, ont résolu d'exposer, dans une déclaration solemnelle, les droits naturels, inaliénables et sacrés de l'homme, afin que cette déclaration, constamment présente à tous les membres du corps social, leur rappelle sans cesse leurs droits et leurs pouvoirs, afin que les actes du pouvoir législatif et ceux du pouvoir exécutif, pouvant être à chaque instant comparés avec le but de toute institution politique, en soient plus respectés, afin que les réclamations des citoyens, fondées désormais sur des principes simples et incontestables, tournent toujours au maintien de la constitution et du bonheur de tous.

EN conséquence, l'assemblée nationale reconnoît et déclare, en présence et sous les auspices de l'Être suprême, les droits suivans de l'homme et du citoyen.

ARTICLE PREMIER.

LES hommes naissent et demeurent libres et égaux en droits, les distinctions sociales ne peuvent être fondées que sur l'utilité commune.

II

LE but de toute association politique est la conservation des droits naturels et imprescriptibles de l'homme; ces droits sont la liberté, la propriété, la sûreté, et la résistance à l'oppression.

III

LE principe de toute souveraineté réside essentiellement dans la nation, nul corps, nul individu ne peut exercer d'autorité qui n'en émane expressément.

IV

LA liberté consiste à pouvoir faire tout ce qui ne nuit pas à autrui. Ainsi, l'exercice des droits naturels de chaque homme n'a de bornes que celles qui assurent aux autres membres de la société la jouissance de ces mêmes droits; ces bornes ne peuvent être déterminées que par la loi.

V

LA loi n'a le droit de défendre que les actions nuisibles à la société. Tout ce qui n'est pas défendu par la loi ne peut être empêché, et nul ne peut être contraint à faire ce qu'elle n'ordonne pas.

VI

LA loi est l'expression de la volonté générale; tous les citoyens ont droit de concourir personnellement, ou par leurs représentans, à sa formation; elle doit être la même pour tous, soit qu'elle protège, soit qu'elle punisse. Tous les citoyens étant égaux à ses yeux, sont également admissibles à toutes dignités, places et emplois publics, selon leur capacité, et sans autres distinctions que celles de leurs vertus et de leurs talens.

VII

NUL homme ne peut être accusé, arrêté ni détenu que dans les cas déterminés par la loi, et selon les termes qu'elle a prescrites. Ceux qui sollicitent, expédient, exécutent ou font exécuter des ordres arbitraires, doivent être punis; mais tout citoyen appelé ou saisi en vertu de la loi, doit obéir à l'instant, il se rend coupable par la résistance.

VIII

LA loi ne doit établir que des peines strictement et évidemment nécessaires, et nul ne peut être puni qu'en vertu d'une loi établie et promulguée antérieurement au délit, et légalement appliquée.

IX

TOUT homme étant présumé innocent jusqu'à ce qu'il ait été déclaré coupable, s'il est jugé indispensable de l'arrêter, toute rigueur qui ne seroit pas nécessaire pour s'assurer de sa personne doit être sévèrement réprimée par la loi.

X

NUL ne doit être inquiété pour ses opinions, mêmes religieuses, pourvu que leur manifestation ne trouble pas l'ordre public établi par la loi.

XI

LA libre communication des pensées et des opinions est un des droits les plus précieux de l'homme; tout citoyen peut donc parler, écrire, imprimer librement; sauf à répondre de l'abus de cette liberté dans les cas déterminés par la loi.

XII

LA garantie des droits de l'homme et du citoyen nécessite une force publique; cette force est donc instituée pour l'avantage de tous, et non pour l'utilité particulière de ceux à qui elle est confiée.

XIII

POUR l'entretien de la force publique, et pour les dépenses d'administration, une contribution commune est indispensable; elle doit être également répartie entre tous les citoyens, en raison de leurs facultés.

XIV

LES citoyens ont le droit de constater par eux-mêmes ou par leurs représentans, la nécessité de la contribution publique, de la consentir librement, d'en suivre l'emploi, et d'en déterminer la quotité, l'assiette, le recouvrement et la durée.

XV

LA société a le droit de demander compte à tout agent public de son administration.

XVI

TOUTE société, dans laquelle la garantie des droits n'est pas assurée, ni la séparation des pouvoirs déterminée, n'a point de constitution.

XVII

LES propriétés étant un droit inviolable et sacré, nul ne peut en être privé, si ce n'est lorsque la nécessité publique, légalement constatée, l'exige évidemment, et sous la condition d'une juste et préalable indemnité.

AUX REPRÉSENTANS DU PEUPLE FRANÇOIS.

EXPLICATION DE L'ALLÉGORIE.

6

LES PHILOSOPHES
ET LA RÉVOLUTION
AU XVIIIe SIÈCLE

L'HISTOIRE

Louis XV

A la mort de Louis XIV en 1715, son arrière-petit-fils et héritier, Louis XV, n'avait que cinq ans. Le royaume a d'abord été gouverné par un régent. Les précepteurs du jeune roi ne lui ont pas appris convenablement son "métier de roi". Après sa majorité il a laissé ses ministres—qui étaient souvent mauvais—et ses maîtresses (Madame de Pompadour est la plus célèbre) gouverner le pays: le résultat a été désastreux!

Vers le milieu du siècle, la France a perdu ses territoires aux Indes et au Canada parce que le roi et son entourage (et même Voltaire) n'ont pas compris l'importance économique de ces pays si lointains. Cependant la Corse et la Lorraine ont été rattachées à la France par des moyens pacifiques.

A l'intérieur il y a eu un conflit continuel entre les gens qui voulaient préserver l'autorité absolue du gouvernement et de l'Eglise et ceux qui demandaient plus de libertés. On critiquait beaucoup le système des impôts car les plus riches, les nobles et les institutions religieuses, n'en payaient pas, tandis

La Déclaration des droits de l'homme et du citoyen. *Proclamation du 27 août 1789 par laquelle tous les Français sont reconnus libres et égaux devant la loi.*

Louis XV, appelé le Bien-Aimé, n'a pas gardé longtemps ce surnom. On le considère comme un des rois les plus mauvais de l'histoire de France. (Holzapfel)

que le reste de la population devait fournir à tous les besoins du gouvernement et payer les extravagances du roi et de la cour.

Louis XVI et la Révolution

Louis XVI a succédé à son grand-père en 1774. C'était un brave homme, mais de caractère faible et indécis, alors que la France avait besoin d'un roi énergique et prêt à faire le nécessaire pour éviter la révolution que les idées et opinions du temps préparaient. En effet, on demandait une monarchie constitutionnelle (comme en Angleterre), une répartition équitable des impôts et plus de libertés: liberté de pensée, de la presse, liberté religieuse et politique, etc.

En mai 1789, après une crise financière aiguë, le roi a convoqué, à Versailles, les Etats généraux composés de représentants de la noblesse, du clergé et du Tiers Etat (représentant la bourgeoisie), pour essayer de mettre de l'ordre dans les affaires de l'Etat et pour changer certaines institutions qui dataient du Moyen Age. La Noblesse et le Clergé se sont opposés à tous changements. Le Tiers Etat, sous la direction de Mirabeau, voulait établir une constitution. Le roi a réuni ses troupes et on a cru à Paris qu'il voulait dissoudre l'Assemblée; alors le peuple s'est soulevé. La prise de la Bastille, le 14 juillet 1789, a marqué le début de la Révolution qui s'est répandue dans toutes les provinces où les paysans se sont révoltés contre leurs seigneurs. Les nobles, effrayés, ont émigré à l'étranger. L'Assemblée Nationale (qui avait succédé aux Etats généraux) a voté l'abolition des droits seigneuriaux le 4 août

Louis XVI était un brave homme de caractère trop faible pour gouverner pendant une période aussi difficile que celle de son règne.

Journée de colère populaire, le 14 juillet 1789 marque le début de la Révolution.

1789 et, le 26 août, elle a rédigé la *Déclaration des droits de l'homme et du citoyen,* fondée sur le principe de liberté et d'égalité.

Cependant, poussées par les nobles émigrés, la Prusse et l'Autriche ont déclaré la guerre à la France. (La reine Marie-Antoinette était princesse autrichienne.) Ils ont envahi le territoire mais ils ont été arrêtés par les armées révolutionnaires à Valmy en septembre 1792.

La Première République

Ensuite, l'Assemblée a voté la République en 1792 et l'exécution du roi en 1793, sous le prétexte qu'il avait conspiré avec l'ennemi. Puis Robespierre a écarté les modérés de l'Assemblée et un régime de terreur a commencé: arrestations en masse, exécutions capitales sans jugement valide.

Maximilien de Robespierre, appelé "l'incorruptible", puis "l'infâme". Son intransigeance l'a conduit aux excès de la Terreur.

*Napoléon Bonaparte lorsqu'il n'était
qu'un jeune général plein d'ambition.*

Après l'exécution de Louis XVI, la guerre a recommencé, déclarée par presque tous les états d'Europe. Un des jeunes généraux envoyé en Italie contre les Autrichiens qui possédaient le nord de ce pays, était Bonaparte, originaire de Corse. Il a remporté de brillantes victoires: Lodi, Arcole, Rivoli, etc.

En 1794, l'Assemblée (appelée maintenant la Convention) a envoyé Robespierre à la guillotine, ce qui a arrêté la Terreur, mais le gouvernement est devenu de plus en plus mauvais. En 1799, Bonaparte, très populaire par ses victoires, a pris le pouvoir par un coup d'Etat et a établi un gouvernement autoritaire.

LA LITTÉRATURE

Au XVIIIe siècle les auteurs continuent à observer les règles de la littérature classique mais leurs œuvres sont très différentes de celles des auteurs du XVIIe siècle. Les fautes de plus en plus graves de la monarchie, l'inégalité sociale, le manque de libertés, provoquent une révolte générale contre le principe d'autorité. Les écrivains, appelés "philosophes", sont les chefs de cette révolte qui va entraîner la destruction des institutions politiques et religieuses.

Les Philosophes

Ce titre, donné aux auteurs de cette période, a un sens spécial. En général, un philosophe réfléchit aux problèmes métaphysiques et cherche à les résoudre en un système universel. Les philosophes français du XVIIIe siècle ne s'intéressent pas à la métaphysique pure—en réalité ils la considèrent mauvaise et inutile. Ils cherchent seulement à résoudre les problèmes d'ordre social, politique, moral ou religieux dont dépend le bonheur de l'homme sur terre.

Voltaire, aussi bon dans le roman que mauvais au théâtre, a été l'écrivain le plus célèbre de son temps.

Montesquieu est surtout célèbre pour son livre l'Esprit des lois *qui a influencé en partie les réformes de l'Assemblée constituante de 1789.*

1. Montesquieu (1689–1755) montre son esprit satirique dans les *Lettres persanes* où il se moque de tout, même du roi et du pape. Il critique toutes les croyances et aide à la chute du régime. Son *Esprit des lois* analyse les différents systèmes politiques. Il y recommande le libéralisme et la tolérance. Il y développe aussi une nouvelle théorie, celle de la séparation des pouvoirs exécutif, législatif et judiciaire, ce qui permet d'éviter le despotisme et de maintenir un équilibre nécessaire au bien-être de tous. Sa théorie est à la base de la Constitution des Etats-Unis et des différentes constitutions qui ont établi un gouvernement républicain en France.

2. François-Marie Arouet, dit Voltaire (1694–1778), est un grand écrivain qui s'est distingué dans tous les genres littéraires: il a été poète, dramaturge, historien, philosophe, romancier. Il a exercé une influence énorme sur l'opinion publique par ses attaques contre les abus de la monarchie absolue et contre les religions qui, à son avis, entretiennent l'ignorance et le fanatisme. Doué d'une haute intelligence et d'un esprit fin et mordant, il s'est servi de la raison et du ridicule pour attaquer ce qu'il détestait: la superstition, le fanatisme, l'intolérance, l'arbitraire. Il a fait preuve d'un amour profond pour l'humanité et il a vraiment cru au progrès de la civilisation. Mais il n'a pas toujours été impartial et il a eu tendance à détruire les institutions existantes sans leur trouver de remplacement efficace.

Ses meilleures œuvres sont des romans comme *Zadig* et *Candide;* ses *Lettres philosophiques;* et ses ouvrages historiques comme le *Siècle de Louis XIV.*

Jean-Jacques Rousseau a eu une vie aventureuse et une grande influence sur le mouvement romantique.

3. Jean-Jacques Rousseau (1712–1778), Suisse de naissance et Français de cœur, a basé sa philosophie sur un paradoxe: l'homme est naturellement bon, c'est la société qui le rend mauvais. Il a été combattu de son temps, même par les autres philosophes, car ses critiques sociales étaient encore plus osées que les leurs et ses théories beaucoup trop avancées pour son époque. Montesquieu et Voltaire se contentaient de chercher à améliorer l'ordre existant tandis que Rousseau demandait un changement complet.

71

Il a cependant exercé une influence considérable dans plusieurs domaines:

(a) En économie politique: avec son *Discours sur l'origine de l'inégalité,* dans lequel il s'élève contre la propriété privée. A son avis, l'inégalité politique et l'injustice sociale dépendent du principe de propriété sur lequel sont fondées les sociétés modernes. Avec son *Contrat social,* dans lequel il s'oppose à tout gouvernement autoritaire et proclame la souveraineté du peuple, seul maître de ses destinées. D'après ses théories, afin de pouvoir vivre en société, chaque individu doit faire un pacte avec les autres au profit de la communauté. Les droits sont les mêmes pour tous, mais la collectivité décide par majorité des devoirs à imposer à chaque personne.

Ces deux œuvres ont beaucoup influencé la pensée révolutionnaire et républicaine. Ses théories sur la propriété ont été reprises par les socialistes et les communistes. Ses principes sont à la base de la *Déclaration des droits de l'homme.* De plus, en 1789 l'Assemblée Constituante a proclamé la souveraineté du peuple.

(b) En éducation: avec son *Emile* dans lequel il présente tout un système d'éducation dont le but est de préserver la liberté naturelle de l'enfant. Il ne faut pas l'influencer ni lui imposer d'idées préconçues. Il faut simplement le guider pour qu'il puisse apprendre à juger par lui-même et à former ses propres opinions. On doit également former son caractère, développer son corps et ses sens. L'éducation progressive moderne est basée sur les mêmes principes.

(c) En littérature: avec son roman *La Nouvelle Héloïse* où il exalte les sentiments et l'imagination et où il montre que la nature a un effet bienfaisant sur les hommes. Rousseau s'oppose donc à la raison et à l'ordre classiques; il replace l'homme au milieu de la nature que ceux-ci avaient ignorée: de ce fait il est un des principaux précurseurs de l'école romantique.

L'Encyclopédie

La grande entreprise littéraire du siècle, l'*Encyclopédie* a pour chefs Denis Diderot (1713–1784) et Jean d'Alembert (1717–1783). Elle commence par être la traduction d'une encyclopédie en anglais, publiée à Londres en 1727, mais bientôt les chefs veulent écrire une œuvre originale. Ils décident que l'*Encyclopédie* ne fournira pas simplement une liste des connaissances humaines, mais qu'elle servira aussi d'œuvre de propagande contre le gouvernement et la

La grande œuvre de Denis Diderot a été l'Encyclopédie.

société établie, en appliquant le raisonnement et le libre examen à tous les sujets étudiés.

Cet ouvrage contient une vingtaine de volumes qui ont paru entre 1751 et 1772. Il a été violemment attaqué par les segments de la population qui profitaient de l'ordre établi, et spécialement par les jésuites et la Faculté de théologie de la Sorbonne qui lui reprochaient ses tendances matérialistes et déistes—sinon athées.

Le Théâtre

La tragédie et la comédie continuent à être très appréciées par le public. La valeur des tragédies décline cependant, tandis que la comédie donne des chefs-d'œuvre:

1. Marivaux (1688–1763) a écrit des pièces spirituelles où il analyse l'amour, non pas l'amour-passion de Racine, mais un amour qui semble moins profond, bien que réel. Ses amoureux ne se trouvent pas en présence d'obstacles insurmontables, mais seulement de difficultés passagères; le dénouement de ces pièces est toujours heureux et connu d'avance. Les personnages évoluent dans un cadre de fantaisie qui fait penser aux paysages idéalisés du peintre Antoine Watteau. L'originalité de Marivaux est de s'être libéré de la tradition de Molière car il n'utilise que rarement les procédés de la farce. Ses personnages sont pleins de grâce et de fraîcheur. Son chef-d'œuvre est *Le Jeu de l'amour et du hasard.*

2. Beaumarchais (1732–1799) a écrit deux chefs-d'œuvre: *Le Barbier de Séville* et *Le Mariage de Figaro.* La première comédie, traduite en italien, a servi de livret pour l'opéra de Rossini, et Mozart s'est inspiré de la seconde pour son opéra *Les Noces de Figaro.* Ces comédies sont des critiques de la société et la satire est parfois très violente. En effet, le héros est tout à fait de son époque:

Watteau est un des plus grands peintres français. On voit ici une de ses nombreuses Fête champêtre. *(Bulloz)*

homme du peuple, intelligent, plein d'ambition, il se rebelle contre l'oppression et les privilèges. Dans le *Mariage,* les valets Figaro et Suzanne finissent par être maîtres de la situation, ce qui annonce déjà (1778) la victoire du Tiers Etat à la Révolution. Malgré la satire, les comédies de Beaumarchais sont pleines d'esprit, de verve, de gaieté et de mouvement.

LES ARTS

La Peinture

1. Antoine Watteau (1684–1721) est le plus grand artiste de ce siècle. Ses nombreuses *Fête champêtre,* et surtout son *Embarquement pour Cythère,* île fabuleuse de l'amour, présentent des jeunes gens aux costumes élégants, cherchant le plaisir et l'amour au milieu de paysages de rêve.

Cupidon blessant Psyché, *de François Boucher. (The William Randolph Hearst collection)*

Fragonard a peint beaucoup d'œuvres légères en accord avec l'esprit de la cour. Ce tableau s'appelle La Lecture. *(Bulloz)*

L'antiquité romaine a fourni beaucoup de sujets à Louis David. Révolutionnaire actif, il est devenu un ardent partisan de Bonaparte et le peintre officiel de l'empire. (Alinari)

2. François Boucher (1703–1770) et Jean-Honoré Fragonard (1732–1806) idéalisent aussi la vie aristocratique. Eux aussi représentent un monde charmant, gracieux et frivole qui a disparu depuis la Révolution. *Les Baigneuses* de Boucher et *Le Chiffre d'amour* de Fragonard sont parmi leurs meilleures œuvres.

3. Jean-Baptiste Greuze (1725–1805) a représenté des scènes de la vie populaire d'une façon un peu trop sentimentale qui ne plaît plus aujourd'hui comme dans *La Cruche cassée* et *L'Accordée de village*.

4. D'autre part, la fin du siècle voit une renaissance classique, un retour à l'antique, dont Louis David (1748–1825) est le représentant le plus brillant en peinture. Ses compositions ont une ordonnance, une pureté de formes et une simplicité toute classique; les plus connues sont *Le Serment du Jeu de Paume, Marat assassiné, Le Serment des Horaces* et *Madame Récamier*.

Houdon a sculpté de grands personnages tels que Louis XVI, Catherine II de Russie, Washington, Franklin et Voltaire (sur la photo ci-dessus).

La Sculpture

Il faut aussi noter un sculpteur de marque, Jean-Antoine Houdon (1741–1828), qui a laissé des œuvres pleines de naturel et de vérité; ce sont surtout des bustes d'hommes célèbres, comme ceux de Voltaire et de Diderot.

Les Couperin ont tous été musiciens et le meilleur, François, est le grand maître français du clavecin.

Le plus grand des musiciens classiques français avec Couperin, Jean-Philippe Rameau a écrit un important Traité de l'harmonie.

La Musique

Les compositeurs français les mieux connus sont François Couperin (1668–1733), qui était organiste et compositeur de morceaux pour clavecin, et Jean-Philippe Rameau (1683–1764) qui a établi les bases de l'harmonie moderne et qui a introduit la musique symphonique dans l'opéra. Ses principales œuvres sont des opéras comme *Hippolyte et Aricie* et *Castor et Pollux*.

LES SCIENCES

Les sciences continuent à faire de grands progrès et les savants français y contribuent.

1. Par son œuvre monumentale *L'Histoire naturelle,* où il a traité de la zoologie, et par ses *Epoques de la nature,* où il a étudié les époques géologiques, Georges Leclerc de Buffon (1707–1788) a attiré l'attention du public sur les progrès rapides de la science. A partir de 1739 il a été intendant du Jardin des Plantes à Paris, le premier jardin zoologique qui ait jamais existé, et il en a fait un musée scientifique qui est devenu le Muséum National d'Histoire Naturelle où travaillent encore de grands savants.

Grand savant et très bon écrivain, Georges Louis Leclerc, comte de Buffon a rendu les sciences naturelles accessibles à tous.

Pendant cette expérience des frères Montgolfier à Versailles, un mouton, un coq et un canard, qui étaient à l'intérieur de la cage sous le ballon, ont parcouru plus de trois kilomètres sans ressentir "la plus légère incommodité"!

2. Antoine Lavoisier (1743–1794) a trouvé la composition de l'air; il a découvert l'oxygène et la loi de la combustion des corps. C'est lui qui a fondé la chimie moderne. Il a aussi fait des découvertes en physique, telles que les propriétés des corps à l'état gazeux. Il a fait partie de la commission chargée d'établir le système métrique qui a remplacé les anciennes mesures pendant la Révolution. Malheureusement, il a été guillotiné parce qu'il était fermier général.

3. Les frères Montgolfier, Joseph (1740–1810) et Etienne (1745–1799) ont eu l'idée, en 1783, de monter en l'air en se servant d'un ballon empli d'air chaud, auquel était attachée une nacelle. En 1795 deux personnes ont traversé la Manche en ballon. C'est la première étape de l'industrie aéronautique qui a fait des progrès immenses en deux siècles.

QUESTIONS

L'Histoire

1. Comment la France a-t-elle été gouvernée par Louis XV?
2. Quels territoires la France a-t-elle perdus sous Louis XV? Pourquoi? Quels territoires a-t-elle obtenus? Par quels moyens?
3. Quel conflit y a-t-il eu en France? Qu'est-ce qu'on critiquait? Pourquoi?
4. Qui a succédé à Louis XV? Quel caractère avait-il?
5. Qu'est-ce que les opinions du temps préparaient? Que voulait-on en France au point de vue gouvernemental et civique?
6. Qu'est-ce que le roi a convoqué en 1789? Pourquoi? Comment cette assemblée était-elle divisée?
7. Qui s'est opposé à tout changement? Que voulait le Tiers Etat? Quand le peuple s'est-il soulevé?
8. Que marque la prise de la Bastille? Que s'est-il passé en province?
9. Qu'est-ce qui a été voté la nuit du 4 août 1789? Et le 26 août?
10. Qu'est-ce que la Prusse et l'Autriche ont fait? Ont-elles gagné la guerre?
11. Quand la République a-t-elle été votée?
12. Racontez ce qui s'est passé pendant la Première République. Comment a-t-elle été terminée?

La Littérature

1. En quoi les œuvres littéraires du XVIIIe siècle diffèrent-elles de celles du XVIIe siècle?
2. En général, à quoi pensent les philosophes? Est-ce que les philosophes français du XVIIIe siècle s'intéressent à la métaphysique? Que cherchent-ils à faire?
3. Que fait Montesquieu dans les *Lettres persanes*? Comment le fait-il?
4. Quelles sont les idées de Montesquieu sur le gouvernement? Quelle nouvelle théorie a-t-il formulée? En quoi est-elle importante?
5. Quel est le nom véritable de Voltaire? Cet auteur a-t-il été influent? Comment?
6. Qu'est-ce qu'il a eu tendance à faire? Pensez-vous que c'est un bien ou un mal?
7. Nommez les principales œuvres de Voltaire et dites à quel genre littéraire elles appartiennent.
8. Quelle est la théorie principale de Rousseau? Etes-vous d'accord avec lui? Pourquoi?

9. Quelles sont ses idées en économie politique? Dans quels écrits les a-t-il exposées? Sont-elles importantes? De quelle façon?
10. Quelles sont ses théories en éducation? Dans quel écrit en a-t-il parlé?
11. Quelles sont ses contributions en littérature?
12. Qu'est-ce que *l'Encyclopédie?* Qui en sont les chefs? Qui a attaqué cet ouvrage? Pourquoi?
13. Nommez deux auteurs de comédies du XVIIIe siècle.
14. Quelle est l'originalité de Marivaux? Quel est son chef-d'œuvre?
15. Nommez les deux chefs-d'œuvre de Beaumarchais. Décrivez son héros.

Les Arts

1. Qui est le plus grand artiste du siècle? Comment sont ses peintures?
2. Qu'est-ce que Boucher et Fragonard ont représenté?
3. Quelles scènes Greuze a-t-il peintes? De quelle façon les a-t-il peintes?
4. Qu'est-ce que la renaissance classique en peinture? Qui en est le principal représentant? Nommez plusieurs de ses œuvres.
5. Nommez un sculpteur important. Quelles sont ses œuvres?
6. Parlez des deux principaux musiciens de l'époque en France.

Les Sciences

1. Que savez-vous de Buffon?
2. Qu'est-ce que Lavoisier a fondé? Pourquoi?
3. Que savez-vous du système métrique?
4. Pour quelle raison les frères Montgolfier sont-ils importants?

Sujets de Composition Française

1. Comparez la Guerre de l'indépendance américaine et la Révolution française. Quelles sont les ressemblances et les différences?
2. Les idées philosophiques françaises ont-elles influencé les Pères de l'Indépendance américaine? Déterminez de quelle façon. D'autre part, croyez-vous que l'Indépendance américaine ait eu une influence sur la Révolution française? Prouvez votre point de vue.
3. Quelles sont les idées de Rabelais et de Rousseau sur l'éducation? En quoi leurs idées ressemblent-elles à celles de John Dewey, le père de l'éducation progressive aux Etats-Unis?
4. Retracez l'histoire des possessions françaises en Amérique du Nord depuis leur découverte jusqu'à leur perte.

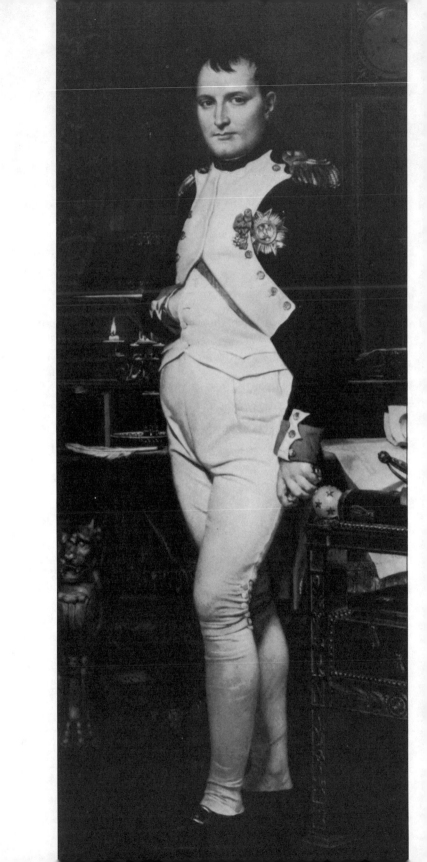

7

LA PREMIÈRE MOITIÉ DU XIXᵉ SIÈCLE

L'HISTOIRE

Napoléon Bonaparte

Au point de vue politique, littéraire, artistique et scientifique, le XIXᵉ siècle est une période de changements continuels qui ouvrent des horizons nouveaux à la pensée humaine.

En 1799, Bonaparte a pris le pouvoir. Son premier gouvernement a été un consulat où il a eu le pouvoir exécutif sous le nom de Premier Consul. En 1801 il a signé un Concordat avec le pape pour restaurer la religion catholique qui était abolie en France depuis le début de la Révolution.

En 1804 Bonaparte est devenu empereur, couronné par le pape Pie VII à Notre-Dame de Paris sous le nom de Napoléon Iᵉʳ. Il a rétabli la cour et a créé une nouvelle noblesse choisie parmi les officiers de l'armée et la bourgeoisie.

Plusieurs coalitions se sont succédées contre Napoléon Bonaparte. Il a d'abord remporté de brillantes victoires—Austerlitz, Iéna, Eylau, Wagram, etc.—mais, après la retraite de Russie (1812) où il a perdu une grande partie de son armée, il a subi une grande défaite à Leipzig en 1813 et il a été obligé d'abdiquer en 1814.

Napoléon Iᵉʳ dans son cabinet de travail, tableau de David.

*Le tombeau de Napoléon aux Invalides
attire toujours de nombreux visiteurs.*

Exilé à l'île d'Elbe, il est revenu en 1815 pour une période d'environ cent jours, mais il a été définitivement vaincu à Waterloo (1815). Les vainqueurs—anglais, autrichiens et russes—l'ont exilé de nouveau, cette fois à Sainte-Hélène, plus éloignée de la France que l'île d'Elbe. Il y est mort en 1821 mais ses cendres ont été rapportées à Paris en 1840 et elles reposent aux Invalides.

Napoléon a été le plus grand chef militaire du monde moderne. Il était doué de facultés très variées et surtout d'une grande mémoire et d'une puissance de travail énorme. On lui a reproché, avec raison, son ambition, son despotisme et ses guerres sans fin, mais il faut admettre qu'il a été un très bon administrateur et qu'il a établi des institutions durables.

1. C'est à lui qu'on doit le système administratif actuel de la France. Au lieu des anciennes provinces, il a mis à exécution le projet de la Convention qui avait voté la division en départements et il a organisé leur administration.

2. Il a établi le Code de Lois Napoléon, inspiré du Code Justinien (code romain) qui est encore employé en France, en Belgique, en Espagne, au Mexique, en Argentine, en Louisiane et dans de nombreux pays d'influence française comme les anciennes colonies.

3. Il a institué un nouveau système financier et a fondé la Banque de France.

4. Napoléon a aussi créé un système d'enseignement public et laïc, ainsi que l'Université de France, dirigé par le gouvernement, alors qu'avant la Révolution les écoles et universités dépendaient toutes de l'Eglise.

5. C'est également lui qui a fondé l'ordre national de la Légion d'Honneur.

6. D'autre part on lui doit un magnifique réseau routier qui existe encore dans certaines parties de la France.

La Restauration

Deux frères de Louis XVI ont régné en France après Napoléon, Louis XVIII de
1814 à 1824 et Charles X de 1824 à 1830.

1. Louis XVIII était intelligent, spirituel, doué d'un sens très aigu des réali-
tés. Comprenant qu'il ne pouvait rétablir l'absolutisme de l'Ancien Régime, il
a accordé une charte qui fondait une monarchie constitutionnelle. Cette
charte reconnaissait les principes démocratiques de 1789, conservait les innovations de Napoléon et établissait deux assemblées: la Chambre des Pairs qui
était héréditaire, et la Chambre des Députés, dont les membres étaient élus
par les habitants payant au moins trois cents francs d'impôt direct. Ces électeurs n'étaient pas très nombreux car cette somme était très élevée pour
l'époque, mais c'est le premier pas vers le suffrage universel.

2. Charles X, hostile au libéralisme, voulant gouverner en roi absolu, s'est
rendu très impopulaire. En 1830 il a signé les Ordonnances de juillet; celles-ci
suspendaient la liberté de la presse, prononçaient la dissolution de la Chambre
des Députés et réduisaient le nombre des députés et des électeurs. Les Parisiens se sont aussitôt révoltés et au bout de trois journées révolutionnaires
appelées "les trois glorieuses", ils se sont rendus maîtres de la capitale. Alors le
roi a été obligé d'abdiquer.

---

*Voici Louis XVIII entouré de sa famille, d'après un dessin de l'époque: à la droite du roi,
son frère, le futur Charles X. (Giraudon)*

En 1830 *le peuple de Paris s'est battu avec courage sur les barricades.* (Holzapfel)

Lithographie satirique de Grandville sur la politique pacifiste du roi Louis-Philippe.

3. Le successeur de Charles X, Louis-Philippe, roi des Français de 1830 à 1848, appartenait à la branche d'Orléans. Appelé et maintenu au pouvoir par la bourgeoisie, il a suivi une politique de juste milieu, mais il a été constamment en butte à des complots organisés par plusieurs partis: les républicains influencés par le socialisme naissant, les bonapartistes, les légitimistes partisans de la branche aînée des Bourbons. Sa politique étrangère a aussi mécontenté le pays car il a cherché à éviter la guerre à tout prix et il a été obligé de céder à toutes les exigences de l'Angleterre. Enfin, le républicanisme ayant fait de grands progrès, la révolution a éclaté de nouveau le 24 février 1848 et Louis-Philippe a abdiqué comme son prédécesseur.

LA LITTÉRATURE

Les Idées Politiques et Sociales

Pendant le XIXe siècle des écrivains catholiques et royalistes luttent pour rétablir la royauté et l'Eglise. Mais les idées libérales se précisent. Devant les troubles politiques grandissants, les intellectuels réagissent et cherchent le régime politique idéal. Ils reprennent la lutte contre l'ordre économique et social: c'est ainsi que naissent les mouvements socialiste et communiste dont les précurseurs, en France, sont le comte de Saint-Simon (1760–1825), Charles Fourier (1772–1837) et Pierre Proudhon (1809–1865).

Poètes et écrivains s'intéressent toujours aux questions sociales, politiques et morales: les romantiques décrètent qu'ils ont une mission à remplir; réalistes et naturalistes continuent la lutte pour la liberté et la justice qui devraient donner le bonheur à l'humanité.

Charles Fourier, philosophe et sociologue, visionnaire et réformateur, rêvait d'harmonie universelle. Il a été très populaire vers 1840.

Les Français qui ont vécu après la Révolution et au début du XIXᵉ siècle se sont trouvés désemparés devant un monde bouleversé par les révolutions, les guerres, les troubles politiques et sociaux. De ce fait les écrivains ont d'abord montré une profonde inclination à la mélancolie et au désenchantement. Ces sentiments sont devenus de plus en plus forts pendant le XIXᵉ siècle et ils ont fini par donner naissance à l'angoisse et au désespoir de la littérature contemporaine.

Chateaubriand

Un des précurseurs romantiques en France, François René de Chateaubriand (1768–1848), est un grand admirateur de Rousseau; tous les deux ont écrit en prose, mais leur style a de grandes qualités poétiques. De plus Chateaubriand a une imagination débordante, une puissance descriptive incomparable et une grande sensibilité. Il a influencé sa postérité de différentes façons:

1. Il a réveillé le sentiment religieux en France avec son *Génie du christianisme* où il a exalté la religion chrétienne.

2. Par son récit *Les Martyrs,* Chateaubriand a redonné aux Français le goût du passé: il a donc contribué au renouveau des études historiques, si importantes au XIXᵉ siècle.

Une page de la première édition imprimée du Génie du christianisme *de Chateaubriand.*

3. Il a renouvelé le sentiment de la nature par ses descriptions de pays exotiques: les forêts d'Amérique—où il a fait un court séjour—dans *Atala;* les paysages du Proche-Orient dans son *Itinéraire de Paris à Jérusalem.*

4. Les romantiques lui doivent beaucoup car il a ouvert le chemin à la grande poésie lyrique en exprimant ses émotions et ses états d'âme dans *René* et les *Mémoires d'outre-tombe.*

Le Mouvement Romantique

D'après Victor Hugo, "le romantisme, c'est le libéralisme en littérature". A cette époque les écrivains se révoltent contre les règles établies au XVIIe siècle. Ils veulent une littérature personnelle: c'est le triomphe du "moi", car les romantiques expriment volontiers leurs émotions, leurs enthousiasmes, leurs passions. Le romantisme donne donc lieu à une littérature individuelle, opposée au classicisme qui présente ce qu'il y a de commun à tous les hommes. D'autre part, les auteurs qui appartiennent à ce mouvement cherchent des sujets éloignés dans le temps et dans l'espace pour s'évader de la réalité et ils placent leurs personnages dans un cadre et une époque bien déterminés—c'est ce qu'on appelle la couleur locale—tandis que le décor des classiques est vague, indéfini.

1. Le chef des romantiques et un des plus grands écrivains du monde est Victor Hugo (1802–1885). Ses œuvres principales comprennent des poèmes, des romans et des drames.

(a) Avec un vocabulaire considérable, une connaissance parfaite de la langue, avec une imagination débordante et une splendeur incomparable dans ses images, Victor Hugo a vraiment été un poète de génie. Sa production a été énorme; il y a donc un certain nombre de poèmes qui n'ont pas beaucoup de valeur mais la plupart sont dignes de notre admiration. Ses principaux recueils et les meilleurs sont *Les Orientales* (1829); *Les Châtiments* (1853); *Les Contemplations* (1856)—son chef-d'œuvre lyrique; *La Légende des siècles* (1859–1883) où le poète montre son génie épique; un recueil plein de fantaisie, *Chansons des rues et des bois* (1865); et *L'Art d'être grand-père* (1877).

(b) Victor Hugo s'impose aussi dans le roman. S'intéressant aux conditions sociales, il est gagné par les idées humanitaires du siècle et il les exprime dans son grand roman *Les Misérables* (1862) qui raconte la vie pénible de Jean Valjean. Avec *Notre-Dame de Paris* (1831), il évoque d'une façon pittoresque, mais un peu trop irréelle, le Paris du Moyen Age.

Manuscrit de Ruy Blas, *drame de Victor Hugo, avec dessins de l'auteur.*

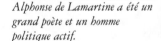

Victor Hugo, un des plus grands auteurs français, a été le chef de file des romantiques et l'ennemi implacable de Napoléon III.

Alphonse de Lamartine a été un grand poète et un homme politique actif.

(c) Victor Hugo a créé des drames dont l'un, *Hernani* (1830), a été le sujet d'une vraie bataille entre les Anciens (classiques) et les Modernes (romantiques). Dans cette pièce l'auteur applique en partie les règles du nouveau théâtre dramatique qu'il avait énoncées dans la préface d'une pièce précédente, *Cromwell* (1827), et dont les principales sont: (1) pour faire plus vivant il faut mélanger le comique et le dramatique; (2) il faut supprimer les unités de temps et de lieu mais l'unité d'action doit être maintenue; et (3) la "couleur locale" doit contribuer à l'intérêt de la pièce. *Hernani* et *Ruy Blas* (1838), tous deux écrits par Victor Hugo, sont les chefs-d'œuvre du drame romantique.

2. Grand poète lyrique, Alphonse de Lamartine (1790–1869) a exprimé dans des vers d'une grande harmonie:

(a) La douleur profonde de son âme après la mort de sa grande amie Madame Charles dans "Le Lac" et L'Isolement" tirés du recueil *Méditations poétiques* (1820).

(b) Sa foi religieuse dans "Hymne du matin" et "Milly ou la terre natale" du recueil les *Harmonies poétiques et religieuses* (1830); et dans ses épopées *Jocelyn* (1836) et *La Chute d'un ange* (1838).

(c) Ses émotions intimes dans *La Vigne et la maison* (1857) qui, par la profondeur des sentiments et par l'admirable variété du rythme, est son chef-d'œuvre lyrique.

3. Un autre poète de génie, Alfred de Vigny (1797–1863), a présenté des idées philosophiques sous forme de symboles dans des vers d'une douce mélancolie sentimentale. Il a proclamé la solitude de l'homme supérieur dans une société médiocre qui ne le comprend pas. A son avis le gentilhomme, l'écrivain de génie, le soldat, le penseur sont les "parias" de la société mo-

L'œuvre d'Alfred de Vigny est d'une grande élévation philosophique et morale.

L'œuvre immense d'Honoré de Balzac, La Comédie humaine, *fait revivre toute la société du temps.* (Le Courrier Balzacien)

Le plus romantique des romantiques, Alfred de Musset a écrit les meilleures pièces de théâtre de l'époque.

derne. D'autre part, il a prêché le dévouement stoïque au devoir. Ses poèmes, *Moïse* (1822), *La Mort du loup* (1843), *La Maison du berger* (1844) et son chef-d'œuvre, *La Bouteille à la mer* (1854); ses romans *Cinq-Mars* (1826), *Servitude et grandeur militaires* (1835); et son drame *Chatterton* (1835) sont parmi ses meilleures œuvres.

4. Le dernier grand romantique est Alfred de Musset (1810–1857) qui a surtout chanté les souffrances de l'amour, car, pour lui, la souffrance est la vraie "Muse", l'inspiratrice par excellence des poètes. *Rolla* (1833) et les *Nuits* (1835–1837) sont parmi ses meilleures œuvres poétiques. D'autre part, son génie plein d'humour et de fantaisie lui a fait composer des comédies spirituelles et délicieuses telles que *Fantasio* (1834), *On ne badine pas avec l'amour* (1834), *Il ne faut jurer de rien* (1836). Il a aussi écrit un drame *Lorenzaccio* (1833) et un roman autobiographique, *La Confession d'un enfant du siècle* (1836).

Balzac

Honoré de Balzac (1799–1850) est un des géants de la littérature, un romancier sans exemple par l'immensité de son œuvre. C'est un romantique à l'imagination puissante de visionnaire combinée à des dons d'observateur et de peintre réaliste. Il a tracé avec minutie et précision un immense tableau de la vie contemporaine en France qu'il a appelé *La Comédie humaine*. Il y a montré l'influence du milieu matériel et social sur l'individu. De nombreux personnages reviennent de roman en roman, ce qui rend le "monde de Balzac" très vivant et d'une réalité saisissante. Le meilleur de son œuvre se trouve dans ses personnages à qui il a donné une vie intense par ses descriptions. Ses héros sont généralement poussés par un sentiment démesuré: le Père Goriot par l'amour paternel et le Père Grandet par l'avarice. Ce sont ces passions qui, comme chez les classiques, amènent une crise et un dénouement fatal. Ses principales œuvres sont:

1. Des œuvres philosophiques: *La Peau de chagrin* (1831); *La Recherche de l'absolu* (1834).

2. Des études de mœurs: *Eugénie Grandet* (1833) et *Le Père Goriot* (1834) qui sont ses deux chefs-d'œuvre; *Le Lys dans la vallée* (1835); *La Cousine Bette* (1846); *Le Cousin Pons* (1847).

3. Des romans historiques: *Les Chouans* (1829).

4. Des romans mystiques: *Séraphita* (1832).

Michelet a rendu l'histoire aussi intéressante qu'un roman. Malheureusement, ses dons artistiques et ses idées préconçues lui ont parfois fait oublier la nécessité d'être exact.

Les Historiens

Les philosophes du XVIIIᵉ siècle et les écrivains préromantiques ont mis l'histoire à la mode et elle est devenue, au XIXᵉ siècle, un véritable genre littéraire.

Il y a deux tendances chez les historiens:

1. Certains présentent simplement les faits historiques sans les juger, comme Augustin Thierry (1795–1856) dont les *Récits des temps mérovingiens* (1840) font revivre la Gaule du VIᵉ siècle.

2. D'autres cherchent à dégager les idées qui découlent des faits historiques, comme le comte Alexis de Tocqueville (1805–1859) qui s'est intéressé au progrès des constitutions démocratiques dans ses deux ouvrages, *De la Démocratie en Amérique* (1839) et *L'Ancien Régime et la Révolution* (1856).

Ces deux tendances sont réunies chez Jules Michelet (1798–1874). En effet, celui-ci s'est basé sur une documentation rigoureuse pour écrire son *Histoire de France* et son *Histoire de la Révolution française* dans lesquelles il a présenté une "résurrection intégrale du passé", tout en essayant de dégager la loi fondamentale de l'histoire de l'humanité. Il a ainsi fait œuvre de savant, d'artiste et de philosophe. Les œuvres de sa majorité sont les meilleures car, malheureusement, il est devenu trop partisan vers la fin de sa vie, et il a fini par déformer la réalité.

LA PHILOSOPHIE

A cette époque, la théorie la plus importante est celle du positivisme. C'est une méthode qui se base exclusivement sur l'étude des faits. Auguste Comte (1798–1857) en est le fondateur. D'après lui, la pensée humaine a d'abord passé par une période "théologique", ensuite par une période "métaphysique", et maintenant elle entre dans la période "positive". Auguste Comte a créé une science nouvelle—la sociologie—et il a abouti, dans son *Système de politique positive* (1854), à une religion de l'humanité.

LES ARTS

La Peinture

1. L'école néo-classique domine au début du siècle: c'est la peinture académique qui continue la grande tradition classique en France. Louis David, déjà mentionné parmi les artistes du XVIIIᵉ siècle, est devenu le peintre officiel de Napoléon qui admirait beaucoup la civilisation romaine dont il avait pris l'aigle comme emblème. David a glorifié le régime impérial dans ses grandes compositions historiques comme *Le Sacre de Napoléon Iᵉʳ* et *La Distribution des Aigles.*
2. Les artistes de l'école romantique sont très influencés par les idées politiques et littéraires et ils renouvellent l'art, comme le font les écrivains. Des tableaux aux formes tourmentées, aux compositions asymétriques remplacent l'ordre et la froideur des toiles classiques. Les peintres romantiques peignent des sujets très dramatiques où les personnages montrent une grande intensité d'émotion. Au lieu de l'antiquité grecque ou latine, ils préfèrent le Moyen Age pittoresque ou l'Orient exotique et ils emploient la couleur locale pour placer leurs scènes dans un endroit bien défini.

Les principaux peintres de l'école romantique sont Théodore Géricault (1791–1824), dont un des meilleurs tableaux est *Le Radeau de la Méduse* où il peint l'horreur d'un naufrage; et Eugène Delacroix (1798–1863) qui, par le mouvement énergique de sa composition, fait ressortir la qualité dramatique de ses sujets comme dans *La Barque de Dante* ou *Les Massacres de Scio.*

Entrée des Croisés à Constantinople, par Delacroix. (Bulloz)

L'Architecture et la Sculpture

Au début du siècle plusieurs constructions de style antique sont bâties à Paris:
1. L'Arc de triomphe de l'Etoile, œuvre de l'architecte Chalgrin, est un monument colossal inspiré de l'antique, deux fois plus grand que l'Arc de Constantin à Rome. Commandé par Napoléon et commencé en 1806, il évoque l'épopée impériale. Il n'a été terminé qu'en 1836 après un arrêt d'une vingtaine d'années sous la Restauration. Les groupes de sculptures qui ornent les faces de l'arc sont dûs à plusieurs artistes. L'un d'eux, d'un talent bien supérieur à celui des autres, François Rude (1784–1855), s'est élevé au sublime dans son bas-relief du *Départ*—appelé "la Marseillaise de pierre".

L'Arc de triomphe de l'Etoile. (Préfecture de police)

2. Construit entre 1806 et 1808, au centre des parterres qui se trouvent entre les deux ailes extrêmes du palais du Louvre, l'Arc de triomphe du Carrousel célèbre les campagnes impériales de 1805: Austerlitz, Ulm, Tilsit, etc.

3. Un des édifices les plus connus de la capitale est la Madeleine, construite en forme de temple grec, dont Napoléon voulait faire un temple consacré à la gloire de la Grande Armée. Depuis 1842, c'est une église catholique où va le Tout-Paris et où se célèbrent de grands mariages.

Malgré l'incompréhension de ses contemporains, Hector Berlioz a composé des œuvres remarquables et durables.

La Musique

Les idées romantiques ont influencé un compositeur français de talent: Hector Berlioz (1803–1869). Celui-ci a bouleversé la tradition par sa fougue et ses tonalités qui semblaient dissonantes à l'époque. *La Symphonie fantastique* et son opéra *La Damnation de Faust* (1846) sont parmi ses meilleures œuvres.

LES SCIENCES

Les Découvertes Scientifiques

Pendant tout le XIXe siècle, la science française a été très brillante, et les découvertes scientifiques se sont multipliées en ce siècle de la révolution industrielle.

1. Le marquis de Laplace (1749–1827), mathématicien et astronome, a exposé son "Hypothèse" sur l'origine nébulaire du système solaire. Il a découvert plusieurs lois sur le mouvement des planètes et des étoiles qu'il a expliquées dans des ouvrages tels que *Exposition du système du monde* (1796) et *Traité de mécanique céleste* (1799). Plus tard, en 1846, un autre astronome français Urbain Le Verrier (1811–1877) a découvert par le calcul seul l'existence de la planète Neptune dont il a déterminé la position et la grandeur.

2. Georges Cuvier (1769–1832) a fondé l'anatomie comparée et la paléontologie ou science des fossiles.

3. André Marie Ampère (1775–1836), qui a trouvé le principe de la télégraphie et la loi fondamentale de l'électrodynamique, a donné son nom à l'unité du courant électrique.

4. Augustin Fresnel (1788–1827) a établi la théorie ondulatoire de la lumière, alors que depuis Newton (vers 1704) on croyait que la lumière se propageait en ligne droite. Ce savant a aussi inventé le phare à lentille.

5. D'autre part, un mécanicien de Lyon, Joseph-Marie Jacquard (1752–1834) a inventé le métier à tisser qui porte son nom. La partie principale de cette machine fonctionne par une série de cartons troués dont la disposition permet la reproduction mécanique d'un dessin original, souvent très compliqué.

6. Dans un autre domaine, Jean-François Champollion (1790–1832) a réussi à déchiffrer les hiéroglyphes de l'ancienne Egypte, ce qui a permis de mieux comprendre cette civilisation si intéressante.

La Médecine

Elle a aussi fait de grands progrès:

1. René Laënnec (1781–1826) a étudié les maladies du cœur, il a inventé le stéthoscope et a découvert la méthode moderne d'auscultation.

2. En zoologie Jean-Baptiste de Lamarck (1744–1829) a fait des recherches sur les animaux sans vertèbres. Il a parlé de "transformisme" (1809) et sa théorie a précédé de cinquante ans celle de Darwin sur l'évolution.

Métier à tisser de Jacquard. Les cartons troués qui permettent de fabriquer un tissu au dessin compliqué, rappellent les cartes perforées des machines électroniques modernes.

QUESTIONS

L'Histoire

1. Quels ont été les différents gouvernements de Bonaparte?
2. Parlez des campagnes de Napoléon. A-t-il toujours été victorieux?
3. Où a-t-il été exilé après son abdication? Y est-il resté?
4. Quand a-t-il été définitivement battu? Où a-t-il été de nouveau exilé? Où est-il enterré maintenant? Depuis quand?
5. Décrivez Napoléon Ier et dites quelle est son œuvre durable.
6. Qui a régné après Napoléon Ier? Comment était Louis XVIII? Quel gouvernement a-t-il établi?
7. Qui est Charles X? A-t-il été populaire? Pourquoi?
8. Qui a succédé à Charles X? Qui l'a appelé au pouvoir? Que s'est-il passé pendant son règne?

La Littérature et la Philosophie

1. Quelles sont les idées politiques et sociales au XIXe siècle?
2. Pourquoi les écrivains sont-ils mélancoliques? A quoi ce sentiment donne-t-il naissance?
3. Nommez un important précurseur romantique. Qui admire-t-il? Ces deux auteurs ont-ils écrit en vers?
4. Quelles sont les caractéristiques littéraires de Chateaubriand? En quoi est-il important pour la littérature du XIXe siècle?
5. Qu'est-ce que le romantisme d'après Victor Hugo? Que veulent les auteurs romantiques? Quelles sont les principales caractéristiques du romantisme?
6. Quelles sont les qualités de Victor Hugo poète et écrivain? Nommez ses meilleurs recueils de vers.
7. Quelles sont ses contributions dans le roman?
8. Quelles sont les règles du théâtre romantique? Quels sont les drames importants de Victor Hugo?
9. Qui est Lamartine? Pourquoi est-il si triste? Dans quels poèmes exprime-t-il cette douleur?
10. Nommez des œuvres où ce poète montre sa foi religieuse.
11. Quelle est la philosophie d'Alfred de Vigny? Parlez de ses différentes œuvres.
12. Qui est le dernier grand romantique? Qu'est-ce qu'il a écrit?

13. Quelle est la grande œuvre de Balzac? Cet auteur est-il simplement romantique? Expliquez.
14. Comment est le "monde de Balzac"? Décrivez ses personnages principaux.
15. Pourquoi l'histoire est-elle à la mode au XIXᵉ siècle? Quelles sont les tendances des historiens? Nommez plusieurs historiens et leurs œuvres.
16. Quelle est l'originalité de Michelet? Comment est son œuvre?
17. Qu'est-ce que le positivisme? Qui en est le fondateur? Quelle science a-t-il créée?

Les Arts

1. Comment l'école néo-classique a-t-elle servi Napoléon? Qu'a fait David?
2. Comparez les œuvres néo-classiques et romantiques.
3. Nommez des peintres romantiques et leurs œuvres.
4. Quel style domine en architecture au début du siècle? Comment est l'Arc de triomphe de l'Etoile? Qu'est-ce qu'il évoque?
5. Nommez deux autres édifices bâtis dans le style antique et décrivez-les.
6. Qui est Hector Berlioz? Comment a-t-il bouleversé la tradition? Quelles sont ses œuvres principales?

Les Sciences

1. Parlez des principaux savants de l'époque et de leurs découvertes.
2. La médecine a-t-elle fait des progrès? De quelle façon?
3. Qu'est-ce que le "transformisme"? Qui en a parlé? De qui ce savant est-il le précurseur?

SUJETS DE COMPOSITION FRANÇAISE

1. Napoléon a été très influencé par l'histoire et la civilisation romaines. Montrez comment ses guerres, son administration, et les œuvres artistiques de son époque en sont le témoin.
2. Comparez Charlemagne et Napoléon: leur vie, leurs campagnes militaires et leur administration.
3. Quelles différences y a-t-il entre le régime monarchique de Louis XVIII et celui des rois de l'Ancien Régime?
4. Quels sont les principaux précurseurs français et étrangers qui ont influencé les romantiques?
5. Parmi les découvertes françaises de la période traitée dans ce chapitre quelles sont les plus importantes à votre avis?

Les impressionnistes ont choisi de peindre la lumière plutôt que l'objet, l'instant fugitif plutôt que l'éternel. Auguste Renoir est un des principaux peintres de cette école qui préparait l'art moderne. Un de ses tableaux les plus célèbres: Le Moulin de la Galette.

8

LA SECONDE MOITIÉ DU XIXᵉ SIÈCLE

L'HISTOIRE

La Deuxième République

À la chute de Louis-Philippe, en 1848, la Chambre des Députés a élu un gouvernement provisoire, composé de républicains modérés. Quand ils sont arrivés à l'Hôtel de Ville de Paris où ils devaient siéger, les membres de ce gouvernement y ont trouvé des représentants des ouvriers parisiens qui ne voulaient pas laisser les bourgeois profiter de la révolution comme en 1830.

Les deux groupes se sont réunis pour éviter de nouveaux troubles, et la Deuxième République a été votée. C'est la première fois en France que des représentants des ouvriers font partie d'un gouvernement. Puis les Français (ceux qui pouvaient voter) ont élu le prince Louis-Napoléon Bonaparte, neveu de Napoléon Iᵉʳ, Président de la République en décembre 1848; mais ce dernier a rétabli l'empire par un coup d'Etat le 2 décembre 1851.

Le Second Empire

Napoléon III—empereur de 1851 à 1870—a d'abord gouverné en despote, puis il a modifié le régime en 1860 et l'a rendu beaucoup plus libéral en 1867. Cependant il a engagé la France dans de nouvelles guerres. Allié à l'Angleterre, il a fait une campagne en Crimée pour empêcher que les Russes ne prennent Constantinople. Cette ville est finalement restée à la Turquie à qui elle appartient toujours. Il a aidé Victor-Emmanuel, roi de Piémont dans sa lutte contre l'Autriche pour l'unification de l'Italie et la France a reçu la Savoie et le comté de Nice comme prix de son aide. Il est aussi intervenu au Mexique (1861–1867) mais son protégé Maximilien d'Autriche a finalement été exécuté après une révolution.

Enfin Napoléon III a été provoqué par la Prusse avec laquelle il est entré en guerre en 1870. A cette époque le roi de Prusse, Guillaume Ier, avait un ministre, Bismarck, qui voulait effectuer à tout prix l'unification des pays allemands. Après une campagne de six semaines, pendant laquelle les Prussiens ont envahi la France, l'empereur a été fait prisonnier à Sedan, avec son armée, le 4 septembre 1870. Il a été forcé d'abdiquer et un gouvernement de la Défense Nationale—sous la direction de Thiers et de Gambetta—a continué la guerre. Paris, assiégé pendant quatre mois, a dû capituler le 18 janvier 1871. Le traité de Francfort (10 mai 1871) a enlevé l'Alsace et une grande partie de la Lorraine à la France, soit plus d'un million et demi de Français; il obligeait la France à payer une indemnité de guerre énorme—cinq milliards de francs or—et à assumer les frais d'entretien d'une armée d'occupation jusqu'au règlement complet de cette indemnité, qui a eu lieu en septembre 1873.

Le Socialisme

Depuis le début du siècle, la misère du prolétariat avait incité des théoriciens à essayer de résoudre la question sociale: par exemple, le comte de Saint-Simon (1760–1825) avait voulu donner une place importante aux producteurs dans la société. Plus tard Pierre Proudhon (1809–1865) avait attaqué le principe de propriété: "La propriété, c'est le vol", disait-il. Il avait cependant refusé d'accepter l'idée d'un socialisme d'Etat et il est plutôt considéré comme l'ancêtre du syndicalisme. Finalement le socialisme naissant était devenu international avec l'allemand Karl Marx, auteur du *Manifeste communiste* (1848) et du *Capital* (1867), et la première Internationale ouvrière a été créée à Londres en 1864.

Les idées socialistes n'ont eu aucune influence sur la révolution de 1830: elles sont en partie responsables de celle de 1848, tandis qu'elles ont eu une influence directe sur l'insurrection de 1871 appelée "la Commune". Celle-ci est bien une révolte du prolétariat cherchant, par tous les moyens, à améliorer

Portrait de Napoléon III.
(Fosse)

Pierre Proudhon, un des
précurseurs du socialisme.

son sort. Malheureusement, elle a eu lieu à un moment bien inopportun: sous les yeux amusés des Allemands vainqueurs. D'autre part les excès des insurgés—exécution d'otages, incendie des Tuileries, de l'Hôtel de Ville, etc.— ont occasionné de la part du gouvernement une répression à outrance.

La Troisième République

La Troisième République, établie le 4 septembre 1870, et régie par la Constitution de 1875, est née sous une bien mauvaise étoile. Elle a éprouvé bien des difficultés. Cependant, elle a duré jusqu'en 1940!

LA LITTÉRATURE

Le Positivisme

Philosophe, critique et historien, Hippolyte Taine (1828–1893) a appliqué la méthode scientifique du positivisme à la critique et à l'histoire. Il a prétendu expliquer l'être humain et ses actions en se basant sur trois facteurs: la race, le milieu et le moment. Mais cette méthode est trop arbitraire car l'homme est un être complexe et on ne peut établir des lois fixes et immuables pour l'expliquer comme si on voulait résoudre un problème de géométrie. Taine a cependant eu beaucoup d'influence sur les écrivains naturalistes.

Les Romanciers Réalistes et Naturalistes

Des écrivains se sont dressés contre les excès de sentimentalité et d'imagination des romantiques. Ils s'intéressaient à la réalité et voulaient la décrire toute entière en se basant sur l'observation et la documentation, influence des sciences expérimentales.

1. Gustave Flaubert (1821–1880), malgré son tempérament passionné et ses tendances vers l'effusion romantique, a lutté toute sa vie pour s'exprimer d'une façon objective, impersonnelle. Son chef-d'œuvre, *Madame Bovary* (1857), raconte la vie d'une jeune femme de nature romantique qui n'arrive pas à faire accorder ses rêves avec la réalité bien peu intéressante de son milieu de province. Cette opposition entre le rêve et la réalité est soulignée par une analyse psychologique précise et une description exacte de la réalité, dans un style d'une forme parfaite. D'autres œuvres importantes de Flaubert sont *Salammbô* (1862) et *Trois Contes* (1877).

2. Emile Zola (1840–1902) a réclamé pour le romancier une liberté complète dans le choix de ses sujets. Il voulait que le roman, comme les études scientifiques, étudie impersonnellement tous les problèmes, laids ou beaux. Influencé par la méthode expérimentale et le positivisme, il pensait que l'homme est soumis à un déterminisme universel, et c'est ce qu'il a cherché à démontrer dans ses œuvres. Parmi ses meilleurs romans, on compte *L'Assommoir* (1877), qui décrit les ravages de l'alcoolisme dans une famille d'ouvriers parisiens, et *Germinal* (1885), qui place l'action chez les mineurs du nord de la France. Artiste plein d'imagination, Zola a rempli ses œuvres de tableaux grandioses où les choses ont parfois une vie propre comme l'alambic dans *L'Assommoir* ou la mine dans *Germinal*.

Emile Zola a voulu appliquer au roman les principes de la méthode expérimentale.

Malgré ses tendances romantiques, Gustave Flaubert s'est donné l'impersonnalité pour loi.

La Poésie

Les effusions personnelles et les préoccupations sociales des romantiques amènent certains poètes à chercher d'autres voies d'expression.

1. Théophile Gautier (1811–1872) recherche avant tout la Beauté pure car pour lui l'art n'est pas un but mais un moyen. Il cultive la forme et choisit soigneusement ses mots. Ses idées naissent généralement d'images qu'il transforme en symboles. Son chef-d'œuvre est *Emaux et Camées* (1852).

2. L'école parnassienne continue l'œuvre de Théophile Gautier. Les poètes affectent une certaine impassibilité et réagissent contre les libertés de la versification romantique. Le chef de l'école est Leconte de Lisle (1818–1894) dont les poèmes rappellent des civilisations disparues ou des contrées lointaines. Ses recueils principaux sont *Poèmes antiques* (1852), *Poèmes barbares* (1862) et *Poèmes tragiques* (1884).

3. Charles Baudelaire (1821–1867), précurseur des symbolistes, a été continuellement obsédé par la fuite du temps, par le "spleen", assoiffé de pureté, de beauté et d'idéal. Il a trouvé des correspondances entre les différents sens comme le goût, la vue, l'odorat, et il a employé ces sensations pour en évoquer

La poésie de Charles Baudelaire présente avec sincérité toute la complexité d'une âme tourmentée.

Arthur Rimbaud d'après un dessin de Verlaine.

d'autres. "Il est des parfums frais comme des chairs d'enfant . . ." Dans son recueil *Les Fleurs du mal* (1857), il a évoqué indirectement la réalité intérieure subjective et le lecteur y trouve un peu de lui-même.

4. A l'aide d'images indécises et par la musique de ses vers, Paul Verlaine (1844–1896) a traduit des états d'âme d'une façon remarquable. Ses meilleurs poèmes ont une grâce aérienne et sont aussi musicaux qu'une chanson: *Fêtes galantes* (1869), *Sagesse* (1881), *Jadis et Naguère* (1884).

5. Arthur Rimbaud (1854–1891) a écrit tous ses poèmes avant d'avoir vingt et un ans, âge auquel il a abandonné la littérature pour une vie errante dans plusieurs continents. Ses poèmes en vers ou en prose sont parfois difficiles à comprendre, car il essaie de pénétrer, par l'hallucination, dans le surnaturel et de peindre ce qu'il y trouve: *Bateau ivre* (1871), *Une Saison en enfer* (1873), *Illuminations* (1874).

6. Les poètes précédents ont ouvert la voie aux symbolistes dont certains cherchent à suggérer les secrets de leur vie intérieure, à l'exemple de Verlaine; d'autres aspirent à évoquer, derrière les apparences, l'essence des choses. C'est le but de Stéphane Mallarmé (1842–1898), le chef du mouvement symboliste, qui a laissé des poèmes d'une grande perfection mais dont le sens échappe souvent au lecteur. Une de ses meilleures œuvres est *L'Après-midi d'un faune* (1876).

LES ARTS

La Peinture

1. Le mouvement réaliste a eu de nombreux adeptes en peinture. Les artistes voulaient peindre ce qu'ils voyaient sans rien changer à la réalité. Ils ont ainsi reproduit des scènes de la vie courante sans montrer leurs propres émotions.

(a) Gustave Courbet (1819–1877) a fait scandale avec un tableau qui semble bien inoffensif maintenant: *L'Enterrement à Ornans.*

(b) Les paysagistes de l'école de Fontainebleau ont peint aussi ce qu'ils voyaient, mais ils ont travaillé en plein air, à la campagne. Jean-Baptiste Corot (1796–1875) a peint d'une façon remarquable des matins limpides et des soirs aux brumes argentées: *Paysage matinal.* Jean-François Millet (1815–1875), peintre des humbles, les a représentés avec un sentiment fraternel, un peu mièvre parfois: *Les Glaneuses, L'Angélus.*

(c) Edouard Manet (1832–1883) a choqué ses contemporains avec son *Olympia* (1863), non pas parce que c'est une femme nue, mais parce que le sujet n'est pas idéalisé selon la convention académique. Il est arrivé plus tard à un style impressionniste dans des tableaux comme *Le Bar des Folies Bergères.*

Etang de Ville-d'Avray, *par Corot. (Sylvester)*

Le Fifre, *par Manet.*

2. Les impressionnistes se sont surtout appliqués à rendre les effets de la lumière sur les choses; comme celle-ci change constamment suivant les heures du jour et la qualité des nuages, les objets qu'elle éclaire changent également d'apparence.

(a) Claude Monet (1840–1926), le plus typique de ces peintres, a représenté dix-sept fois la cathédrale de Rouen à des heures différentes de la journée et aucun de ces tableaux ne ressemble aux autres.

(b) Edgar Degas (1834–1917) est célèbre pour ses danseuses dont il étudie tous les gestes.

(c) Auguste Renoir (1841–1919) se distingue par une composition beaucoup plus étudiée que celle des autres peintres de la même école. Il a cependant créé des tableaux très lumineux, comme *Le Moulin de la Galette, Le Déjeuner des canotiers,* ou *Madame Charpentier et ses enfants.*

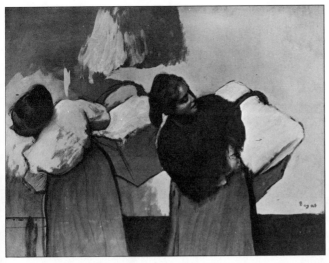

Les Blanchisseuses,
par Degas.
(U.S.I.S.)

Blanche Monet en train
de peindre, *par Monet,*
un des maîtres de
l'impressionnisme.
(Collection Gard de Silva,
L.A. Museum of Art)

3. Au lieu de peindre la réalité comme ils la voient, les post-impressionnistes veulent "interpréter" cette réalité avec leurs sentiments et leur raison.

(a) Paul Cézanne (1839–1906) omet certains détails dans ce qu'il voit; il réduit chaque élément à son caractère essentiel; et il arrange le tout afin de présenter une composition solide et harmonieuse. Il veut découvrir des formes géométriques dans la nature: ainsi la profondeur est aussi importante que la largeur et la longueur. C'est le début du cubisme. Parmi ses meilleures œuvres on peut nommer *Les Joueurs de cartes* et *La Montagne Sainte-Victoire*.

(b) Paul Gauguin (1848–1903), marié, père de cinq enfants, riche courtier en Bourse, laisse tout vers 1883 et s'adonne à la peinture. Il va en Bretagne, puis à Arles où il vit un moment avec son ami Van Gogh; en 1891 il s'en va à Tahiti et il habite en Polynésie jusqu'à sa mort. Ses plus belles toiles représentent des scènes des îles du sud. Il y exprime son amour de la vie primitive et des couleurs brillantes dans des tableaux très décoratifs, baignés

Paysage à l'Estaque, par Cézanne.

La Chambre à Arles, *par Van Gogh.*

des couleurs et de la lumière des pays du sud comme dans ses toiles intitulées *Maternité* et *Tahitiennes*.

(c) Vincent Van Gogh (1853–1890) est né en Hollande, mais il a surtout passé sa vie en France. Il s'est suicidé dans un accès de folie à trente-sept ans après avoir créé presque toute son œuvre en quatre ans. Ses tableaux à lui aussi sont hauts en couleurs et il communique aux choses une vie intense, étonnante comme on peut le voir dans des peintures telles que *La Moisson* ou *Chambre à Arles*.

L'Architecture et la Sculpture

1. Il n'y a pas de nouveautés en architecture, et les architectes s'inspirent des styles précédents.

(a) La basilique du Sacré-Cœur à Paris a été bâtie de 1876 à 1914 sur les plans de l'architecte Paul Abadie (1812–1884) et entièrement payée par les catholiques. Elle s'inspire d'un style datant du Moyen Age qui combine certaines caractéristiques du style roman (l'arc rond) et du style byzantin (les coupoles et le dôme).

La façade de l'Opéra Garnier vue de nuit.

La Danse, par Carpeaux. (Vals)

(b) L'Opéra de Paris est l'œuvre de l'architecte Charles Garnier (1825–1898) qui voulait créer un "style Napoléon III", mais son bâtiment n'est pas assez original et ses décorations trop riches pour avoir fait école. L'Opéra a été construit de 1862 à 1875.

2. Il y a deux grands sculpteurs pendant cette période:

(a) Jean-Baptiste Carpeaux (1827–1875), qui fait "vivre" ses personnages dans des scènes telles que le groupe de *La Danse* sculpté pour la façade de l'Opéra Garnier à Paris.

(b) Auguste Rodin (1840–1917) dont les principales œuvres, au réalisme puissant, sont *Le Penseur, Le Baiser* et *Les Bourgeois de Calais.*

Victor Hugo, *par Rodin. (Hommage à Rodin 1967/68. Los Angeles County Museum of Art)*

Gounod, *par Carpeaux.*

La Musique

1. L'opéra français a produit un grand nombre de compositeurs de talent:

(a) Charles Gounod (1818–1893) a un style sobre et soigné. Son chef-d'œuvre *Faust* (1859) est encore au répertoire de nombreux théâtres français et étrangers.

(b) Georges Bizet (1838–1875) a composé des symphonies et des opéras célèbres: *Les Pêcheurs de perles* et *L'Arlésienne.* Son chef-d'œuvre, *Carmen* (1875), est plein de vie et de pittoresque.

(c) Jules Massenet (1842–1912) est un compositeur savant, pathétique et raffiné. Ses principaux opéras sont *Manon, Thaïs, Werther* et *Hérodiade.*

2. Une réaction se fait contre l'opéra et les compositeurs reviennent à la musique de concert:

(a) César Franck (1822–1890), par l'emploi du chromatisme, de la forme cyclique et de l'ample mélodie, a renouvelé la musique française moderne. Parmi ses meilleures compositions, il y a *Les Béatitudes,* un oratorio, et des poèmes symphoniques comme *Le Chasseur maudit.* Il a eu une grande influence sur les musiciens français qui l'ont suivi tels que Lalo, Duparc, Chabrier et Dukas.

(b) Camille Saint-Saëns (1835–1921) est un improvisateur-né dont la musique, très française d'inspiration, est bien classique par la pureté et la perfection de la forme. Il a réintroduit le goût de la musique symphonique en France. Ses meilleures œuvres sont: un opéra, *Samson et Dalila*—son chef-d'œuvre; des poèmes symphoniques comme *La Danse macabre* et *Le Rouet d'Omphale;* des symphonies de toutes sortes. Sa production a été considérable.

(c) Gabriel Fauré (1845–1924) est un compositeur de chansons (chansons de concert); il prend ses textes chez des poètes tels que Victor Hugo, Baudelaire, Verlaine, comme dans *Clair de lune* et *Les Roses d'Ispahan.* Il a aussi composé de la musique de chambre et de la musique religieuse. Ses morceaux sont mélodieux et ont une grâce subtile et enveloppante.

LES SCIENCES

La Révolution Industrielle

Dès 1815 les machines à vapeur ont fait leur apparition, le crédit s'est fondé. Les chemins de fer ont commencé à se développer (1823) d'abord comme entreprises privées, ensuite contrôlées par le gouvernement. Le progrès a été plus lent en France qu'en Angleterre: les grands centres industriels se sont surtout développés à la fin du XIXe siècle et la fabrication en série n'a commencé en France que vers 1910.

Les ouvriers ont cependant eu une vie dure et misérable, la loi ne leur offrant aucune protection. La grande bourgeoisie s'est enrichie sans s'occuper des misères qui l'entouraient. C'est pourquoi les théoriciens socialistes ont essayé de trouver des remèdes aux souffrances et à la pauvreté causées par les nouveaux modes de travail. Enfin vers 1841 une loi limitant l'emploi des enfants a été votée, le droit d'association et de grève a été accordé en 1864 et en 1884 les syndicats ont été reconnus par la loi.

Les Découvertes Industrielles

Les découvertes industrielles se sont multipliées:

1. Auguste Comte (1798–1857), mathématicien et philosophe a fondé le positivisme par lequel il cherchait à découvrir les lois qui contrôlent les phénomènes naturels. Il a exposé ses théories dans son *Cours de philosophie positive.*

Les frères Lumière, inventeurs du cinéma, dans leur laboratoire.

2. Le chimiste Joseph Niepce (1765–1833) a inventé la photographie et Louis Daguerre (1787–1851) a perfectionné cette technique. D'autre part, vers 1895, les frères Louis (1864–1948) et Auguste (1862–1954) Lumière ont mis au point les appareils de prise de vue et de projection qui ont lancé la cinématographie.

3. Zénobe Gramme (1826–1901) a inventé, en 1869, la première dynamo industrielle permettant de produire de la lumière électrique. Et, en 1873, Hippolyte Fontaine (1833–1917) s'est aperçu, par hasard, que la dynamo est réversible, ce qui a permis l'invention du moteur électrique et l'utilisation de la houille blanche.

4. En 1896 le Français Edouard Branly (1844–1940) et l'Italien Guglielmo Marconi (1875–1937) ont mis sur pied un appareil de T.S.F. ("télégraphie sans fil") appelé aussi la "radio".

5. Une des inventions les plus importantes de la fin du siècle, en 1882, est celle du moteur à explosion fonctionnant à l'essence (essence de pétrole) de Fernand Forest (1851–1914) qui a permis à l'industrie automobile et à l'aviation de se développer.

Les Grands Travaux

D'autre part, la deuxième partie du XIXe siècle, surtout sous le Second Empire, a vu l'exécution de travaux gigantesques:

1. Le baron Haussmann a fait percer de larges avenues, boulevards et places à Paris telles que la place de l'Etoile et les grands boulevards; il a fait aménager 800 kilomètres d'égouts et construire quatre ou cinq nouveaux ponts, ainsi que des hôpitaux.

2. L'afflux des populations vers les grands centres a posé des problèmes d'urbanisme qui ont été résolus par la construction de nombreux bâtiments et aménagements "modernes", notamment à Marseille.

3. Le canal de Suez a été une autre grande entreprise de la France impériale. De 1859 à 1869 Ferdinand de Lesseps, secondé par des capitaux, des machines, des contremaîtres français et des ouvriers égyptiens, a ouvert une route maritime qui a abrégé de plus de moitié le trajet des Indes et de l'Asie et qui a redonné à la Méditerranée l'importance qu'elle avait perdue depuis les grandes découvertes de la fin du XVe siècle.

4. De plus, en 1871, le tunnel du Mont-Cenis, long de 12 km, a été ouvert à travers la montagne entre la France et l'Italie et donne passage à la voie ferrée Paris-Turin.

5. Enfin, la Tour Eiffel a été bâtie pour l'exposition de Paris de 1889; le Pont Alexandre III, le Grand et le Petit Palais pour l'exposition de 1900.

Les Découvertes Médicales

Les découvertes médicales sont à l'échelle des inventions industrielles:

1. Claude Bernard (1813–1878) a créé la physiologie moderne en y introduisant la méthode expérimentale. D'après lui, l'observation donne naissance à l'hypothèse qui doit être contrôlée par l'expérience. Son *Introduction à l'étude de la médecine expérimentale* est un chef-d'œuvre de méthode. Emile Zola s'en est inspiré en appliquant la méthode expérimentale à ses romans.

2. Un des plus grands savants du monde médical, qui a amélioré le sort de tous par ses découvertes, est Louis Pasteur (1822–1895), disciple de Claude Bernard pour la méthode. Il a réussi à établir par ses expériences que la fermentation, comme celle du vin ou des fromages, est due à un microbe spécifique; que les maladies contagieuses sont toutes dues à un microbe, spécial à chacune d'elles; et qu'on peut diminuer le danger causé par les microbes en faisant des cultures qui servent de vaccin contre les maladies infectieuses.

Ces trois découvertes ont eu des conséquences immenses: révolution dans l'hygiène, la médecine, la chirurgie, l'agriculture, dans certaines industries comme la fabrication du pain, de la bière, du vin, du vinaigre et la conservation des aliments (pasteurisation du lait). Sa découverte de la vaccination contre la rage a été un bienfait immense pour l'humanité.

QUESTIONS

L'Histoire

1. Que s'est-il passé après la chute de Louis-Philippe? Quel gouvernement a été formé? Par qui?
2. Qui a été le seul président de la Deuxième République? Pourquoi?
3. Quelles sont les guerres de Napoléon III?
4. Les Français ont-ils gagné la guerre contre la Prusse? Quelles ont été les conditions du traité de Francfort?

Pasteur, qui a découvert le vaccin contre la rage, pendant une expérience.

5. Parlez du socialisme au XIXe siècle. Qu'est-ce que la Commune?
6. Combien de temps la Troisième République a-t-elle duré?

La Littérature

1. A quoi s'intéressent les romanciers réalistes? A quoi sont-ils opposés? Qu'est-ce qui les influence?
2. Contre quoi Flaubert a-t-il lutté? Pourquoi? Quel est son chef-d'œuvre? Quel en est le thème?
3. Qui est Hippolyte Taine? Quelle est sa méthode? Sur quoi se base-t-il pour expliquer l'homme? Cette méthode est-elle bonne? Pourquoi?
4. Que savez-vous d'Emile Zola?
5. Comment s'appellent ses deux principales œuvres? Quel en est le thème?
6. Que cherche Théophile Gautier dans ses poèmes? Quel est son chef-d'œuvre?
7. Qu'est-ce que l'école parnassienne? Nommez un poète parnassien et ses principaux recueils.
8. De qui est le recueil *Les Fleurs du mal?* Par quoi l'auteur a-t-il été obsédé toute sa vie?
9. Comment sont les poèmes de Verlaine? Nommez quelques-uns de ses recueils.
10. Parlez du poète Rimbaud. A-t-il écrit toute sa vie?
11. Qu'est-ce que le mouvement symboliste?
12. Qui est le chef de ce mouvement? Est-il facile à comprendre? Comment s'appelle une de ses meilleures œuvres?

Les Arts

1. Nommez des peintres du mouvement réaliste. Comment veulent-ils peindre?
2. Qu'est-ce que l'école de Fontainebleau? Nommez-en les principaux peintres et leurs œuvres.
3. Qu'est-ce qui a choqué les contemporains de Manet? Pourquoi?
4. Que font les impressionnistes? Nommez des impressionnistes et leurs peintures.
5. Qu'est-ce que le post-impressionnisme? Comment Cézanne peint-il ses toiles? Quel genre commence avec Cézanne?
6. Que savez-vous de Gauguin et de ses tableaux?
7. Nommez un autre peintre post-impressionniste et ses tableaux. Combien de temps a-t-il peint?

8. Nommez des édifices importants bâtis à Paris pendant cette période. Quels en sont les caractéristiques?
9. Nommez deux sculpteurs et leurs œuvres. Où se trouvent ces groupes?
10. Parlez des compositeurs français d'opéra de cette époque et de leurs opéras.
11. Qui a renouvelé la musique française moderne? Comment? Qu'est-ce que *Le Chasseur maudit?*
12. Que savez-vous de Saint-Saëns?
13. Qui est Gabriel Fauré? Qu'a-t-il composé?

Les Sciences

1. Parlez de la révolution industrielle en France.
2. Comment était la vie des ouvriers? Qui s'est occupé de l'améliorer? Nommez des lois importantes pour les travailleurs.
3. Qu'est-ce qu'Auguste Comte a fondé? A quoi sert cette méthode?
4. Qui a inventé la photographie?
5. Qu'est-ce qui permet de produire de l'électricité? Qui a inventé cet appareil?
6. Qu'est-ce qui a permis l'utilisation de la houille blanche? Expliquez aussi ce que c'est que la houille blanche.
7. Qui a découvert la cinématographie? Et la T.S.F.?
8. Quelle découverte a fait débuter l'industrie automobile et l'aviation?
9. Parlez des grands travaux entrepris à Paris par le baron Haussmann.
10. Qu'est-ce que le canal de Suez? Quelle est son importance? Qui en est l'architecte?
11. Nommez d'autres travaux et constructions importantes.
12. Qui a créé la physiologie moderne? Comment comprend-il les recherches de laboratoire? Quel est le titre de son livre?
13. Quelles sont les découvertes de Louis Pasteur et leurs conséquences?

SUJETS DE COMPOSITION FRANÇAISE

1. Les sciences sont devenues si importantes à partir de 1850 qu'elles ont influencé les lettres et les arts. Quelles sont les œuvres littéraires et artistiques qui, entre 1850 et 1900, dépendent le plus des idées scientifiques? De quelle façon sont-elles influencées par les sciences?
2. Quelles sont les principales caractéristiques des poésies qui font partie des écoles romantique, parnassienne et symboliste?

3. Décrivez les grands travaux et constructions effectués sous Napoléon III. Quelle est leur importance au point de vue esthétique, social et économique?

4. Décrivez la vie de Pasteur. Dites quelles sont ses découvertes et leur importance.

9

LA TROISIÈME RÉPUBLIQUE ET LES DEUX GUERRES MONDIALES AU XXᵉ SIÈCLE

L'HISTOIRE

De 1870 à 1914

Conformément à sa devise "Liberté, Egalité, Fraternité", la Troisième République a effectué de nombreuses réformes qui ont amélioré le sort de tous:

    —liberté de pensée, politique et religieuse (séparation de l'Eglise et de l'Etat en 1905);

    —liberté du travail;

Artillerie française pendant la bataille de Verdun.

Cette route était le seul moyen d'arriver à Verdun. Beaucoup sont morts pour qu'elle reste aux mains des Alliés. (Holzapfel)

—égalité de tous devant la loi;

—l'enseignement primaire, établi partout en 1833, est déclaré laïque, gratuit et obligatoire dès 1881–1882;

—le régime parlementaire devient un fait accompli—malgré les scandales et crises ministérielles—grâce à la solidité de l'Administration;

—l'expansion coloniale commencée en 1830 est complétée par la Troisième République en Afrique, en Asie et en Océanie et donne à la France un immense empire colonial, le deuxième du monde.

La Première Guerre Mondiale

L'Allemagne—unifiée par Bismarck et jointe à la Prusse sous l'empereur Guillaume Ier en 1871—continue à s'agiter pour augmenter son prestige et ses possessions territoriales en Europe et en Afrique. Après de nombreux incidents diplomatiques, le jeu des alliances a fini par mettre en présence deux groupes de nations:

1. La Triple-Alliance comprenant l'Allemagne avec la Prusse; l'Autriche-Hongrie avec ses satellites des Balkans: la Bulgarie et la Turquie; enfin l'Italie.

2. La France, l'Angleterre et la Russie (alliée à deux pays des Balkans, la Serbie et la Roumanie) formant l'Entente Cordiale.

Le 18 juin 1914 l'archiduc François-Ferdinand, héritier de l'empereur d'Autriche, est assassiné. C'est la goutte d'eau qui fait déborder le vase: la guerre est déclenchée et les pays des deux blocs se déclarent mutuellement la guerre. L'Italie cependant a combattu du côté de l'Entente Cordiale.

L'armée allemande envahit la Belgique le 3 août, passe en France et repousse l'armée franco-britannique (commandée par le général Joffre) jusqu'à la Marne, aux portes de Paris, où les Alliés se retranchent et finissent par arrêter les Allemands le 5 septembre 1914.

Dès lors commence la guerre des tranchées sur un front de 200 km où les armées en présence se bombardent jour et nuit, où elles font souvent des sorties sanglantes pour percer le front ennemi. Une des plus grandes tueries de cette guerre a eu lieu autour de Verdun en 1916; elle a duré six mois, et des centaines de milliers d'hommes y ont trouvé la mort.

Le début de l'année 1917 est terrible: les Alliés sont fatigués de la guerre et sur le point de la perdre; la révolution éclate en Russie. Mais les Etats-Unis déclarent la guerre à l'Allemagne et, malgré la capitulation de la Russie au début de 1918, les Alliés—aidés en hommes et en matériel par les Américains—finissent par faire reculer les Allemands sur toute la longueur du front. Les membres de la Triple-Alliance sont battus aussi en Italie et dans les Balkans et, finalement, l'armistice est signé le 11 novembre 1918. Le traité de Versailles a redonné l'Alsace et la Lorraine à la France.

Pendant l'offensive de 1918 les troupes américaines ne sont pas restées inactives.

Train du maréchal Foch où fut signé l'armistice.

Train des plénipotentiaires allemands.

EN FORÊT DE COMPIÈGNE : LE DÉCOR DE LA CAPITULATION ALLEMANDE

LA SIGNATURE DE L'ARMISTICE

Il nous est possible aujourd'hui de compléter notre documentation sur les conditions exactes de temps et de lieu, dans lesquelles a été discuté et signé l'armistice accordé à l'Allemagne.

Les plénipotentiaires allemands, arrivés en automobiles dans la nuit du 7 au 8 novembre à Tergnier, comme nous l'avons relaté dans le numéro du 16-23 novembre, avaient trouvé là un train spécial qui les conduisit directement au lieu désigné par le maréchal Foch. Ils ne logèrent pas, comme on l'a dit, au château du Francport, au Nord de l'Aisne, mais demeurèrent dans ce train, garé sur une voie construite pour l'artillerie lourde, dans cette pointe de la forêt de Compiègne qui remplit une boucle de l'Aisne, au Sud de la rivière, entre Choisy-au-Bac et Rethondes.

Sur une voie toute proche était garé le train du

Le capitaine Lhuillier, « le plus heureux des officiers de France », c'est lui qui le premier, le 8,l le 7 novembre, reçut aux avant-postes français les plénipotentiaires allemands venant solliciter l'armistice.

maréchal Foch, comprenant la voiture de la Compagnie des Wagons-Lits n° 2419 D, où le maréchal, l'amiral Wemyss et le général Weygand reçurent les plénipotentiaires. Le sol étant détrempé, un chemin de caillebotis réunissait les deux trains.

Dans cette voiture fut signée, le 11 novembre avant l'aube, la convention d'armistice que le maréchal Foch alla porter lui-même aussitôt à Paris, et que M. Clemenceau lut aux Chambres dans l'après-midi.

A côté des deux photographies du décor de la capitulation allemande, nous sommes heureux de pouvoir publier le portrait du jeune capitaine de chasseurs à pied Lhuillier, commandant p. i. le 1er bataillon du 171e d'infanterie, celui-là même qu'on voyait, dans le dessin de Georges Scott, publié la semaine dernière, arrêter à nos avant-postes les parlementaires allemands : il reçut ainsi le premier l'aveu officiel de la défaite de l'armée ennemie.

Gén. Weygand.   Amiral Wemyss.   Maréchal Foch.

Le manuscrit original de la convention d'armistice, revêtu des signatures du maréchal Foch et de l'amiral Wemyss d'une part, de celles des plénipotentiaires allemands de l'autre, est dans la serviette du maréchal.

Photographie prise devant le wagon désormais historique où se fit la capitulation allemande, le matin du 11 novembre, au moment où le maréchal Foch allait partir pour Paris.

Une page de la revue L'Illustration *présentant la signature de l'armistice du 11 novembre 1918.*

De 1918 à 1945

1. A la fin de cette guerre un million et demi de soldats français avaient été tués et il y avait deux millions cinq cent mille blessés et mutilés; le nord et l'est du pays étaient dévastés; la dette intérieure et extérieure était énorme. La France s'est cependant relevée assez rapidement malgré de grandes difficultés financières et des chutes continuelles de ministère.

A partir de 1931 la crise économique mondiale—qui avait commencé deux ans plus tôt aux Etats-Unis—s'est fait sentir en France. Les difficultés économiques et financières ont occasionné l'inflation et le chômage. Les électeurs qui votaient de plus en plus à gauche ont élu un gouvernement socialiste—le Front populaire—en 1936. La France était à la veille de la faillite. Les dévaluations du franc se sont succédées jusqu'en 1938. En politique, les Français étaient pacifistes et anti-militaristes.

2. Cependant, en Allemagne, Hitler avait pris le pouvoir depuis 1933; il avait redressé le pays et l'avait mis sur un pied de guerre. Puis, à partir de 1938, il a annexé successivement l'Autriche, les pays Sudètes et toute la Tchécoslovaquie. Il s'est ensuite tourné vers la Pologne. Les Anglais et les Français ont compris à ce moment-là que la guerre seule pouvait arrêter les revendications d'Hitler. L'armée allemande a envahi la Pologne le 1er septembre 1939, alors la France et la Grande-Bretagne ont déclaré la guerre à l'Allemagne le 3 septembre. Les Alliés mobilisaient pendant que l'Allemagne occupait la Pologne et que la Russie, qui s'était mise de la partie, envahissait plusieurs pays au nord de l'Europe. En mai 1940, l'offensive allemande a commencé brusquement à l'ouest et les forces alliées, mal préparées et mal armées, ont été vite vaincues par la puissante armée allemande avec sa nouvelle méthode de guerre: le "blitzkrieg". La France a été occupée en grande partie; ses citoyens divisés entre le gouvernement collaborateur du maréchal Pétain à Vichy et celui du général de Gaulle à Londres.

En Bretagne, des résistants viennent de recevoir des armes parachutées par les Alliés.

Le jour de la libération de Paris des tireurs isolés faisaient encore des victimes dans la foule.

Les Français se sont vite ressaisis et ils ont organisé la Résistance qui, après l'invasion de la Russie, a inclus des gens de tous les partis politiques, depuis le communisme jusqu'à l'extrême droite. Les forces françaises de l'extérieur se sont jointes aux armées alliées surtout en Afrique du Nord en 1942. Une armée française reconstituée en Afrique du Nord et commandée par le général Leclerc a débarqué en France avec les armées alliées et a fait une entrée triomphale à Paris la nuit du 24 au 25 août 1944. A la capitulation de l'Allemagne, le 7 mai 1945, la France sortait de la guerre affaiblie, meurtrie, mais libre de suivre sa propre destinée.

La Littérature

Presque toutes les tendances littéraires du XIXe siècle continuent à se développer au XXe et la France fournit au monde de nombreux écrivains de talent.

Le Roman et le Théâtre

1. Paul Claudel (1868–1955) a été converti au catholicisme après avoir éprouvé l'illumination de la foi en 1886, et il est impossible de séparer le chrétien de l'écrivain dans son œuvre. Ses meilleures pièces de théâtre ont des proportions épiques: *L'Annonce faite à Marie* (1912) où il évoque le mysticisme

de la fin du Moyen Age et *Le Soulier de satin* (1943) où le héros, possédé tantôt par la passion de la gloire, tantôt par l'amour d'une femme, finit par ne plus penser qu'à la Vie éternelle. C'est également un poète dont le chef-d'œuvre poétique est *Cinq Grandes Odes.*

2. André Gide (1869–1951) est un romancier au style classique mais à la philosophie toute moderne qui a renouvelé le roman psychologique par la hardiesse et par la profondeur de ses analyses. Comme Montaigne, il s'est souvent pris pour sujet de ses enquêtes et, comme lui, il pense que l'homme est un être essentiellement divers. Ses meilleurs romans sont *Les Nourritures terrestres* (1897) à la prose toute lyrique; *L'Immoraliste* (1902), récit autobiographique; *La Symphonie pastorale* (1919) où un ministre protestant lutte avec désespoir contre ses tentations. Gide a reçu le prix Nobel en 1947.

Paul Claudel faisant faire leurs devoirs à ses petits-enfants.

Depuis l'antiquité, poètes et écrivains ont été obsédés par la fuite du temps. Marcel Proust a ajouté à ce thème en montrant le rôle du subconscient dans la résurrection du passé.

André Gide

3. Marcel Proust (1871–1922), malade, s'éloigne du monde et écrit un des plus grands romans du siècle, *A la Recherche du temps perdu* (1913–1928), qui comprend une quinzaine de volumes dont plusieurs sont posthumes. Il y transpose les multiples aspects de son expérience; il y exprime le rôle du subconscient, l'importance du passé sur la vie présente et la possibilité de retrouver ce passé par un effort de volonté. Sa phrase est longue, sinueuse, remplie de métaphores et d'images. Le style compliqué de Proust rend la lecture de ses œuvres assez difficile.

4. Jean Giraudoux (1882–1944) crée au théâtre une humanité idéale, il peint des idées éternelles et cherche à éveiller la réflexion. Son langage est très imagé, poétique, musical et spirituel. Quelques-unes de ses pièces sont *Amphitryon 38* (1929), *Electre* (1937), *La Folle de Chaillot* (créée en 1945).

5. Parmi les auteurs de l'école "populiste" qui peint les petites gens sans tomber dans les excès de l'école naturaliste, il faut noter le docteur Destouches, dit Louis-Ferdinand Céline (1894–1961) qui fait pressentir la littérature contemporaine de l'angoisse et de la révolte. Cet auteur, très pessimiste, s'attaque âprement à la société moderne dans un style parfois très grossier. Son chef-d'œuvre *Voyage au bout de la nuit* (1932) a eu un succès énorme.

6. Les trois auteurs suivants—loin de se laisser aller au désespoir devant l'inanité de la vie, comme tant d'écrivains modernes—décrivent une humanité héroïque, dans la tradition de Corneille, et ils montrent que la grandeur de l'homme dépend de sa propre énergie:

Henry de Montherlant

Comme chez Racine, les forces du destin pèsent sur les personnages de Jean Giraudoux.

André Malraux

(a) Henry de Montherlant (1896–1972) a écrit des romans comme *Les Célibataires* (1934), mais c'est surtout dans le théâtre qu'il s'impose. Il a écrit, entre autres, *La Reine morte* (1942) et *Le Maître de Santiago* (1947).

(b) André Malraux (1901–1976), romancier agnostique, d'abord porté vers l'idéologie révolutionnaire, s'en détourne plus tard. "Engagé" dans les tragédies du monde moderne, il repose sa philosophie sur le courage et la fraternité (une fraternité vécue par l'auteur lui-même) dans des romans tels que *La Condition humaine* (1933) et *L'Espoir* (1937). Il s'est d'autre part fait une place importante dans le monde artistique en tant que critique d'art et il est devenu ministre des Affaires Culturelles sous la présidence du général de Gaulle.

(c) Antoine de Saint-Exupéry (1900–1944) était aviateur et, comme Malraux, il a rapporté ses expériences dans ses romans tels que *Vol de nuit* (1931), *Terre des hommes* (1939) et *Pilote de guerre* (1942). Il y exalte l'héroïsme des hommes qui, par la puissance de leur volonté, acceptent leurs responsabilités devant le but à atteindre ou la tâche à accomplir. Le délicieux *Petit Prince*, qui a paru en France en 1945, après la mort de l'auteur, présente à merveille les dons de poète de ce dernier.

Antoine de Saint-Exupéry

Jean Anouilh

7. Il faut encore mentionner au théâtre Jean Anouilh (1910–1987). Pessimiste malgré son génie comique et sa fantaisie, il se révolte contre tout ce qui ternit la pureté de l'homme. Ses meilleures pièces de théâtre sont *Le Voyageur sans bagage* (1937), *La Sauvage* (1938) et *Antigone* (1944).

La Poésie

1. Un des plus grands poètes français du siècle et un des plus intellectuels, Paul Valéry (1871–1945) est assez difficile à comprendre à cause de la concision de ses symboles et de la densité de ses images. Il a cherché à traduire les désirs secrets de l'être et les mouvements de l'âme. Deux de ses chefs-d'œuvre sont *La Jeune Parque* (1917) et *Le Cimetière marin* (1920).

2. Au lendemain de la Première Guerre Mondiale, les artistes—aussi bien peintres et musiciens que poètes—sont profondément touchés par les questions sociales, psychologiques et morales que cette guerre a fait naître. C'est ainsi que commence le mouvement surréaliste par lequel les artistes qui croient à l'existence d'une réalité supérieure, une "surréalité", cherchent "la vraie vie", selon André Breton, le chef du mouvement, et proposent de nouvelles façons de s'exprimer. Certains, comme Louis Aragon et Paul Eluard, se dirigent vers l'engagement et le communisme.

Les poètes surréalistes pensent que l'activité poétique est un moyen de reconquérir la liberté perdue en explorant l'inconnu, l'insolite, le subconscient. Ce sont d'abord des révoltés qui écartent toute tentation d'exprimer des

134

Chef de file du Surréalisme, André Breton a toujours défendu les principes et les aspirations du mouvement.

Paul Eluard est un poète-né, aux thèmes simples.

Paul Valéry, le plus intellectuel des poètes français modernes.

idées, qui veulent simplement transcrire, sans ordre, sans contrainte, toutes les pensées qui effleurent la conscience, ce qu'ils appellent "l'automatisme psychique". Un de leurs procédés favoris est de se servir de l'écriture automatique. Cependant, plus tard, les poètes authentiques, lorsqu'ils ressentent une émotion personnelle, ou même collective, reviennent à des expressions plus traditionnelles.

(a) André Breton (1896–1966), le chef du mouvement surréaliste, a écrit deux *Manifeste du Surréalisme* (1924 et 1930) ainsi que *Position politique du Surréalisme* (1935) où il lutte contre les tendances communistes de certains confrères. Son œuvre la plus marquante est sans doute un récit vécu, *Nadja* (1928); d'autres œuvres intéressantes se nomment *Vases communicants* (1932), *L'Amour fou* (1937), *Arcane 17* (1945) et *La Clé des champs* (1952).

(b) Eugène Grindel, dit Paul Eluard (1895–1952)—dont les poèmes illustrent à merveille les principes surréalistes en mélangeant le rêve et la réalité—est un poète aux thèmes sans prétentions. Il a chanté les joies de l'amour, le bonheur et les misères des hommes dans *Capitale de la douleur* (1926), *La Vie immédiate* (1932), *La Rose publique* (1934). A l'exposition surréaliste de Londres en 1936 il donne une conférence importante sur *L'Evidence poétique*. En 1942 paraît *Poésie et vérité* où se trouve le célèbre poème "Liberté". Un autre recueil de la Résistance, *Au Rendez-vous allemand,* sort en 1944. Ses derniers poèmes célèbrent surtout l'amour: *Lingères légères* (1945), *Une Longue Réflexion amoureuse* (1946), *Le Temps déborde* (1947), *Le Phénix* (1951) et *Poésie ininterrompue II* (1952).

135

(c) Le poète de la Résistance, Louis Aragon (1897–1982), a commencé comme surréaliste mais, pendant la dernière guerre, il est revenu à une poésie concrète où il montre son amour pour sa femme et sa patrie. Ses principaux recueils de poésies sont *Feu de joie* (1920), *Le Crève-Cœur* (1941), *Cantique à Elsa* (1941), *Le Musée Grévin* (1943) et *Je te salue, ma France* (1944).

LES ARTS

La Peinture

La peinture française au XXe siècle est très variée car chaque artiste s'exprime librement suivant son tempérament.

1. Les "Fauves" emploient des couleurs très vives pour exprimer leurs sentiments intérieurs et leurs toiles sont très décoratives. Par exemple, Henri Matisse (1869–1954) est un coloriste extraordinaire, au sens décoratif très élevé comme on peut le voir dans des toiles telles que *La Danse, Odalisque* et *La Dame en bleu.* Cependant, l'ensemble des décorations, tableaux et vitraux qu'il a exécuté à la chapelle de Vence est considéré comme son chef-d'œuvre.

2. Les cubistes influencés par Cézanne, cherchent à recomposer la réalité sous des formes abstraites. Georges Braque (1882–1963) a réduit ses paysages à des

Le Jour, *par Georges Braque, l'un des meilleurs peintres cubistes.*

formes géométriques dans des œuvres comme *La Plage à Dieppe, L'Homme à la guitare, Atelier VIII* et *Nature morte—Le Jour.*

3. Le surréalisme en peinture essaie de reproduire et d'exprimer le monde du rêve, de l'inconscient. Les principaux représentants ne sont pas français. Cependant, un des peintres qui représentent le plus les éléments surréalistes en peinture est Yves Tanguy, né en France en 1900. Il est allé aux Etats-Unis au moment où la Deuxième Guerre Mondiale a éclaté en France et y est resté jusqu'à sa mort en 1955. Ses œuvres dont la perspective est déformée et irréelle présentent les qualités de naïveté des primitifs. *Rue de la Santé, Le Pont, A la Foire* et *Multiplication des arcs* comptent parmi ses œuvres principales.

La Musique

Bien que nés et ayant vécu et travaillé en partie au XIXᵉ siècle, les compositeurs suivants, par leurs nouvelles conceptions musicales, appartiennent surtout au XXᵉ siècle:

1. Claude Debussy (1862–1918) est peut-être le plus grand compositeur français. Il a été influencé par les impressionnistes et les symbolistes. Il a uni consonances et dissonances pour créer des sonorités neuves. Il a trouvé des harmonies nouvelles pour interpréter les impressions et les symboles des poètes de l'époque, par exemple son *Prélude à l'Après-Midi d'un faune* met en musique un poème de Mallarmé. Mais c'est surtout avec son opéra *Pelléas et Mélisande* (1902), d'après un drame de Maeterlinck, qu'il a révolutionné la musique dramatique. Il a écrit des morceaux pour orchestre comme le prélude ci-dessus, *La Mer, Nuages;* des chansons sur des poèmes de Baudelaire, Verlaine, Mallarmé, Villon; des morceaux pour piano comme *Jardins sous la pluie, Reflets dans l'eau, Masques.*

2. Maurice Ravel (1875–1937) est un maître de l'orchestration, ce que prouvent des œuvres comme *Rhapsodie espagnole, La Valse* et surtout *Boléro,* où il produit un effet hypnotique en répétant, d'un bout à l'autre du morceau, la même phrase musicale avec des changements imperceptibles. Il a aussi beaucoup écrit pour le piano: *Pavane pour une infante défunte.*

3. Au moment du surréalisme, entre 1910 et 1920, les compositeurs ont cherché leur voie dans des œuvres aux tonalités et aux rythmes nouveaux. Plusieurs musiciens se sont groupés autour d'Erik Satie pour former le Groupe des Six; ils ont déclaré qu'ils voulaient se libérer des tendances précédentes et

utiliser des techniques nouvelles. Trois des compositeurs de ce groupe se sont développés dans des sens différents; un des meilleurs est Arthur Honneger (1892–1955). Dans ses opéras *Le Roi David* (1921) et *Jeanne au Bûcher* (1935), et dans ses symphonies, il montre une grande hardiesse et un sens dramatique élevé.

LES SCIENCES

Les Découvertes Scientifiques

Dans les sciences physiques, la France a eu des savants de valeur.

1. Henri Becquerel (1852–1908), fils et petit-fils de physiciens, a découvert les propriétés radioactives de l'uranium. En 1903, il a partagé le prix Nobel de physique avec Pierre et Marie Curie.

2. En collaboration avec son mari Pierre (1859–1906), Marie Curie (1867–1934), originaire de Pologne, a découvert une nouvelle substance radioactive qu'elle a nommé polonium. Après la mort accidentelle de son mari, elle a continué les recherches et, en 1910, en collaboration avec Debierne, elle a réussi à isoler le radium. Madame Curie a reçu le prix Nobel deux fois et c'est le première femme qui a été professeur à la Sorbonne.

3. Jean Perrin (1870–1942), membre de l'Académie des Sciences, a prouvé l'existence de l'électron, déterminant que c'est une particule ayant une masse et possédant une charge électrique.

4. Irène Curie (fille de Pierre et de Marie) et son mari, Frédéric Joliot, ont fait d'importantes découvertes sur la structure de l'atome.

5. Le mathématicien Henri Poincaré (1854–1912) a fait des recherches importantes sur les équations différentielles.

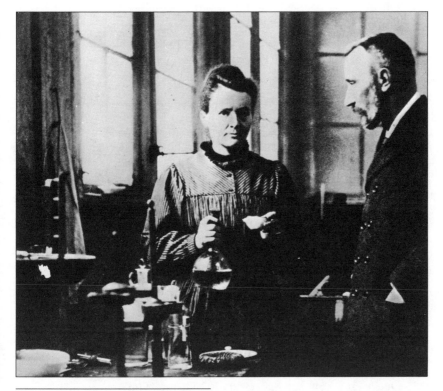

Pierre et Marie Curie dans leur laboratoire.

Les Découvertes Médicales

1. Poursuivant les recherches de Pasteur sur les microbes, le docteur Pierre Roux (1853–1933) a découvert le vaccin contre la diphtérie; et les docteurs Charles Albert Calmette (1863–1933) et Camille Guérin (1872–1961) ont trouvé le vaccin contre la tuberculose. Le Dr. Calmette a aussi fait des recherches sur la peste bubonique et les morsures de serpents venimeux.
2. Le docteur Alexis Carrel (1873–1944), qui a reçu le prix Nobel en 1912, a fait des découvertes sur les tissus cellulaires.

QUESTIONS

L'Histoire

1. Quelle est la devise de la Troisième République? Quelles sont les réformes effectuées pendant la Troisième République?
2. Quels sont les deux groupes de nations en présence à la veille de la Première Guerre Mondiale?
3. Que s'est-il passé le 18 juin 1914? Quel en a été le résultat? Qu'a fait l'armée allemande? Où a-t-elle été arrêtée?
4. Parlez de la guerre des tranchées.
5. Que se passe-t-il en 1917 et en 1918?
6. Qu'est-ce que le traité de Versailles redonne à la France? Quand avait-elle perdu ces provinces?
7. Quel est le résultat de la guerre pour la France?
8. Que se passe-t-il en France entre 1931 et 1938?
9. Qui arrive au pouvoir en Allemagne en 1933? Que fait-il en Allemagne et en Europe?
10. Qu'est-il arrivé en 1939? Quel en a été le résultat?
11. Quelle est la nouvelle méthode de guerre des Allemands? Est-elle efficace?
12. Que s'est-il passé en France pendant la Deuxième Guerre Mondiale?

La Littérature

1. Qu'y a-t-il d'intéressant au sujet de Paul Claudel?
2. Que savez-vous d'André Gide?
3. Quelle est l'œuvre de Marcel Proust? Qu'est-ce qu'il y exprime?
4. Dans quel genre Jean Giraudoux a-t-il écrit? Qu'est-ce qu'il y représente? Comment est son langage? Nommez ses meilleures pièces.
5. Que font les auteurs de l'école populiste? Nommez un de ses membres et son chef-d'œuvre. Comment écrit-il?
6. Qui sont les représentants de la tradition cornélienne au XXe siècle? Expliquez la philosophie de chacun d'eux.
7. Parlez du théâtre de Jean Anouilh.
8. Pourquoi Paul Valéry est-il difficile à comprendre? Qu'est-ce qu'il a cherché à faire? Nommez deux de ses chefs-d'œuvre.
9. Quelles sont les caractéristiques de la poésie surréaliste?
10. Parlez des principaux poètes surréalistes et de leurs œuvres.

Les Arts

1. Quelles sont les différentes écoles de peinture?
2. Comment les peintres de ces écoles peignent-ils? Nommez des œuvres de chacun de ces peintres.
3. Qui est Claude Debussy? Qu'a-t-il fait de nouveau en musique? Nommez plusieurs de ses œuvres.
4. Pourquoi Maurice Ravel est-il un compositeur important?
5. Qu'est-ce que le Groupe des Six? Qui est un des meilleurs de ce groupe? Qu'a-t-il composé?

Les Sciences

1. Qui est Henri Becquerel? Qu'a-t-il découvert?
2. Parlez de Pierre et de Marie Curie.
3. Quelles sont les découvertes d'Irène Curie et Frédéric Joliot?
4. Quelles sont les découvertes médicales qui continuent l'œuvre de Pasteur?
5. Qu'est-ce qu'Alexis Carrel a découvert?

SUJETS DE COMPOSITION FRANÇAISE

1. Retracez les principales invasions étrangères et dites comment elles ont changé le cours de l'histoire de France.
2. Choisissez une des œuvres mentionnées dans ce chapitre (roman ou pièce de théâtre). Faites-en le résumé et dites pourquoi vous l'avez choisie.
3. Quelle est l'importance des découvertes de Madame Curie?

Défilé civil et militaire, Charles de Gaulle en tête, pour célébrer la libération de Paris de 1944.

10

LE VINGTIÈME SIÈCLE APRÈS LA DEUXIÈME GUERRE MONDIALE

L'HISTOIRE

De Gaulle et la Quatrième République

Après la libération de Paris en 1944, le général Charles de Gaulle a été élu à l'unanimité chef du gouvernement provisoire. Ce gouvernement a fait adopter des réformes importantes comprenant la nationalisation de grandes compagnies industrielles—les usines Renault en particulier—et de quelques banques comme le Crédit Lyonnais, et préparant la modernisation de nombreux secteurs de l'économie.

Cependant, deux Assemblées Constituantes ont dû être élues, car les représentants de la première assemblée n'ont pas pu se mettre d'accord sur une nouvelle constitution: de Gaulle favorisait l'établissement d'un pouvoir exécutif fort, permettant un gouvernement stable, alors que l'assemblée préparait, comme pour la Troisième République, un pouvoir exécutif subordonné au pouvoir législatif. De Gaulle a démissionné brusquement en 1946.

Une nouvelle constitution a été votée en octobre 1946. La constitution de la Quatrième République n'a pas remédié à l'instabilité ministérielle de la Troisième République et l'esprit de parti est revenu. Malgré un relèvement assez rapide, la France s'est affaiblie de nouveau à cause des guerres de libération qui ont eu lieu dans différentes colonies. L'Indochine est devenue indépendante en 1954, la Tunisie et le Maroc en 1956. La guerre d'Algérie s'est éternisée, et elle a fini par provoquer une crise ministérielle très grave. Alors, le général de Gaulle a été rappelé au pouvoir en mai 1958. Une nouvelle constitution, votée le 28 septembre 1958 (la seizième depuis 1789!) a établi la Cinquième République, le gouvernement actuel de la France. Cette constitution a été acceptée par 83% des votes exprimés.

La Cinquième République avec de Gaulle

En décembre 1958, Charles de Gaulle a été élu Président de la République par 78% des membres du Collège électoral.

Il voulait restaurer la grandeur passée de la France; il s'est donc attaché à la rendre indépendante, non seulement des deux grandes puissances, les Etats-Unis et l'U.R.S.S., mais aussi de la Grande-Bretagne, en refusant de l'admettre dans la Communauté européenne, appelée le Marché Commun. Le pays a continué à se relever, les industries se sont développées rapidement et, en 1960, la France a fait exploser sa première bombe atomique. De Gaulle a cherché à protéger le consommateur en établissant le contrôle des prix.

La guerre d'Algérie a été arrêtée en 1962 et les Français ont voté l'indépendance de ce pays, par référendum. Toutes les autres colonies africaines avaient déjà obtenu leur indépendance.

En novembre 1962, un autre référendum a apporté quelques changements à la constitution de 1958. Le plus important change le mode d'élection du Président de la République. Celui-ci est maintenant élu au suffrage direct et, en 1965, de Gaulle a été élu de cette façon pour un deuxième terme de sept ans. Au deuxième tour de scrutin il a reçu 13.083.699 voix contre 10.619.735 pour François Mitterrand, chef du Parti socialiste (nombre d'électeurs inscrits 38.902.704). En 1967, de Gaulle a forcé les troupes de l'O.T.A.N. à se retirer hors de France.

Malgré un grand essor économique et technique, une stabilité politique étonnante à l'intérieur et une forte politique étrangère, l'inflation et d'autres problèmes économiques, ainsi que la politique ultra-nationaliste de de Gaulle, ont commencé à inquiéter les Français. En 1968, de nombreuses démonstrations d'étudiants contestataires, des batailles de rues et des grèves énormes—plus de huit millions de travailleurs en grève, soit un tiers de la population active—ont mis le désordre dans tout le pays. De Gaulle a proposé un référendum demandant aux électeurs d'approuver certaines réformes pour le Sénat et un programme de décentralisation. 53% des votes ont été opposés à ces changements. De Gaulle a démissionné le 28 avril 1969. Il est mort le 9 novembre 1970.

Georges Pompidou

Après la démission de de Gaulle, et suivant la constitution, le Président du Sénat est devenu chef de l'Etat par intérim jusqu'à l'élection du nouveau Président. Aux élections de juin 1969, Monsieur Georges Pompidou a été élu Président par 57,5% des voix. Il a beaucoup travaillé pour améliorer les relations de la France avec de nombreux pays étrangers tels que la Chine, l'U.R.S.S. et les Etats-Unis, et il s'est efforcé d'augmenter l'influence fran-

Le Président Georges Pompidou souhaite la bienvenue à Paris aux astronautes américains Neil Armstrong, Michael Collins et Edwin Aldrin. (French Embassy Press & Information Division)

çaise au Proche-Orient. Pompidou a aidé le ministre des Affaires étrangères américain, Henry Kissinger, lors des conférences de paix qui ont eu lieu à Paris pour terminer la guerre au Viêt-Nam.

Dès août 1969, le gouvernement Pompidou octroie une augmentation de salaire de 15%, mais il doit effectuer une dévaluation du franc, bloquer les prix et contrôler les crédits. L'économie continue sa croissance, 5,6% en 1971. Pendant la même année, les industries se développent de plus en plus et le plan économique de cinq ans prévoit une augmentation des dépenses du gouvernement pour faire de la France une nation industrielle de premier ordre. Malheureusement, cela a occasionné un accroissement des impôts et, malgré l'établissement d'un régime d'austérité, l'inflation a continué à augmenter, ainsi que le chômage. Le gouvernement devait aussi faire face aux besoins de modernisation dans trois secteurs importants: les logements sans confort moderne, les services téléphoniques déficients et les mauvaises routes.

En juillet 1972, un référendum a été présenté aux Français leur demandant d'inclure la Grande-Bretagne, l'Irlande et le Danemark dans le Marché Commun. 68% des votes exprimés ont accepté.

Malgré les difficultés, la France prospère. La production industrielle a triplé en moins de vingt ans; les exportations ont doublé en huit ans et ont atteint 25 milliards de francs par an. La production totale du pays a augmenté de 5% par an, de 1969 à 1973, mais l'inflation est la plus haute d'Europe.

Georges Pompidou est mort en avril 1974.

Valéry Giscard d'Estaing

Le 10 mai 1974, Valéry Giscard d'Estaing, ministre des Finances sous Pompidou et représentant des partis du centre, a été élu Président de la République par 50,81% des votes exprimés. François Mitterrand, chef du Parti socialiste, recevait 49,19% des votes.

Tous les problèmes et difficultés du régime Pompidou ont continué, les restrictions imposées à la nation n'ayant eu aucun effet visible sur l'inflation. Le chômage a augmenté: en 1974, 660.000 personnes sont sans travail; en 1975, 921.000 soit 4% des travailleurs. L'inflation est de 12% et le déficit du commerce extérieur atteint 20 milliards de francs. Le mécontentement des Français se traduit par des élections de plus en plus à gauche et, au début de 1977, les élections municipales donnent le contrôle de deux tiers des plus grandes municipalités aux socialistes et communistes.

D'autre part, Giscard d'Estaing cherche à moderniser la société française. Il libéralise le divorce, et donne le vote aux jeunes de 18 ans.

En fin 1976, un nouveau Premier Ministre, Raymond Barre, établit un nouveau plan économique pour essayer de remédier aux difficultés présentes. Ce plan s'inspire de deux théories économiques opposées: le "dirigisme" et le "laisser-faire". D'une part, le plan continue à aider financièrement les industries dont les produits ont le plus de chances de se vendre à l'étranger—ce qui augmente les exportations et diminue le déficit du commerce extérieur: telles sont les industries électroniques, nucléaires et aérospatiales, la biotechnologie et les recherches sous-marines. D'autre part, le plan libère les prix et arrête les subventions des industries qui ne peuvent rivaliser sur les marchés étrangers comme les industries textiles, les aciéries et les chantiers navals. De plus, en 1977, une campagne "achetez français" cherche à diminuer les achats de produits étrangers qui inondent le marché et le gouvernement offre des prêts à taux d'intérêt peu élevé aux compagnies vendant à l'étranger.

En 1979, le taux d'inflation est encore de près de 10%, il y a 1.300.000 chômeurs et le déficit des Assurances sociales augmente continuellement. Cependant les exportations ont aussi augmenté (13% par an) ainsi que la production industrielle (6% annuellement); les consommateurs français ont un pouvoir d'achat supérieur à celui des autres européens (12% de plus).

Au moment des élections de 1981, le nombre des chômeurs monte toujours: un million et demi, soit 6 à 7% des travailleurs; l'inflation a atteint 11% en 1979 et 12,5% en 1980.

François Mitterrand

Chef du Parti socialiste, François Mitterrand a été élu Président en mai 1981, au lieu de Giscard d'Estaing qui s'était présenté pour un deuxième septennat. Les résultats ont été de 51,75% pour Mitterrand et 48,25% pour Giscard d'Estaing.

Le nouveau Président a dû dissoudre l'Assemblée Nationale car, en France, le Président ne peut gouverner qu'avec une chambre dont la majorité lui est favorable. Les élections ont donné 290 sièges aux socialistes, soit 37,5% des votes exprimés et 43 sièges aux communistes (16,2%). Cette élection donne à Mitterrand la possibilité de gouverner pendant au moins cinq ans avec une Assemblée à forte majorité de gauche. Voici le programme socialiste dans ses grandes lignes:

—nationalisation d'un certain nombre d'industries et de presque toutes les banques;

—décentralisation de l'Administration;

—augmentation du salaire minimum, des allocations à la vieillesse, aux pauvres et infirmes et aux familles nombreuses;

—création d'environ 210.000 emplois gouvernementaux nouveaux;

—réforme du système d'impôts, augmentant les taxes payées par les riches;

—aide aux petits et moyens commerçants en leur offrant des prêts à intérêt bas, garanti par le gouvernement;

—encouragement à l'embauche des jeunes et de la main d'œuvre non spécialisée en payant la moitié de leur cotisation de retraite;

—création d'un comité de chefs d'entreprises et de syndicats d'ouvriers pour établir un plan diminuant graduellement la semaine de travail de 40 à 35 heures de 1981 à 1985 et octroyant une cinquième semaine de vacances payées;

—construction de 50.000 logements à loyer modéré;

—suppression de la peine de mort et de la Haute Cour de Justice.

La décentralisation a été approuvée le 15 juillet 1981, mais il faudra trois ans pour qu'elle soit complètement établie. Pour commencer, le pouvoir de veto de tous les préfets est abrogé, ce qui permet aux administrations locales de fonctionner plus librement. La peine de mort est abolie le 30 septembre 1981. Le 20 janvier 1982, le gouvernement ordonne par décret la réduction de la semaine de travail à 39 heures (le salaire restant le même que celui de 40 heures) et l'augmentation des vacances payées à cinq semaines par an.

Lors d'un de ses voyages à l'étranger, François Mitterrand répond aux acclamations de la foule à l'Aéroport de Mexico. (French Embassy Press & Information Division)

Le 11 février 1982, la loi de nationalisation de cinq groupes industriels importants et de 39 banques privées a été signée, ce qui fait passer de 12 à 17% la proportion de la production française contrôlée par l'Etat. Le gouvernement va donner une aide financière efficace à tous les organes et compagnies nationalisés. Le taux d'inflation continue à être très élevé: 13,4% pour 1981.

En ce qui concerne les relations extérieures, le gouvernement Mitterrand se rapproche des pays communistes. Il signe des contrats avec l'U.R.S.S. pour la construction d'un pipeline transsibérien et l'achat par la France de gaz naturel russe pendant 25 ans, représentant 30 à 40% de la consommation française. La France va d'autre part construire en U.R.S.S. une usine pour la fabrication de camions Berliet fabriqués maintenant par Renault. Le ministre des Relations Extérieures est allé à Bonn pour assurer la continuation des relations amicales franco-allemandes. Il est aussi allé à Washington pour cimenter l'entente entre la France et les Etats-Unis, soutenant l'Alliance Atlantique et dénonçant la menace soviétique en Pologne et en Afghanistan.

Les réformes de 1981 n'amènent pas le redressement de l'économie que l'on avait espéré et le gouvernement se décide en juin 1982 à dévaluer le franc de 5,75%; en même temps, l'Allemagne réévalue le mark de 4,25% pour équilibrer l'économie des deux pays. Le gouvernement français institue aussi le blocage des prix et des salaires et offre des concessions sur les impôts. En juin 1986, nouvelle dévaluation du franc de 3% et réévaluation du mark de 3% aussi. Le taux d'inflation a diminué, mais le chômage continue à augmenter.

Dès 1983, les élections pour le Sénat et l'Assemblée tournent vers la droite qui gagne une majorité à l'Assemblée nationale. En février 1985, la gauche perd encore pour les élections cantonales et en avril 1986, l'opposition gagne la majorité aux élections législatives.

Pendant deux ans, en 1986 et 1987, il y a eu un système de cohabitation entre le parti socialiste—dont le chef est le président Mitterrand—et les partis de droite, le Rassemblement pour la République (RPR) et l'Union pour la démocratie française (UDF). Jacques Chirac, chef du RPR est nommé Premier Ministre. En juillet 1986, le nouveau gouvernement a voté une loi sur la privatisation de certaines compagnies qui avaient été nationalisées en février 1982. Au total 65 compagnies sont rentrées dans le secteur privé. Ces privatisations sont dues au fait que les électeurs des partis de droite ne veulent pas des nationalisations parce que ces affaires sont trop souvent en perte et que les directeurs n'ont pas les mains libres pour gérer leur compagnie.

En 1988, Mitterrand s'est représenté aux élections et il a été élu pour un autre septennat. Au deuxième tour il a reçu 52,06% des votes exprimés contre 47,94% pour Jacques Chirac. La situation en France est difficile: le budget est déficitaire ainsi que la balance des paiements; le taux de chômage est très élevé, 9,6% des salariés, soit 2,3 millions de personnes.

La Littérature

Le Roman et le Théâtre

1. Jean-Paul Sartre (1905–1980) est le chef de l'existentialisme français (voir plus loin "La Philosophie"). Ecrivain très prolifique, il expose sa philosophie non seulement dans des essais et manifestes mais aussi dans des romans et surtout des pièces de théâtre. Ses meilleurs œuvres sont:

(a) *La Nausée* (1938), un roman dans lequel le héros éprouve la nausée devant l'existence, devant l'absurdité de la vie.

(b) *Les Mouches* (1943), *Huis clos* (1944)—qui est un chef-d'œuvre d'intensité dramatique—*Les Mains sales* (1948), *Le Diable et le Bon Dieu* (1951)—qui a pour thème la solitude de l'homme, seul maître de son destin, dans un univers sans Dieu—*Les Séquestrés d'Altona* (1959)—où il développe l'action néfaste de la guerre, de la torture et les rapports entre père et fils—sont des pièces de théâtre qui illustrent sa philosophie. Sartre a reçu le prix Nobel en 1964, mais il l'a refusé à cause de ses idées politiques.

2. Simone de Beauvoir (1908–1986) est existentialiste comme Sartre, dont elle a été l'amie depuis leur jeunesse. Elle développe dans ses livres les principaux thèmes du mouvement: solitude des hommes sur terre, responsabilité, engagement, authenticité, liberté et vérité, opposition au monde bourgeois, solidarité avec la classe ouvrière et le communisme. Son livre *Le Deuxième sexe* (1949) est devenu un classique de littérature féminine pendant les années 60. Elle a écrit plusieurs autobiographies entre autres *Mémoires d'une jeune fille rangée* (1950), *La Force de l'âge* (1960), *Tout compte fait* (1972). En 1981, son livre *La Cérémonie des adieux* décrit les dernières années douloureuses de Sartre. Son meilleur roman, *Les Mandarins* (1954), a reçu le prix Goncourt.

3. Comme Sartre et ses contemporains, Albert Camus (1913–1960) trouve la vie absurde. Il examine le problème de l'homme et cherche une morale convenable à l'époque moderne. Il se sert de symboles très clairs pour illustrer sa philosophie; son style est sobre et puissant, et ses récits ont généralement une

composition classique. Il a reçu le prix Nobel de littérature en 1957. Ses meilleures œuvres sont des romans tels que *L'Etranger* (1942), *La Peste* (1947) et *La Chute* (1956). Deux de ses pièces de théâtre sont *Caligula* (1944) et *Le Malentendu* (1945). *Les Justes* (1949) est son plus grand succès.

La Nouvelle Littérature

Depuis quelques années, on trouve un nouveau mouvement chez certains écrivains qui se rebellent contre les anciennes méthodes psychologiques et qui cherchent, chacun à sa façon, la vérité artistique. Les œuvres sont qualifiées d'"anti-roman" ou d'"anti-théâtre", et leurs auteurs cherchent souvent à exprimer l'absurdité de la vie par des moyens nouveaux, surprenants.

1. Le Nouveau Roman.

(a) Alain Robbe-Grillet (1922–1974) semble être le chef de file de cette nouvelle école. Le principal personnage de ses romans est invisible, mais c'est lui qui voit tout et qui décrit ce qui se passe avec soin, en unissant présent,

Jean-Paul Sartre

Albert Camus

passé, émotions, souvenirs, réalité, irréel, dans des scènes qui sont répétées avec de légères modifications. Il pense que le monde n'est ni absurde, ni sensé; il existe simplement et il ne faut pas chercher à l'expliquer. Ses meilleurs romans sont *Dans le labyrinthe* (1953), *Le Voyeur* (1955), *Jalousie* (1957), *Miroir qui revient* (1965) et *Un Régicide* (1978). Il a établi ses principes littéraires dans *Pour un nouveau roman* (1963), qui a été traduit dans plusieurs langues.

(b) Nathalie Sarraute est née en Russie en 1902, mais elle est venue toute jeune en France. Son premier livre, *Tropismes* (1939), utilise aussi l'invisible observateur qui décrit les plus éphémères sensations, émotions et pensées qui arrivent à la surface de notre inconscience et qui soulignent tous nos actes et conversations. Elle a écrit *Portrait d'un inconnu* (1947), *Le Planétarium* (1959) et *Fruits d'or* (1963). Nathalie Sarraute a eu également du succès au théâtre avec *Le Silence et le mensonge* (1967), *Entre la vie et la mort* (1968), *Vous les entendez?* (1972), *Disent les imbéciles* (1976), *Enfance* (1983) et *Tu n'aimes pas* (1990).

(c) Michel Butor, né en 1926, est un des principaux écrivains du genre. Après un premier roman expérimental *Passage de Milan* (1954), il a eu beaucoup de succès avec *L'Emploi du temps* (1956) qui évoque son séjour à l'université de Manchester où il a été professeur. Avec *La Mortification* (1957) il perfectionne sa technique expérimentale. Tous ses livres ont une structure rigide qui rappelle la règle des trois unités des classiques. Autres œuvres, *Degrés* (1960), *Mobile* (1962), *Portrait de l'artiste en jeune singe* (1967) et *Boomerang* (1978).

(d) Marguerite Duras est née en Cochinchine (Viêt-nam sud) en 1914 et y a passé presque toute sa jeunesse. Son troisième roman, qui a eu un certain succès, *Un Barrage contre le Pacifique* (1950), est en partie autobiographique. Elle y raconte les péripéties d'une famille de Blancs pauvres en Indochine. *Le Marin de Gibraltar* (1952) est plus lyrique et elle y démontre son talent pour le dialogue comme dans ses scénarios de films tel celui de *Hiroshima, mon amour* tourné par Alain Resnais.

Les héroïnes de Marguerite Duras cherchent à se libérer d'une vie restreinte; cependant l'auteur ne suit pas le mouvement féministe qu'elle trouve également restrictif. Parmi ses principaux romans il faut citer *L'Après-midi de Monsieur Andresmas* (1962), *Détruire, dit-elle* (1969), *L'Amour* (1972) et *L'Eté 80* (1980).

(e) Claude Simon, né en 1913, a écrit seize romans. Il est difficile de le classer; cependant il fait partie du groupe Nouveau Roman. Il a complété son

Marguerite Duras, auteur de romans lyriques aussi bien que de scénarios de films.

premier roman alors qu'il faisait partie de la Résistance: *Le Tricheur* (1945), qui relate l'effondrement de la France pendant la Deuxième Guerre Mondiale. Les quatre romans *L'Herbe* (1958), *La Route des Flandres,* son chef-d'œuvre (1960), *La Palace* (1962) et *Histoire* (1967) constituent un ensemble car certains personnages et événements reviennent d'un livre à l'autre. Ses derniers romans comprennent *La Bataille de Pharsale* (1969) et *Triptyque* (1973). Il a reçu le prix Nobel de littérature en 1985.

2. Le Théâtre de l'absurde.

(a) Eugène Ionesco, né en Roumanie en 1912, a passé son enfance en France et, après plusieurs séjours en Roumanie, est rentré définitivement à Paris où il réside depuis. Son théâtre tourne en farce les tragédies de notre époque. L'absurdité du langage, qui isole encore plus l'individu de ses semblables, forme la trame de ses intrigues. *La Cantatrice chauve* (1950) et *La Leçon* (1951) sont ses premières pièces célèbres. D'autres œuvres célèbres sont *Rhinocéros* (1960), *La Soif et la faim* (1966), *Jeux de massacre* (1970), *L'Homme aux valises* (1977). Ionesco est membre de l'Académie Française depuis 1970.

(b) Samuel Beckett (1906–1989) écrit d'abord des romans, *Malloy* (1951) et *L'Innomable* (1953), où il se concentre sur les principaux aspects de la condition humaine et les relations entre individus. Mais, c'est avec son théâtre qu'il réussit le mieux à montrer l'absurdité de la vie. En rejetant les éléments dramatiques conventionnels et en créant des situations insolites, il présente un monde dénué de toute signification. *En attendant Godot* (1952) est sa pièce

Eugène Ionesco, surnommé "le clown triste", a étonné beaucoup de gens en entrant à l'Académie Française.

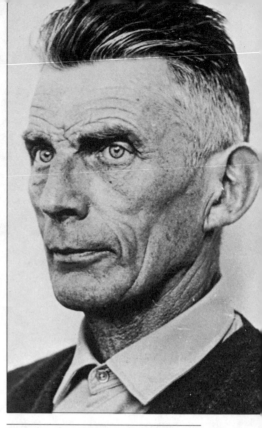

Samuel Beckett, bilingue, écrit ses œuvres en anglais et en français.

René Char, un des derniers grands poètes du surréalisme.

la plus célèbre. Samuel Beckett a reçu le prix Nobel de littérature en 1969.
3. En dehors des courants littéraires de l'époque, il faut mentionner les auteurs de talent suivants.

(a) François Mauriac (1885–1970) appartient à la lignée des écrivains catholiques français. Dans nombre de ses romans, ses héros et héroïnes cherchent en vain un amour humain mais ils ne trouvent la paix et le bonheur que dans l'amour de Dieu. Dans d'autres il analyse l'hypocrisie religieuse où il montre des êtres malveillants qui contrôlent des faibles. Parmi ses nombreux romans *Le Désert de l'amour* (1949) a reçu le grand prix du roman de l'Académie Française. *Le Nœud de Vipères* (1932) est considéré comme son chef-d'œuvre. Il a aussi écrit pour le théâtre, par exemple *Les Mal aimés* (1945). François Mauriac a reçu le prix Nobel de littérature en 1952.

(b) Marguerite Yourcenar (1903–1987), très érudite, au style classique et d'une psychologie subtile, recrée des mondes et des gens d'autrefois. Elle médite ainsi sur la destinée humaine. Son chef-d'œuvre est *Mémoires d'Hadrien* (1951), un roman historique. *L'Œuvre au noir* (1968) est aussi un roman historique mais imaginaire car le héros n'a jamais existé. Elle a écrit un poème en prose *Feux* (1930) et des histoires courtes *Nouvelles orientales* (1936). En mars 1980 elle a été élue membre de l'Académie Française. Elle est la première académicienne depuis le début de cette institution en 1635.

La Poésie

1. Alexis Saint-Léger, dit Saint-John Perse (1887–1975), crée un monde totalement nouveau, un monde bien à lui, où les mots ont une puissance d'images incomparable. Ses poèmes contiennent des passages en vers et en prose. L'importance de sa poésie est son universalité car, même en traduction, elle conserve ses qualités cosmiques et sa force d'envoûtement. Il a reçu le prix Nobel de littérature en 1960. Ses principales œuvres sont: *Eloges* (1911), *Amitié du Prince* (1924), *Anabase* (1924), *Vents* (1946), *Amers* (1957), *Chronique* (1960).
2. René Char (1907–1988) a commencé comme surréaliste avec *Le Marteau sans maître* (1934)—mis en musique par Pierre Boulez—mais après ses expériences dans la Résistance pendant la Deuxième Guerre Mondiale, il a changé d'attitude envers la vie. Dans *Seuls demeurent* (1945) et *Feuillets d'Hypnos* (1946), ses vers sont plus simples. Plus tard encore ils reflètent son humanisme et sa colère devant l'horreur et la brutalité de la guerre: *Les Matinaux* (1950), *Commune présence* (1964).

LA PHILOSOPHIE

Après la libération—à la fin de la Deuxième Guerre Mondiale—"l'Existentialisme" domine la pensée française. Cette philosophie met l'accent sur "l'existence", beaucoup plus importante que "l'essence" qui est une illusion car, d'après Sartre, "l'existence précède l'essence". Les existentialistes français doivent beaucoup aux philosophes allemands Heidegger, Jaspers, Husserl et surtout au danois Kierkegaard, auteur du *Traité du désespoir* (1849).

Il y a plusieurs formes d'existentialisme. Certains comme Gabriel Marcel ont essayé d'établir un existentialisme "chrétien", alors que d'autres, dont Maurice Merleau-Ponty (1908–1961), professeur d'existentialisme à la Sorbonne et au Collège de France, ont élaboré une doctrine moins angoissante que celle de Sartre. Cependant, celui-ci est toujours considéré comme le chef du mouvement.

Philosophe athée, Sartre pense que l'homme est seul sur terre et qu'il est ainsi libre de faire tout ce qu'il veut puisque l'idée de Bien et de Mal n'existe pas; cependant, pour que cette liberté profite à l'homme, il faut qu'il "s'engage", qu'il agisse et surtout qu'il accepte la responsabilité entière de ses actes. Ainsi, l'expérience de l'absurde, c'est-à-dire de "l'existence" doit être dépassée et doit tendre vers "l'être" grâce à la création ou à l'action. Sartre s'est lui-même "engagé" dans l'action politique, épousant certaines idées marxistes. La philosophie sartrienne donne souvent naissance à l'angoisse et au désespoir puisqu'elle présente la vie, les êtres et les choses comme étant dépourvus de sens et qu'elle force l'homme à s'engager dans l'action sans lui dire comment ni pourquoi. Les principaux écrits philosophiques de Sartre sont *L'Etre et le néant* (1943), *L'Existentialisme est un humanisme* (1946) et *Critique de la raison dialectique* (1960).

LES ARTS

La Peinture

Deux peintres de naissance étrangère, mais qui ont habité en France pendant de nombreuses années, dominent le monde des arts durant le XXᵉ siècle.

1. Pablo Picasso (1881–1973) est d'origine espagnole mais il a vécu en France après 1900, d'abord à Paris, puis sur la Côte d'Azur. Artiste très prolifique, il a tout tenté avec succès. Il a peint plus de 10.000 tableaux et exécuté de

Famille de saltimbanques, par Picasso.

nombreuses sculptures, gravures, céramiques, lithographies, collages, décors de théâtre et autres. Grand admirateur de Cézanne, son premier tableau de style cubiste, *Les Demoiselles d'Avignon* (1907), est une de ses meilleurs toiles. Il est devenu le maître de ce genre: *Le Violon, Trois Musiciens, Femme assise dans un fauteuil, Femme avec un chien*. Il a peint des abstractions de toutes sortes comme *Jeune Fille devant un miroir*, mais il a aussi produit des œuvres réalistes, *Lola, Les Saltimbanques, Portrait de Gertrude Stein*. Certains critiques pensent que *Guernica* est son chef-d'œuvre.

2. Marc Chagall, né en Russie en 1889, est mort à 97 ans en 1985 en France où il s'était établi en 1923. Il a été le premier à représenter le réalité psychique dans des œuvres très personnelles aux couleurs éclatantes: *Les Trois Cierges, Hommage à Apollinaire, Le Violoniste, Le Cirque, Autour d'elle, Les Cierges de Mariage*, et bien d'autres. Il a produit de nombreuses gravures pour illustrer, entre autres, la Bible et les Fables de La Fontaine. Il a conçu de nouveaux décors et costumes pour des productions artistiques telles que l'*Oiseau de Feu* de Stravinsky et *La Flûte enchantée* de Mozart. Ses vitraux pour la cathédrale de Metz en France et une Synagogue à Jérusalem sont très appréciés. Il a repeint le plafond de l'Opéra Garnier, ce qui est probablement son chef-d'œuvre.

L'Architecture

Depuis la fin du XIXᵉ siècle, les grandes constructions modernes ont beaucoup changé le panorama des villes et de leurs banlieues. L'emploi de l'acier et du ciment armé, bien plus légers que la pierre, a permis de bâtir des immeubles de plus en plus hauts.

Le grand architecte français Charles Edouard Jeanneret-Gris (1887–1965), dit Le Corbusier, est célèbre pour ses ensembles d'habitation comme la Cité radieuse de Nantes et l'Unité d'habitation de Marseille, et surtout pour son église Notre-Dame-du-Haut à Ronchamp en Haute-Saône, au style ultra-moderne.

On construit un peu partout en France des bâtiments de trente étages et plus appelés "tours". Par exemple, il y a à Paris la Tour Evasion, les tours du quartier de la Défense, la Tour Montparnasse qui a 58 étages et les tours du Front de Seine.

Depuis une trentaine d'années plusieurs monuments et immeubles ont été érigés ou rénovés à Paris. Les principaux sont: la nouvelle entrée du musée du Louvre avec ses pyramides de verre; le centre national Georges Pompidou,

Les lignes simples et fonctionnelles du Palais des Expositions qui fait partie de la Défense. Enorme centre urbain, la Défense comprend aussi des magasins, des bureaux et des appartements. (Roger-Viollet)

La Pyramide du Louvre, l'entrée principale du musée, est un exemple d'architecture moderne dans un cadre traditionnel.

appelé aussi le centre Beaubourg; le Palais de la Découverte; l'opéra de la
Bastille; l'Institut du Monde arabe et le musée d'Orsay ainsi que deux quartiers nouveaux: la Défense avec sa Grande Arche et la Cité des Sciences et de
l'industrie aux portes Maillot et de la Villette respectivement (voir Chapitre
13).

La Tapisserie

Cette forme artistique jouit d'un renouveau remarquable grâce au peintre Jean
Lurçat qui a remis la manufacture d'Aubusson sur pied. Ses œuvres sont
pleines de symboles comme on peut le voir dans *Es la Verdad* ou *L'Apocalypse*.
D'autres artistes tels que Matisse, Léger et Cocteau ont contribué à cette
renaissance.

Jean Lurçat a donné un nouvel essor à la tapisserie.

Francis Poulenc

La Musique

Parmi les compositeurs du Groupe des Six (voir Chapitre 9), en voici un autre qui a composé des œuvres remarquables à la manière surréaliste, mais aussi dans des genres différents: Francis Poulenc (1899–1963), dont la musique est très mélodieuse, souvent spirituelle, à peine dissonante, presque classique parfois. Il a mis en musique des poèmes d'Eluard et d'Apollinaire. Il a composé des ballets, *Les Biches* (1923); une comédie surréaliste sur un livret d'Apollinaire, *Les Mamelles de Tirésias* (1954); de la musique de chambre, *Sonate pour clarinette et piano* (1963); un opéra, *Dialogues des Carmélites* (1957) et de la musique religieuse.

Dans le monde des musiciens comme dans bien d'autres, les femmes ont beaucoup de difficultés à percer. Il n'y a pas de grands compositeurs féminins; cependant elles enseignent dans les conservatoires de musique et à notre époque, quelques-unes sont devenues chef-d'orchestre. Nadia Boulanger (1887–1979) a été professeur de composition au Conservatoire de musique de Paris et, pendant la Deuxième Guerre Mondiale, au Collège de musique de Washington, D.C. et au conservatoire Peabody de Baltimore, Maryland.

Parmi ses nombreux élèves on peut nommer Aaron Copeland et Darius Milhaud. Chef d'orchestre renommée, elle a été la première femme à diriger un
programme entier aux orchestres philharmoniques de Londres, Boston, New
York et Philadelphie.

   La Musique avant-garde. D'après un critique, cette musique ultra-
moderne est une "émancipation de la dissonance, non pas atonalité mais anti-
tonalité". Elle est basée sur une série de douze tons au lieu de la gamme de
sept notes. De plus, à l'heure actuelle, les compositeurs de musique avant-
garde utilisent l'électronique pour créer des sons complètement nouveaux.

1. Darius Milhaud (1892–1974), qui faisait partie du Groupe des Six, a été
un des précurseurs de cette musique à douze tons. Il a enseigné au Conservatoire de Paris et à Mills College d'Oakland, en Californie. Son style est
individuel, dissonant et vigoureux. Il est surtout connu pour son développement de la polytonalité, ou l'emploi simultané de différentes clefs musicales.
Il a composé dans tous les styles: des opéras, *Bolivar, Christophe Colomb* (1930)
avec livret de Claudel, *David* (1954), des symphonies; il a beaucoup écrit pour
le ballet, son meilleur étant *La Création du monde* (1923), et surtout de la
musique de chambre.

Darius Milhaud,
un des précurseurs de la
musique d'avant-garde.

Pierre Boulez au Palais des Congrès. (French Embassy Press & Information Division)

2. Olivier Messiaen, né en 1908, est un génie précoce qui a commencé à composer à sept ans et est entré au Conservatoire de musique de Paris à onze ans où il a étudié avec le célèbre organiste Marcel Dupré. Ses compositions pour l'orgue sont très originales et soulignent bien les qualités mystiques de cet instrument: *La Nativité du Seigneur* (1938), *La Transfiguration de Notre Seigneur Jésus-Christ* (1969). Son œuvre la plus importante est *Turangalîla*—symphonie en dix mouvements—dans laquelle il combine un piano solo avec des instruments à percussion d'Asie et les Ondes Martenot, un instrument électronique. Il a écrit un traité technique, *Mon langage musical* (1944).

3. Le grand maître de la musique d'avant-garde est Pierre Boulez (né en 1925), qui a obtenu une réputation mondiale, non seulement comme compositeur, mais aussi comme chef d'orchestre d'œuvres classiques et modernes. Il a dirigé le New York Philharmonic de 1971 à 1976/77 lorsqu'il est revenu à Paris pour diriger le centre de musique expérimentale au Centre national d'art et de culture Georges Pompidou.

Ses premières compositions combinent différentes influences: celles des compositeurs de musique à douze tons, la musique de Messiaen et de Darius Milhaud, ainsi que de la musique orientale. Il a mis en musique des œuvres des poètes Stéphane Mallarmé et René Char, *Le Marteau sans maître* (1954). Il est très inventif dans des œuvres telles que *Pli selon pli* (1960), *Piano sonata #3, Le Visage nuptial* (1946–50), *Structure* (1961), *Domaines* (1968). En 1973, il a utilisé pour la première fois l'électronique dans *Explosante fixe,* créée à New York.

Le Cinéma

Art majeur du XXᵉ siècle, le cinéma français a fait des pas de géant depuis les projections animées des frères Lumière en 1895. Continuellement à la recherche de formules nouvelles, utilisant la lumière, l'image et le mouvement pour provoquer l'émotion, les metteurs en scène, secondés par des acteurs de talent, ont fait du cinéma le "septième art".

Parmi les meilleurs cinéastes des années 1920 à 1950, on peut citer Abel Gance, qui a le premier utilisé le triple écran pour son magnifique *Napoléon* (1927), René Clair (*Chapeau de paille d'Italie, Sous les toits de Paris, Le Million, A Nous la liberté*), Jean Renoir, fils du peintre Auguste Renoir (*La grande illusion, La Bête humaine*), Marcel Carné (*Le grand jeu, La Kermesse héroïque, Quai des brumes, Les Enfants du Paradis*), Jean Cocteau (*Les Enfants terribles, La Machine infernale, La Belle et la bête*).

Ces maîtres du cinéma ont aussi été bien secondés par des acteurs de grand talent comme Maurice Chevalier, Jean Gabin, Charles Boyer, Louis Jouvet, Fernandel, Madeleine Renaud et bien d'autres.

Vers la fin des années 50, une réaction a eu lieu contre les productions trop commercialisées; ce mouvement appelé "Nouvelle Vague" demande des films qui reflètent les sentiments et la philosophie de leurs directeurs. Ceux-ci doivent non seulement diriger les acteurs mais ils doivent aussi imaginer et écrire le scénario eux-mêmes. Les meilleurs films produits suivant les directives de ce mouvement sont *Les Quatre cents coups* de François Truffaut, *A Bout de souffle* de Jean-Luc Godard et *Les Parapluies de Cherbourg* de Jacques Demy.

Le cinéma français a continué à tenir une place de premier ordre dans le monde jusqu'au moment où, dans sa campagne de 1981, François Mitterrand a promis de continuer à subventionner les arts y compris l'industrie du cinéma. Depuis ce jour, les cinéastes français n'ont pas produit de films de valeur. En acceptant les directives des membres des commissions qui payent leurs subsides, ils sont devenus indifférents au goût du public et, à part le sensationnel *Trois hommes et un couffin* de Coline Serreau, les films qu'ils produisent n'ont pas beaucoup de succès.

Jean Renoir est le fils du célèbre peintre Auguste Renoir. Il a été un des premiers cinéastes à utiliser les techniques de la télévision. Renoir a tourné des classiques du cinéma moderne tels que La Grande Illusion, La Règle du jeu, *et* Le Déjeuner sur l'herbe.

Le professeur Kastler, prix Nobel (Amson)

LES SCIENCES

Les Découvertes Scientifiques

En 1901 l'Etat a créé le Centre National de la Recherche Scientifique devenu vraiment actif à partir de 1945. Il coordonne les recherches des laboratoires, aussi bien des laboratoires privés que ceux de l'Etat (Bellevue, Gif, Marseille, etc.); il leur procure du personnel; il finance la publication de revues scientifiques et des voyages de recherche. Le C.N.R.S. a établi un télescope électronique à l'observatoire de Saint-Michel dans les Alpes et un convertisseur électronique qui permet des photographies d'astres en quelques minutes, tandis qu'il faut des heures avec les télescopes ordinaires.

1. Le prince Louis de Broglie (1892–1987) est un des fondateurs de la mécanique moderne; par ses études sur la lumière il a découvert les bases de la

mécanique ondulatoire. Ses découvertes ont mené à l'invention du microscope électronique. Il a reçu le prix Nobel de physique en 1929.

2. Les rayons laser ont été inventés par le professeur Albert Kastler (1902–1984), ce qui lui a valu le prix Nobel en 1966. Ces rayons se propagent à la même vitesse que la lumière; un tir de rayons laser sur des missiles les rend impuissants.

3. Louis Néel a reçu le prix Nobel de physique en 1970 pour ses études sur le magnétisme des ferrites qui sont des minéraux à base de fer.

4. Jean-Marie Lehn (né en 1939), professeur au Collège de France, est un spécialiste de chimie organique. Ses travaux et découvertes vont permettre la fabrication d'enzymes artificielles qui seraient supérieures à celles produites par le corps humain. Il a reçu le prix Nobel de chimie en 1987.

5. Pierre-Gilles de Gennes (né en 1933), également professeur au Collège de France, a reçu le prix Nobel de physique en 1991 pour ses études sur le comportement de certaines molécules, ce qui permettrait la fabrication d'écrans de télévision plats.

Les Découvertes Médicales

En 1965, le prix Nobel de médecine a été décerné aux docteurs français André Lwoff, Jacques Monod et François Jacob pour leurs découvertes en biologie, importantes pour les études sur le cancer.

QUESTIONS

L'Histoire

1. Qui a été élu chef du gouvernement après la libération de Paris? Quelles sont les réformes adoptées par ce gouvernement?

2. Combien y a-t-il eu d'Assemblées Constituantes? Pourquoi? Qu'est-ce que de Gaulle favorisait? Et l'Assemblée?

3. Le gouvernement de la Quatrième République a-t-il été meilleur que celui de la Troisième? Pourquoi?

4. Pourquoi la France s'est-elle affaiblie?

5. Quelle est la date de la nouvelle constitution?

6. Qui a été élu Président? Qu'est-ce qu'il voulait faire? Comment?

7. Parlez du référendum de novembre 1962. Qui a été élu de cette façon pour la première fois?

8. Que s'est-il passé en 1968?
9. Qu'est-ce que de Gaulle a fait en 1969? Pourquoi?
10. Qui a été élu Président après de Gaulle? Qu'est-ce qu'il a fait pour améliorer les relations étrangères?
11. La France prospère-t-elle pendant la présidence de Pompidou? Expliquez.
12. Qui a succédé à Pompidou? Quelle était la situation en France?
13. Que font les électeurs pour montrer leur mécontentement? Donnez des exemples.
14. Parlez du Plan Barre.
15. Qu'est-ce qui va bien en France en 1979? Qu'est-ce qui va mal? Et en 1981?
16. Qui a été élu Président en 1981? Est-ce la première fois qu'il se présente?
17. Qu'est-ce qu'il a été obligé de faire? Pourquoi? Quel a été le résultat des élections législatives?
18. Parlez du programme socialiste de Mitterrand.
19. Que fait le gouvernement de Mitterrand concernant les relations extérieures?
20. Qu'est-ce qu'il a fait en 1982? Pourquoi?
21. Que se passe-t-il en juin 1986? Comment est l'inflation? Et le chômage?
22. Comment sont les élections de 1983 à 1986?
23. Qu'est-ce que la cohabitation?
24. Pourquoi ce système existe-t-il?
25. Qui devient Premier Ministre en 1986? Est-il socialiste? De quel parti est-il? Ce parti est-il de la gauche?
26. Est-ce que Mitterrand a été réélu? Quand? Pour combien de temps?
27. Comment est la situation en France à ce moment-là?

La Littérature et la Philosophie

1. Qui est le chef de l'existentialisme français? Quel est le titre et le thème de son meilleur roman? Quelles sont ses meilleures pièces de théâtre et leurs thèmes?
2. Qui est Simone de Beauvoir? Quel est le titre de son meilleur roman? Quel prix a-t-elle reçu?
3. Quels sont les principaux thèmes de l'existentialisme?
4. Un autre écrivain français trouve la vie absurde. Comment s'appelle-t-il? Comment illustre-t-il sa philosophie?

5. Que font les écrivains de la nouvelle littérature? Que cherchent-ils à exprimer?

6. Que savez-vous d'Alain Robbe-Grillet? Quelle est sa philosophie? Qu'a-t-il écrit?

7. Parlez de Natalie Sarraute, de ses idées. Quels sont ses romans et pièces de théâtre?

8. Qui est Michel Butor? Qu'a-t-il écrit? Expliquez ses idées.

9. Où Marguerite Duras est-elle née? Quel roman a eu du succès? Qu'est-ce qu'elle y raconte?

10. Marguerite Duras a-t-elle écrit seulement des romans? Expliquez. Est-elle féministe? Pourquoi?

11. Qui a reçu le prix Nobel de littérature en 1985? Parlez de ses œuvres.

12. Qu'est-ce que le théâtre de l'absurde? Nommez deux auteurs de ce théâtre et parlez de leurs pièces.

13. Y a-t-il d'autres auteurs que ceux du nouveau roman? Qui sont-ils?

14. Parlez de François Mauriac et de ses croyances. Nommez ses meilleurs romans.

15. Qui est Marguerite Yourcenar? Quel est son chef-d'œuvre? A-t-elle écrit un autre roman historique? Est-il réaliste?

16. Dans quelle institution a-t-elle été élue en 1980? Est-ce surprenant? Pourquoi?

17. Parlez de la poésie de Saint-John Perse.

18. Qui est René Char? Qu'a-t-il écrit? Parlez de ses idées.

19. Qu'est-ce que l'existentialisme? A qui les Français en doivent-ils les principaux éléments?

20. Quelles sont les différentes formes de cette philosophie?

21. Expliquez l'existentialisme sartrien.

Les Arts

1. Qui est Pablo Picasso? Quel genre d'artiste est-il?

2. Est-il seulement peintre? Expliquez.

3. Nommez un autre peintre de génie du XXe siècle. Expliquez.

4. Quelles œuvres a-t-il peintes? A-t-il fait seulement des peintures?

5. Qui est Le Corbusier? Quelles sont ses constructions les plus célèbres?

6. Quels sont les nouveaux bâtiments importants construits à Paris au XXe siècle?

7. Que se passe-t-il en tapisserie?

8. Qui est Francis Poulenc? Qu'est-ce qu'il a composé? Nommez ses meilleures œuvres.
9. Nommez un chef d'orchestre féminin et dites ce qu'elle a fait.
10. Qu'est-ce que la musique avant-garde? Sur quoi est-elle basée? Qu'est-ce qu'on emploie aussi à la place d'instruments?
11. Quelles sont les œuvres principales de Darius Milhaud?
12. Qui est Olivier Messiaen? Pour quel instrument a-t-il composé? Qu'est-ce que *Turangalîla?* Qu'y a-t-il d'important à ce sujet?
13. Qui est le grand maître de la musique avant-garde? Où a-t-il été chef d'orchestre? Qu'est-ce qu'il dirige maintenant?
14. Quelles sont ses influences? Nommez ses œuvres principales.
15. Comment appelle-t-on le cinéma? Pourquoi l'appelle-t-on ainsi?
16. Qui a le premier utilisé le triple écran? Dans quel film?
17. Nommez les meilleurs cinéastes français et leurs films.
18. Quels sont vos acteurs français favoris?
19. Le cinéma français est-il apprécié à l'étranger? Qu'en pensez-vous personnellement?
20. Qu'est-ce que la Nouvelle Vague? Quels sont ses principes? Et ses meilleurs films?
21. Que se passe-t-il dans le cinéma français depuis l'élection de Mitterrand? Pourquoi?

Les Sciences

1. Le gouvernement français aide-t-il les savants? Comment?
2. Qui est Louis de Broglie? Qu'est-ce qu'il a découvert?
3. Quelle découverte importante le professeur Kastler a-t-il faite? Expliquez ce que c'est.
4. Pourquoi Louis Néel a-t-il reçu le prix Nobel?
5. Parlez de Jean-Marie Lehn.
6. Qu'est-ce que le professeur de Gennes a étudié? Expliquez.
7. Est-ce que ces cinq savants ont été récompensés pour leurs travaux? Comment?
8. Qui a fait des découvertes importantes pour les études sur le cancer? Quel prix ont-ils reçu?
9. Le prix Nobel est-il seulement un prix honorifique? Pourquoi?

Sujets de Composition Française

1. Quelles sont les théories existentialistes de Sartre? Etes-vous d'accord avec cette philosophie?
2. Racontez l'histoire d'un des films français que vous avez vu. Qu'en pensez-vous?
3. De toutes les découvertes et inventions françaises indiquées dans ce chapitre et les précédents, laquelle est la plus importante ou la plus utile à votre avis? Pourquoi?
4. Quelles sont les similarités et les différences entre Picasso et Chagall? Donnez des exemples.

DEUXIÈME PARTIE

Aujourd'hui

CARTE PHYSIQUE DE LA FRANCE

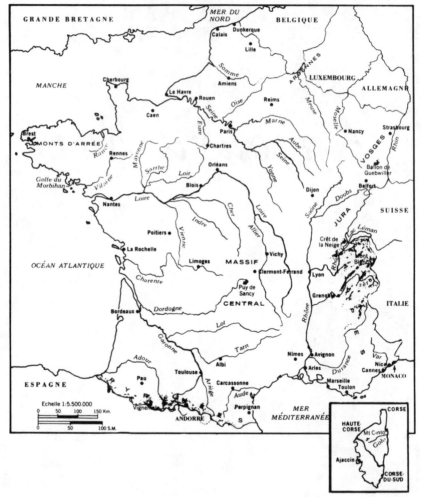

11

LA GÉOGRAPHIE
DE LA FRANCE

La France est située à l'extrémité ouest de l'Europe, dans une zone tempérée. C'est un des plus grands pays d'Europe dont la superficie correspond à peu près à celle du Texas.

Au point de vue géographique, ce qui caractérise le plus le pays, c'est la variété due au relief, au climat et aux ressources du sol.

LES FRONTIÈRES

La France est bordée de frontières naturelles sur cinq côtés (elle a six côtés comme un hexagone):

1. Au nord, la mer du Nord et la Manche la séparent de l'Angleterre.
2. A l'ouest, elle est baignée par l'océan Atlantique.
3. Au sud-ouest, la chaîne des Pyrénées forme comme un rempart entre la France et l'Espagne.
4. La mer Méditerranée—la "mare nostrum" des Romains—est située au sud.
5. Au sud-est, la France est séparée de l'Italie par la magnifique chaîne des Alpes. A l'est, le Jura borde la Suisse, et le Rhin constitue la frontière avec l'Allemagne.

La seule frontière politique se trouve au nord-est, entre la France et la Belgique. Elle se trouve dans une plaine, la Flandre, et aucun accident de terrain ne forme une véritable barrière entre les deux pays.

La Géographie Physique

La France a un relief très varié qui comprend des plaines, des collines, des plateaux, des montagnes plus ou moins vieilles et des vallées le long des fleuves.

Les Principales Chaînes de Montagnes

Elles ont toutes un caractère différent qui dépend de leur âge géologique et de la façon dont l'écorce terrestre s'est plissée au moment de leur naissance.

1. Les Pyrénées et les Alpes sont des montagnes relativement jeunes, par conséquent leurs pics sont très élevés et ils ont des sommets découpés en pointe d'aiguille: l'Aiguille du Midi dans les Alpes ou le Pic du Midi dans les Pyrénées. Cependant, les Pyrénées ne ressemblent pas du tout aux Alpes. Les premières forment un mur très élevé, presque infranchissable, entre la France et l'Espagne, sur toute leur longueur comme au cirque de Gavarnie. Les cols sont très élevés et il n'y a qu'une route qui traverse la chaîne au centre. Par contre, les Alpes sont percées de vallées profondes et les principaux cols, comme ceux du Petit-Saint-Bernard ou du Mont-Cenis, sont à une altitude relativement basse.

La plus haute montagne d'Europe, le Mont-Blanc, (4.807 mètres d'altitude), se trouve dans les Alpes près du croisement des frontières entre l'Italie, la Suisse et la France. Il est couvert de neiges éternelles qui alimentent plusieurs glaciers comme la Mer de Glace.

2. Le Jura—formé par contrecoup lorsque les Alpes se sont soulevées—comprend des chaînes parallèles séparées par des vallées qui les suivent latéralement. Ces montagnes sont beaucoup moins élevées que les Alpes. Elles sont couvertes de belles forêts et de vignobles.

3. Au nord du Jura et à l'ouest du Rhin, il y a de vieilles montagnes peu élevées, aux sommets généralement arrondis: les Vosges. On y voit de nombreux lacs témoins d'anciens glaciers. Le lac de Gérardmer est un des plus beaux.

4. Le centre de la France comprend un énorme plateau—"le toit de la France"—couvert de plusieurs chaînes de montagnes: c'est le Massif Central. Certaines de ces montagnes, situées en Auvergne, sont d'anciens volcans éteints, appelés puy: le Puy de Sancy. C'est au sommet du Puy de Dôme que Pascal a fait ses expériences sur la pesanteur de l'air.

Un paysage des Pyrénées.

Le Puy: paysage d'Auvergne.

Les Cours d'Eau

Grâce à son relief accidenté et à la nature de son sol, la France est sillonnée de fleuves et de rivières sur tout son territoire. (Les fleuves se jettent dans une mer ou un océan, alors que les rivières se jettent dans un fleuve ou une autre rivière.)

Il y a cinq fleuves importants qui ont des caractéristiques très variées: 1. La Seine est un fleuve navigable parce qu'elle est calme, ainsi que ses affluents dont les plus importants sont la Marne et l'Oise. Elle a un cours lent et sinueux parce que sa source est à très faible altitude. Son embouchure est dans la Manche.

2. La Loire est le plus long des fleuves français. Elle a un cours irrégulier: en été elle est presque à sec, tandis qu'au printemps elle déborde souvent. Elle prend sa source dans le Massif Central et se jette dans l'océan Atlantique.

3. Née en haute altitude dans les Pyrénées, la Garonne descend comme un torrent vers la plaine où son cours reste rapide. Au printemps elle sort souvent de son lit et inonde les régions qu'elle arrose mais, venant de montagnes très élevées, son volume d'eau ne diminue pas en été comme celui de la Loire. Avec la Dordogne elle forme un estuaire large et profond, la Gironde qui se déverse dans l'océan Atlantique.

Un des nombreux canaux de France.

4. Le Rhône naît dans le massif du Saint-Gothard en Suisse et traverse le lac Léman ou lac de Genève avant d'entrer en France. Il continue à couler vers l'ouest jusqu'à son confluent avec la Saône. A cet endroit, il change de direction et part vers le sud pour se jeter dans la mer Méditerranée. Venu de régions en haute altitude, son cours reste très rapide sur toute son étendue. De plus, il transporte une grande quantité de matières végétales et minérales qu'il dépose en un delta à son embouchure.

5. Le dernier fleuve, le Rhin, naît aussi dans le massif du Saint-Gothard, mais il se dirige vers le nord et il a son estuaire dans la mer du Nord en Hollande. Son cours se trouve surtout en Allemagne, mais il borde la France à l'est. Le Rhin est important comme grande voie de communication internationale.

Les cours d'eau sont une des richesses de la France, non seulement parce qu'ils contribuent à la fertilité du pays, mais parce que ce sont des voies de transport moins coûteuses que les voies ferrées ou la route. Pour certaines marchandises lourdes, leur coût peu élevé compense largement leur lenteur.

La France a aussi construit de nombreux canaux qui relient les principaux cours d'eau ou bien qui doublent certains de ceux qui ne sont pas navigables, si bien que l'on peut voyager par bateau dans presque toute la France. Un des plus anciens en France est le canal du Midi, construit entre 1666 et 1681 (sous Louis XIV), qui relie la Garonne au Rhône et de ce fait, l'Atlantique à la Méditerranée.

Les bateaux qui font le transport fluvial s'appellent des péniches. Plusieurs de ces péniches attachées les unes aux autres forment un "train de péniches" qui est généralement tiré par un remorqueur. Cependant on voit de plus en plus de grandes péniches motorisées qui voyagent individuellement.

Le Climat

1. Réchauffées par le Gulf Stream, les côtes de l'Atlantique, de la Manche et de la mer du Nord ont un climat tempéré, plus chaud que celui des côtes de l'Atlantique en Amérique à la même latitude. Les hivers sont doux, les étés frais. Il y pleut en toutes saisons des pluies fines et abondantes.

2. A l'intérieur, les hivers sont plus froids, les étés plus chauds et les pluies plus abondantes, mais il neige peu.

3. Dans les montagnes, les écarts de température entre les saisons sont encore plus grands que dans les provinces de l'intérieur. Les hivers sont longs et durs; il y neige beaucoup, même en été en altitude.

4. Les régions qui bordent la Méditerranée ont un climat semblable à celui de la Californie du sud, bien qu'il y fasse plus chaud en été, mais c'est une chaleur sèche. Les hivers sont doux et agréables. Il n'y pleut pas souvent.

LA GÉOGRAPHIE ÉCONOMIQUE

La France est un pays aux ressources multiples, aussi bien agricoles qu'industrielles. Elle a toujours été un pays agricole prospère parce qu'une grande partie de son territoire est couverte de terrains fertiles. Depuis le début de la période industrielle, sa population est surtout concentrée dans les centres urbains et il n'y a plus beaucoup d'habitants dans la campagne (environ 27% de la population totale).

L'Agriculture

Du fait que le pays a été fortement morcelé au moment de la Révolution de 1789, et du fait que la loi sur les successions favorise le partage des biens des parents entre tous les enfants, le territoire était divisé en un très grand nombre de petites parcelles de terre. Depuis la dernière guerre mondiale, le gouvernement a adopté une politique rurale de regroupement de ces parcelles. L'exode des populations rurales vers les villes a aussi contribué à l'établissement de fermes plus grandes et, avec l'aide de la mécanisation, les fermiers peuvent employer des méthodes de culture plus modernes et obtenir un meilleur rendement des terres. Le nombre des grandes exploitations augmente: 40.000 ont plus de cent hectares chacune, deux fois plus qu'il y a trente ans et la production agricole a doublé depuis 1949. De plus en plus les fermes ne seront plus des entreprises familiales mais de grandes exploitations agricoles comme celles du nord et de la région parisienne. Actuellement, la majorité des fermes appartient à de petits propriétaires qui exploitent leur terre en famille. Il y a aussi des fermiers qui cultivent des champs qu'ils louent aux propriétaires et des métayers qui partagent le fruit de leur travail avec le fermier. De plus, il y a des ouvriers agricoles salariés qui travaillent pour les grandes entreprises. Malgré une très faible proportion de population active rurale (environ 7%), la France continue à se suffire à elle-même et à exporter certaines denrées alimentaires.

1. Les Cultures. La production agricole de la France a augmenté de 25% depuis la dernière guerre mondiale et elle fournit maintenant plus de 30% de toute la production européenne. Les cultures sont très variées à cause des différences de climat, de terrain et des conditions humaines et historiques. Les cultures principales sont:

(a) Les céréales telles que l'avoine, le maïs, l'orge et surtout le blé. Cultivé au nord de la Loire jusqu'à la frontière belge, il sert à la fabrication du pain, ce bon pain croustillant que les Français aiment tant. La France est le cinquième pays du monde producteur de blé après la C.E.I. (Communauté des Etats indépendants), les Etats-Unis, la Chine et le Canada, et elle a un large surplus qu'elle exporte.

Depuis la guerre, une nouvelle culture, celle du riz, a été commencée dans le delta du Rhône et s'étend maintenant aux départements voisins. Le rendement suffit aux besoins du pays à l'heure actuelle.

Les céréales sont surtout cultivées au nord de la Loire jusqu'à la frontière belge.

Récolte des carottes dans le sud de la France.

(b) La pomme de terre, un des principaux aliments des Français, cultivée principalement en Bretagne.

(c) Les fruits et les légumes, cultivés un peu partout, mais surtout dans le nord, la région de Paris, les vallées de la Loire et de la Garonne et le long des côtes de la Méditerranée.

(d) La vigne, répandue autrefois sur tout le territoire, pousse surtout dans les régions suivantes: Champagne, Bourgogne, Alsace, le Val de Loire, près de Bordeaux et en bordure de la Méditerranée. La France est le premier pays du monde producteur de vin. Bien qu'elle en soit aussi le plus grand consommateur, elle en exporte dans tous les pays du monde.

(e) La betterave qui fournit du sucre ou qui sert d'aliment pour le bétail.

2. L'Elevage. Les chevaux et les bœufs servent encore de "moteur" pour les outils agricoles dans les petites fermes, mais ces animaux sont de plus en plus remplacés par des tracteurs mécaniques. De toute façon, la grande majorité du bétail est élevée dans un autre but.

(a) Les bovins. Ce sont les bœufs, veaux et vaches qui représentent une des principales richesses de la France. Celle-ci est la sixième nation du monde et la première du Marché Commun pour cet élevage. La plus grande partie de ce bétail—dont les meilleures races sont en Normandie—est destinée à la boucherie et à la production laitière. Le lait est soit consommé tel quel, soit utilisé pour la fabrication du beurre et des fromages. La France occupe la deuxième place dans le monde pour la production des fromages.

(b) Les porcs. Cet élevage est en augmentation et la production du porc pour la boucherie est aussi grande que celle du bœuf.

Les vendanges en Bourgogne. (Bringe)

Une ferme moderne.

(c) Autres animaux. Les chevaux sont élevés comme animaux de trait et un peu pour la boucherie. Il y a aussi en Normandie des haras d'animaux pur sang qui sont élevés comme chevaux de selle ou de course. Le nombre des moutons et des chèvres a diminué depuis 1952 mais il y a encore de grands troupeaux dans les terres pauvres des Causses, des Alpes du sud et en Corse. L'élevage de la volaille est devenu très moderne comme aux Etats-Unis et les fermes de volaille sont souvent situées près des grandes villes. Les oies du Périgord et de l'Alsace (deux provinces importantes pour la production des foies gras) et les poulets de Bresse sont toujours très renommés.

Les Frontières

1. Où se trouve la France? Qu'est-ce qui caractérise le plus le pays? Pourquoi?
2. Nommez les frontières naturelles de la France et dites où elles se trouvent.
3. Où est la frontière politique? Pourquoi est-ce une frontière politique?

La Géographie Physique

1. Quelles sont les principales chaînes de montagnes en France? Se ressemblent-elles?
2. Comparez les Alpes et les Pyrénées.
3. Qu'est-ce que le Mont-Blanc? Où est-il? Pourquoi l'appelle-t-on ainsi?
4. Comment le Jura s'est-il formé? Comment est-il?
5. Décrivez les Vosges.
6. Comment est le Massif Central? Qu'est-ce qu'un "puy"?
7. Quelle est la différence entre un fleuve et une rivière?
8. Quels sont les principaux fleuves de France?
9. Quelles sont leurs caractéristiques?
10. Pourquoi les cours d'eau sont-ils une des richesses de la France? Qu'est-ce qu'un train de péniches? A quoi sert-il?
11. Quels sont les différents climats de la France?
12. Décrivez chaque région climatique.

La Géographie Économique

1. Pourquoi la France est-elle un pays agricole?
2. Décrivez les différents groupes de travailleurs agricoles.
3. Pourquoi les cultures sont-elles variées?
4. Quelles céréales fait-on pousser en France? Quelle est la céréale principale? Pourquoi?
5. Où cultive-t-on le riz en France?
6. Nommez d'autres cultures importantes.
7. Quels animaux servent encore de "moteur" dans les fermes? Sont-ils seulement élevés dans ce but?
8. Qu'est-ce qu'un bovin? Où sont les meilleures races? A quoi ces animaux sont-ils destinés?
9. Nommez d'autres animaux élevés en France.

Sujets de Composition Française

1. Expliquez pourquoi on peut dire qu'au point de vue géographique, ce qui caractérise le plus le pays, c'est la variété due au relief, au climat et aux ressources du sol.

2. Pourquoi et comment les cours d'eau sont-ils une source de richesse pour la France?

En plus d'être le premier port de pêche français, Boulogne-sur-Mer (Pas de Calais) est aussi un centre important de constructions navales. (French Embassy Press & Information Division)

12

LES INDUSTRIES FRANÇAISES

L es industries ont été un peu lentes à se développer en France, mais elles sont actuellement en plein essor et comprennent toute une gamme de compagnies de premier ordre en aviation, équipement aérospatial, automobiles, trains rapides, informatique, télécommunications, machines-outils, armements, centrales nucléaires et un grand nombre d'industries moins importantes.

A la fin de la Deuxième Guerre Mondiale, les industries françaises étaient en grande partie détruites. C'est un mal qui s'est vite changé en bien car cela a permis d'en moderniser un grand nombre et de les rendre plus productives qu'avant la guerre. Le gouvernement dirige de plus en plus l'économie du pays avec l'aide de nouveaux ministères tels que le Ministère du Plan, celui de l'Industrie, celui de la Recherche et de la Technologie ou des commissions comme le Commissariat à l'Energie Atomique. La recherche scientifique a été intensifiée, dirigée par des organismes comme le Centre National de la Recherche Scientifique (le C.N.R.S.) où des chercheurs travaillant en équipes combinent la recherche théorique et les applications pratiques. En astrophysique, en biochimie, dans le domaine de l'électronique et autres technologies, les chercheurs français sont de nouveau considérés dans les cercles internationaux.

Les plans économiques sont établis pour cinq ans et prévoient dans quel secteur de l'économie le gouvernement va diriger ses efforts et son aide financière pour amener ce secteur à un rang de premier ordre dans le monde. Les grandes compagnies se sont développées rapidement et certaines se sont associées afin de combiner leurs efforts, moderniser les procédés de fabrication et augmenter la production tout en diminuant la main d'œuvre—ce qui, malheureusement, contribue considérablement au chômage mais permet d'aug-

La fabrication de l'acier est une industrie importante en Lorraine. Des gisements de fer, concentrés le long de la frontière belge et luxembourgeoise, constituent la richesse principale de la Lorraine. Pourtant, pour les exploiter dans l'industrie de l'acier, la région doit importer des tonnes de charbon et de coke de l'Allemagne Fédérale, ainsi que de la Belgique. (Doumic)

menter les exportations dont la France a besoin pour couvrir sa balance commerciale déficitaire. Des cours de gestion financière, de marketing et de management ont été institués dans les universités pour permettre aux administrateurs de diriger efficacement leurs compagnies. Depuis de Gaulle jusqu'en 1981, le Produit national brut (P.N.B.) a augmenté en moyenne de 4,2% (en Allemagne fédérale, 3,5% et aux Etats-Unis, 2,7%). La production industrielle a augmenté de 5 à 6% par an depuis environ 1965, et les exportations de 150% de 1975 à 1980. En 1988, l'industrie représentait 30% du Produit intérieur brut. Les produits industriels représentent la majeure partie des échanges internationaux de marchandises: 86% des importations et 93% des exportations. L'industrie nationale emploie 20% de la population active.

LES MATIÈRES PREMIÈRES

La France a une grande variété d'industries, ce qui est dû en partie à la diversité des ressources de son sous-sol.

(1) Ses mines de fer de Lorraine, les plus riches d'Europe, et celles de Normandie lui permettent d'être le sixième pays du monde pour la production de l'acier. L'acier est la matière de base de presque toutes les autres industries et la production d'un ouvrier d'aciérie donne du travail à dix ouvriers mécaniciens.

(2) La France est un des principaux pays producteurs de bauxite que l'on trouve surtout dans le Midi. Elle tient le quatrième rang dans le monde pour la production de l'aluminium.

(3) Il y a peu de plomb, de cuivre, de zinc ou d'étain et le pays est obligé de les importer en grande quantité.

(4) Parmi les produits chimiques on trouve en Alsace d'importants gisements de potasse qui sert à fabriquer des engrais; le sel gemme du Jura et de la Lorraine donne non seulement du sel mais aussi de la soude; de plus le souffre est obtenu en quantité du gaz naturel de Lacq.

(5) On a trouvé en France plusieurs larges gisements d'uranium qui lui donnent le premier rang en Europe pour la production de cet important métal. La réserve d'uranium en 1980 était de 95.000 tonnes.

Le Terminal GAZ de FRANCE à Marseille qui reçoit du gaz naturel liquéfié, importé d'Algérie. (Port of Marseille Authority)

L'ÉNERGIE

Vers 1980, 75% de l'énergie primaire consommée en France était importée et le pétrole représentait les 4/5es de ces importations. L'Agence pour les Economies d'Energie a été créée pour étudier les moyens de réduire le combustible importé. Par exemple, l'heure d'été a été établie ce qui permet d'économiser environ 300.000 tonnes de pétrole ou l'équivalent. C'est la quantité d'énergie nécessaire pour chauffer pendant tout l'hiver une ville comme Bordeaux (300.000 habitants). Depuis plusieurs années, l'heure avancée existe toute l'année et une heure supplémentaire y est ajoutée en été.

Actuellement, l'électricité est obtenue de différentes manières dont certaines sont extrêmement modernes:

1. Le charbon. Il y a des mines dans le nord et le nord-est mais les gisements sont profonds et assez pauvres et la production est peu élevée. Cependant, les Français ont développé une machinerie très moderne pour augmenter le rendement: machines d'excavation, équipement de transport par tapis roulants et rails, appareils automatiques de chargement des bateaux. 14,5 millions de tonnes de charbon ont été tirées du sous-sol national en 1988 (au lieu de 60 en 1958) en Lorraine, le bassin le plus riche et le plus facile à exploiter, et dans le Nord, mais la France a importé un total de 13,7 millions de tonnes en 1988 qui viennent des Etats-Unis, de l'Australie et de l'Allemagne.

2. La Houille blanche. La force hydraulique produit environ 7,9% de l'électricité consommée dans le pays grâce à de nombreux barrages dans les montagnes comme ceux de Tignes, Serre-Ponçon et Roseland des Alpes, ou bien en plaine comme ceux de Kembs sur le Rhin ou Gémissat et Donzère-Mondragon sur le Rhône.

3. La Houille bleue est l'énergie produite par la puissance des marées. Le barrage sur la Rance près de Saint-Malo a commencé sa production en 1967. Les turbines sont réversibles afin de suivre le mouvement montant et descendant des marées. L'inconvénient de ces installations est qu'elles sont très coûteuses, mais elles produisent de l'électricité sans polluer l'environnement.

4. Le Pétrole et le gaz naturel. On trouve un peu de pétrole et de gaz naturel en France dans les puits de Lacq et de Parentis dans le sud-ouest, ainsi que ceux qui se trouvent près de Paris et en Alsace. Alors que l'ensemble pétrole/gaz naturel représentait 75% de l'approvisionnement national avant le début de la crise pétrolière de 1973, il en fournit seulement 54,8% en 1988. Le pétrole brut est traité dans douze raffineries où il arrive par bateau à Dun-

kerque, Rouen, Le Havre, Nantes, Marseille, Lyon et Strasbourg. Le gisement national de Lacq au pied des Pyrénées s'épuise rapidement et la France doit l'importer d'Algérie, des Pays-Bas et de la Russie.

5. L'Energie nucléaire ou atomique est employée de plus en plus pour remplacer le pétrole car la France a des gisements d'uranium. En 1973, la production d'énergie nucléaire était équivalente à 3,1 millions de tonnes de pétrole et elle est montée en 1981 à 22,1 millions de tonnes. Il y a maintenant 30 centrales nucléaires en opération et quatre autres en construction. Les réacteurs fonctionnent selon des procédés Westinghouse et la production coûte environ 45% de moins qu'avec le pétrole. En ce qui concerne le danger des usines nucléaires pour les employés en particulier et la population en général, la France a un record enviable de sûreté, dû aux organismes gouvernementaux établis pour la protection du public.

La Houille verte, énergie de l'avenir.

L'entreprise nationalisée, Electricité de France (E.D.F.), produit actuellement 90% de l'électricité consommée en France et s'est lancée dans un énorme programme nucléaire. Ainsi la France est le pays qui a la plus forte proportion d'énergie nucléaire, 70% en 1988. Des études sont en cours pour développer les réacteurs de l'avenir et remplacer, à partir de l'an 2000, les quelques 500 réacteurs qui sont actuellement en fonctionnement et qui fournissent environ 20% de la production mondiale.

L'énergie nucléaire ne pollue pas, mais un des grands inconvénients de ce procédé est la production de déchets nucléaires qui sont naturellement radioactifs. La France a donc étudié les moyens de combattre les dangers présentés par les déchets qui produisent un niveau élevé de radioactivité. Elle a développé un procédé assez efficace qui comprend deux opérations: la première consiste à refroidir ces déchets et cela prend environ cinq ans de contrôle constant. Lorsque ces déchets sont suffisamment froids on procède à la deuxième opération appelée "vitrification" qui transforme le liquide en un solide indissoluble. Les experts ont mis 15 ans pour développer ce procédé et plus de quatre pour les essais. Finalement, ces déchets qui sont encore très radioactifs seront enterrés à grande profondeur. La France détient actuellement des contrats avec la Belgique, les Pays-Bas, l'Allemagne Fédérale, la Suisse, la Suède et le Japon pour traiter leurs déchets nucléaires de cette façon.

6. L'Energie solaire est appelée la Houille verte. Depuis près de vingt ans, la France étudie le moyen de capter cette énergie et elle a été la première au monde à construire des fours qui chauffent plusieurs villages. Une nouvelle installation, Thémis à Targassonne (Pyrénées orientales), utilise un nouveau procédé pour capter l'énergie solaire et la transformer en électricité. Cette installation comprend un banc de 200 miroirs de 50 mètres carrés chacun, actionnés par un ordinateur pour leur faire suivre la trajectoire du soleil. Les rayons solaires sont concentrés sur un four ou collecteur qui est au sommet d'une tour de 102 mètres de hauteur placée devant les miroirs. L'usine qui transforme l'énergie solaire en électricité est à la base de cette tour.

Il est possible maintenant d'acheter des maisons neuves préfabriquées chauffées à l'énergie solaire. L'installation coûte 30.000 francs et économise environ la moitié du coût de l'électricité utilisée auparavant pour le chauffage. Au lieu d'employer des panneaux sur le toit, les architectes ont incorporé les collecteurs solaires dans la structure de ces maisons, ce qui contribue à l'effet esthétique de l'ensemble. Le gouvernement offre des prêts à faible taux d'intérêt pour financer ces installations. De plus, on construit des capteurs solaires pour la production d'eau chaude depuis une vingtaine d'années et plus de 400.000 logements utilisent ces appareils. Le Commissariat à l'Energie Solaire contrôle directement ou indirectement une grande partie des 4 à 500 millions de francs dépensés annuellement soit par le gouvernement, soit par des compagnies privées pour l'étude et le développement de l'énergie solaire. Les experts pensent que, vers l'an 2000, l'énergie solaire produira l'équivalent de dix millions de tonnes de pétrole par an, soit 3% de la consommation annuelle d'énergie.

LA GRANDE INDUSTRIE

L'expansion industrielle de la France depuis la Deuxième Guerre Mondiale est due en grande partie à la modernisation, non seulement des procédés de fabrication, mais aussi des services administratifs. D'autre part, le gouvernement a encouragé la fusion de grandes compagnies dans différents secteurs de l'économie ce qui a créé d'énormes sociétés anonymes, nationales et internationales, ayant les moyens de concurrencer les plus grandes compagnies des autres pays industriels sur les marchés internationaux.

L'Industrie Spatiale

Le Centre National d'Etudes Spatiales, le C.N.E.S., qui dépend du Ministère de l'Industrie, a été créé en 1961 pour administrer les programmes de recherche, de fabrication et d'essai de fusées, lanceurs, satellites et autres appareils de l'espace. Il comprend environ 600 ingénieurs et savants. Le Centre spatial de Toulouse, ouvert en 1968, est l'installation la plus importante du C.N.E.S. Les activités du centre de Toulouse s'étendent sur quatre secteurs: les télécommunications, l'observation des ressources de la terre, l'informatique et les recherches scientifiques.

Ayant besoin d'une base de lancement, le C.N.E.S. a bâti en 1963 à Kourou en Guyane française le Centre spatial guyanais, et la première fusée a été tirée en 1968. Les lanceurs Diamant-A, Diamant-B et Diamant-BP-4 ont déjà lancé des satellites tels que Astérix, Diapason et Péole, ce dernier utilisé en météorologie. La France est membre de l'Agence Spatiale Européenne et a contribué 62,5% du budget d'étude et de construction du nouveau véhicule de lancement Ariane qui a été tiré avec succès de Kourou en décembre 1979. De nombreux satellites ont été lancés ou vont être lancés par Ariane.

Les savants français doivent leurs débuts à l'agence spatiale américaine NASA qui leur a permis d'assister aux expériences américaines; ensuite des fusées américaines ont lancé des satellites français; des expériences développées par des savants français ont été placées dans des satellites américains, l'une d'elle dans Pioneer; le système français *Argos* a été employé dans les satellites américains Tiros-N en 1978 et NOAA-A en 1979.

La coopération franco-allemande consiste en satellites de télécommunication tels que Symphonie tirée en 1974 et Symphonie 2 lancée en 1975. Avec l'U.R.S.S., la France a aussi participé à plusieurs expériences depuis 1972. En 1982, le premier spationaute français, le colonel Jean-Loup Chrétien, a fait partie de l'équipe du vaisseau spatial soviétique Soyouz T-6 dont le vol a duré une semaine.

Depuis 1980, la compagnie française Arianespace a lancé de Kourou en Guyane française des fusées de plus en plus puissantes qui ont chaque fois mis en orbite des satellites de communication pour les différents pays faisant partie de l'agence spatiale européenne. En mai 1992, Arianespace a fêté son cent-unième contrat de vente. Cette compagnie a placé en orbite pendant l'année 1992 onze satellites de communication avec sa fusée la plus puissante: l'Ariane 44LH-10.

La France est actuellement le troisième pays du monde pour les études et la fabrication d'appareils pour l'espace après les Etats-Unis et la Russie.

L'Aviation

Cette industrie a fait des pas de géant en France depuis une trentaine d'années et elle a donné naissance à de grandes compagnies d'importance internationale.

1. Les Grandes Compagnies.

(a) La Société Nationale Industrielle Aérospatiale (S.N.I.A.S.),—très importante aussi pour l'industrie spatiale—nationalisée, est dirigée par Jacques Mitterrand, le frère du Président de la République, déjà directeur avant l'élection de ce dernier. C'est une énorme compagnie qui construit des avions, des hélicoptères, ainsi que fusées, lanceurs, satellites et toutes sortes d'appareils pour l'industrie spatiale, ainsi que les missiles Exocet et autres engins militaires pour la défense.

La S.N.I.A.S. fabrique plusieurs modèles d'hélicoptères.

La S.N.I.A.S. fabrique plusieurs modèles d'hélicoptères adaptés à différents genres de travaux: le Dauphin, l'Ecureuil (qui est capable de transporter 5 à 6 personnes sur des distances de 750 km à une vitesse de croisière de 240 km/h), le Puma et Super-Puma (ce dernier peut transporter 24 personnes et 3 membres d'équipage; il vole à 290 km/h et peut franchir sans escale une distance supérieure à 900 kilomètres).

L'avion supersonique franco-anglais Concorde, qui est entré en service en 1976, est probablement le plus connu des avions français. Il est construit par la S.N.I.A.S. et British Aircraft. Très critiqué aux Etats-Unis, il a cependant l'avantage d'aller deux fois plus vite que les avions subsoniques sans présenter les inconvénients qui lui sont attribués. Avec Concorde on va d'Europe en Australie en 13 h 30 et de Paris à Tokyo ou San Francisco en 7 heures. Paris ou Londres sont à 3 h 30 de Washington ou de New York: on peut donc traverser l'Atlantique aller et retour en une journée. Concorde réduit sa vitesse pour atterrir et lorsqu'il arrive à 180 kilomètres de l'aéroport il ne vole pas plus vite que les avions à réaction subsoniques. Ce n'est que lorsqu'il survole l'océan qu'il atteint sa vitesse de mach 2, ou deux fois la vitesse des ondes sonores. De cette façon il a relié Boston à Miami en 91 minutes, Anchorage à Los Angeles en 2 h 35 (au lieu de 4 h 30 avec un avion subsonique).

L'*Airbus, avion de transport de grande capacité. (French Embassy Press & Information Division)*

2. Airbus Industrie (fondée en 1969), dont le siège social est à Toulouse, est un consortium international dont les associés sont: S.N.I.A.S. (France), qui dirige la production, Deutsche Airbus (Allemagne), chacun avec 37,9% des actions; British Aerospace (Grande-Bretagne) avec 20% et C.A.S.A. (Espagne) avec 4,2%. Fokker (Pays-Bas) et Belairbus (Belgique) participent à la construction des avions. 18.000 ouvriers travaillent directement à la fabrication mais les compagnies intéressées ont un potentiel de 160.000 ouvriers. Airbus Industrie est maintenant la deuxième compagnie d'aviation du monde après la compagnie Boeing.

En 1990, les ventes de la compagnie Airbus se sont élevées à près de 24 milliards de francs. Cette compagnie contrôle 41% du marché mondial pour les avions à réaction de taille moyenne; cependant elle construit maintenant un avion de 295 places, le A340, à 4 moteurs qui peut voler de Paris à Singapour sans refaire le plein en route et elle a à l'étude un avion de 600 à 700 places qui comprendrait deux avions moyens assemblés côte à côte et donnant un fuselage de forme ovale dans lequel il y aurait des rangées de dix-huit sièges séparés par trois couloirs.

Les différents modèles de l'Airbus sont assemblés a Toulouse. Moins connus du public que Concorde, ils commencent cependant à faire beaucoup de concurrence aux avions des compagnies américaines.

3. La compagnie Dassault-Bréguet construit presque tous les avions utilisés par les Forces françaises: les Mirage F-1 et 2000; les différentes versions des Etendard qui peuvent servir comme avions d'assaut, de chasse ou de reconnaissance et pour le ravitaillement en essence d'autres avions.

4. La compagnie Sud-Aviation construit des avions et hélicoptères dont le plus important est le Super-Frelon. Celui-ci est propulsé par trois turbines de 1.500 chevaux et peut transporter trente tonnes de marchandises et personnel en plus de l'équipage.

La Défense Nationale

En 1990, les allocations pour la défense nationale étaient estimées à environ trente milliards de francs, soit 16,2% du budget national. Il y a quatre systèmes d'armes pour la défense du pays.

(a) Les Forces nucléaires comprennent 2 porte-avions et 5 sous-marins nucléaires, silos, missiles à têtes thermonucléaires et autres. La France continue à moderniser ses forces nucléaires; cependant, en 1992, le gouvernement a voté de cesser les essais nucléaires dans l'atoll de Mururoa dans le Pacifique sud.

(b) Les Forces terrestres sont complètement motorisées et comprennent des équipements très modernes, chars de bataille, blindés, armes anti-chars et contre-avions, hélicoptères et armes de toutes sortes.

(c) Les Forces aériennes se composent de plusieurs escadrons d'avions porteurs de missiles, de canons anti-aériens et autres engins de guerre.

(d) Les Forces maritimes ont toute une gamme de navires de guerre ainsi que des avions et hélicoptères.

Les effectifs en 1981 pour tous les systèmes d'armes étaient de près de 710.000 personnes. En 1992, le personnel militaire ne comptait que 466.300 personnes.

La France vend beaucoup ses engins de guerre—tels que les avions Mirage, les tanks AMX, les hélicoptères Alouette, les missiles Exocet et autres— aux nations du Proche-Orient, aux pays de l'Amérique du Sud, particulièrement en Argentine. Ses ventes à l'exportation dans cette branche de l'industrie française se sont montées à trois milliards de francs en 1989. La France tient le troisième rang dans le monde pour ces exportations. Cependant, depuis le démembrement de l'U.R.S.S. la France diminue son budget pour la guerre, ainsi que beaucoup d'autres pays, et ses ventes à l'étranger vont aussi diminuer.

L'Automobile

Cette industrie, qui est née en France vers 1895, est concentrée autour de Paris, Le Mans et Rennes. Très perfectionnée par l'emploi de plus en plus grand de la robotisation, elle a augmenté sa production d'une façon spectaculaire: par exemple, Renault construit cinq fois plus de voitures qu'avant la Deuxième Guerre Mondiale avec seulement 50% de plus d'ouvriers. Dans les années 70, la fusion de Peugeot avec Citroën et avec les filiales européennes de Chrysler, ainsi que de Renault avec Berliet, constructeur de camions, ont donné à la France deux compagnies de taille internationale; la première compagnie est privée, la deuxième nationalisée, chacune employant près de 150.000 salariés.

La France est depuis longtemps le quatrième producteur mondial après le Japon, les Etats-Unis et l'Allemagne: 3,7 millions de véhicules en 1988. La France exporte plus de la moitié de sa production mais importe environ un tiers de son marché national. Cependant l'accord sur l'ouverture du marché européen aux voitures japonaises en juillet 1991 a été jugé détestable par les constructeurs français qui en rendent le Président Mitterrand responsable et ont souligné qu'au Japon les voitures étrangères ne représentent que 3% du marché japonais. Il semblerait qu'une réciprocité aurait dû être inclue dans l'accord.

Les Chemins de Fer

Comme pour les autres industries, les Français ont développé celle-ci de telle façon qu'ils ont enlevé le record du monde aux Japonais et qu'ils sont en train de les dépasser en innovations dans cette branche de l'industrie (voir aussi Chapitre 14).

L'Informatique et la Télécommunication

L'Europe est en retard sur les Etats-Unis et le Japon pour la fabrication d'appareils électroniques sans lesquels le commerce et l'industrie ne peuvent plus fonctionner efficacement. Cependant il y a plusieurs compagnies telles que la Compagnie Internationale pour l'Informatique (qui a fusionné avec la société américaine Honeywell) ou la compagnie Matra-Harris, qui construisent un grand nombre d'appareils électroniques.

Parmi les développements les plus importants dans ce secteur de l'industrie il faut noter les suivants: Utilisant l'équipement téléphonique le réseau français de transmission de données informatiques, Transpac, est rattaché au réseau de la Communauté européenne, Euronet, aux réseaux des Etats-Unis, Telenet et à celui du Canada appelé Datapac, ce qui permet tout un échange de renseignements entre tous ces pays: un grand bienfait pour les compagnies multinationales.

L'automatisation par l'électronique de la correspondance commerciale, des travaux de bureau et de la comptabilité; des transactions bancaires; du paiement de marchandises a déjà commencé en France. L'enseignement assisté par ordinateur a mis 10.000 ordinateurs en service dans les lycées. Le Télé-alarme, nouveau service téléphonique commencé en 1980, permet aux personnes âgées, malades ou infirmes d'obtenir de l'aide en pressant une sonnette d'alarme comme à l'hôpital. Le prix du service est ajouté au montant de l'abonnement au téléphone.

Cette industrie comprend de nombreuses compagnies dont les plus importantes sont la CGE (150.000 salariés), spécialisée dans les télécommunications (Alcatel) et dans le gros matériel (Alsthom), ainsi que Thomson (100.000 salariés) fabriquant des appareils électroniques pour le grand public et la défense. L'armée américaine est équipée avec le système Rita, fabriqué par Thomson.

Dans les années 80, la France a institué un service électronique utilisant le téléphone, dirigé par la société France-Télécom. Ce programme, appelé "Minitel", a l'avantage d'être un système unifié, facilement accessible dans tout le territoire, donnant 12.000 services différents, et comprend plus de cinq millions d'ordinateurs, soit un écran pour onze citoyens. Par exemple on peut commander par téléphone aux boutiquiers voisins qui livrent très rapidement à domicile. Les dirigeants de maisons de commerce peuvent suivre la Bourse ou acheter des billets de chemin de fer ou d'avion. Les fermiers obtiennent immédiatement des renseignements sur le temps et les récoltes. Les étudiants emploient le Minitel pour s'inscrire aux universités, etc.

Maintenant, l'introduction d'une boîte à lettres électronique Minitel a donné naissance à tout un réseau rapide et direct pour la correspondance entre les abonnés à ce système. Mais en plus de transformer le téléphone en instrument de renseignements, la technologie française a ouvert un nouveau procédé de communication avec le vidéo-téléphone: un téléphone avec écran permet aux abonnés de se voir pendant leur conversation. Ce système est à l'essai dans la ville de Biarritz, près de la frontière espagnole.

Dès 1982, la compagnie du téléphone a établi un annuaire électronique, au lieu de l'annuaire en papier. Il est fourni gratuitement à tous les abonnés au téléphone. Les écologistes noteront que ce changement évite l'abattage de 1,5 million d'arbres par an. Cet annuaire a été incorporé au service Minitel.

La société France-Télécom cherche à vendre ses procédés à l'étranger et une expérience qui promet de réussir a lieu à Omaha, Nébraska, aux Etats-Unis. France-Télécom s'est associée avec U.S. West pour offrir 450 services: la société française a apporté ses techniques et appareils au projet alors que U.S. West a apporté l'équipement qui va permettre l'accès au réseau téléphonique régional de la compagnie Bell Telephone.

L'Industrie Textile

C'est la plus ancienne des industries françaises. On la trouve un peu partout dans le pays, mais les grands centres sont Roubaix-Tourcoing pour la laine, le lin et le chanvre; la Normandie et l'Alsace pour le coton; la région de Lyon pour les tissus de soie et les produits synthétiques. Ici encore, des fusions de compagnies et une modernisation importante ont été effectuées pour essayer de rivaliser avec les pays qui produisent des tissus de bonne qualité qui coûtent bien meilleur marché que les tissus français puisque leur main d'œuvre touche des salaires encore très bas. Beaucoup d'industriels ont donc pris le parti de lancer des fabrications dans des régions à faible coût de main d'œuvre. On trouve une situation analogue dans la chaussure.

Les Autres Industries

Les autres industries principales sont:

(a) Les métaux. La sidérurgie française occupe le huitième rang dans le monde. L'acier français est produit par un seul groupe nationalisé Usinor-Sacilor (deuxième place dans le monde). Parmi les métaux non-ferreux, il y a l'aluminium, qui est très important, fabriqué par la compagnie nationalisée Péchiney.

(b) Les industries chimiques dominées par quelque grandes entreprises dont Rhône-Poulenc (nationalisée), qui produit la moitié de la production de textiles artificiels et synthétiques du pays; Air Liquide, un des grands fabricants mondiaux de gaz liquéfié.

(c) Le caoutchouc, que l'on travaille surtout à Clermont-Ferrand et à Montluçon, employé pour fabriquer des pneus (la compagnie Michelin est de renommée mondiale) et des vêtements.

(d) Les constructions navales dans les grands ports, en particulier à Saint-Nazaire près de Nantes à l'embouchure de la Loire. Fondés en 1861, les Chantiers de l'Atlantique, qui ont construit tous les navires de la compagnie Générale Transatlantique tels que le France, le Paris, et le Normandie, sont parmi les chantiers les plus renommés. Actuellement, ils construisent les vaisseaux des plus grandes compagnies de croisières du monde tels que le Sovereign of the Seas de la Royal Caribbean Cruise Line ou le Nordham de Holland America Line et bien d'autres.

(e) Les industries françaises construisent aussi des tracteurs et machines agricoles. Elles comprennent les industries alimentaires; le bâtiment; la savonnerie dans les régions de Marseille et de Bordeaux; le verre et les glaces à la manufacture de Saint-Gobain, une des plus perfectionnées du monde, et le cristal à Baccarat; les porcelaines de Sèvres et le Limoges qui sont bien connues; les parfums sur la Côte d'Azur, etc. Enfin il ne faut pas oublier l'industrie hôtelière dans un pays où le tourisme est une des plus grandes richesses.

LES NATIONALISATIONS

La France a une longue histoire d'intervention du gouvernement dans de nombreuses branches de l'économie. La manufacture de Saint-Gobin (tapisseries) et celle de Sèvres (porcelaines) sont dirigées par l'Etat depuis le XVIIᵉ siècle; l'industrie des tabacs et les postes ont toujours été des monopoles d'Etat; des théâtres comme l'Opéra Garnier de Paris et la Comédie Française sont subventionnés par le gouvernement; la radio et la télévision sont dirigées par le Ministère de l'Information; les monuments nationaux comme le Louvre, Versailles et Fontainebleau sont administrés par le Ministère de la Culture.

Dans l'industrie, de nombreuses compagnies, outre celles mentionnées dans la section précédente, étaient en totalité ou en partie organismes d'Etat avant le Gouvernement Mitterrand: Dès la fin de la guerre, en 1946, de Gaulle a nationalisé la compagnie d'automobiles Renault, trois banques parmi les plus importantes du monde, la Banque Nationale de Paris, le Crédit Lyonnais et la Société Générale, ainsi que des compagnies d'assurance. La Société Nationale Industrielle Aérospatiale était aussi nationalisée. Jusqu'à présent l'intervention du gouvernement dans l'économie consistait à choisir de bonnes compagnies et à aider leur développement en leur donnant des contrats importants, puis en leur fournissant les capitaux nécessaires pour moderniser leurs fabrications en échange d'un certain nombre de leurs actions. Parfois le gouvernement renflouait de la même façon une compagnie en difficulté financière comme Dassault-Bréguet en 1977. A cette date, le gouvernement leur a donné les fonds nécessaires pour payer leurs dettes et a reçu 34% des actions de la compagnie. Il est impossible de dire si l'économie française se serait développée aussi rapidement et d'une façon aussi spectaculaire sans l'aide du gouvernement.

Jusqu'en 1981 il y avait environ 9% du secteur industriel qui étaient nationalisés et le Gouvernement Mitterrand a encore nationalisé environ 9% dans les industries textiles, produits chimiques, aciéries, aviation, électronique, produits alimentaires et autres, ainsi que plusieurs banques, des compagnies d'assurance et des compagnies financières.

Au moment de la cohabitation de 1986–87, du fait que les partis de droite étaient opposés aux nationalisations et à cause des difficultés de gestion et des bilans déficitaires de certaines compagnies, le gouvernement a décidé de privatiser certaines sociétés telles que la manufacture de Saint-Gobin (verre-produits chimiques), la compagnie générale d'électricité, Matra-Harris (aviation-électronique) et autres. Pour ce faire il a vendu la majorité des actions possédées par l'Etat. Dans toutes les privatisations des années suivantes, le gouvernement est resté actionnaire en gardant une petite partie des actions. Du reste, la part de l'Etat dans certaines affaires nationalisées reste inférieure à la majorité: par exemple, pour la société des pétroles Total, la participation était de 39% et en 1992 elle est passée à 15%. Cela semble peu, mais ce pourcentage rapportera environ dix milliards à l'Etat et lui permettra de financer la lutte contre le chômage.

LES EXPORTATIONS

La France est connue depuis longtemps à l'étranger pour ses exportations de vins fins, de parfums, de produits alimentaires comme le pâté de foie ou les fromages, mais ces ventes sont loin de couvrir ses achats de pétrole brut par exemple, ou de machines et appareils de toutes sortes en provenance de pays comme les Etats-Unis ou le Japon. Elle s'est donc dirigée vers l'exportation de matériel représentant des sommes importantes qui sont plus aptes à combler sa balance déficitaire. C'est actuellement le quatrième pays du monde pour ses exportations après les Etats-Unis, l'Allemagne et le Japon.

La France a des contrats pour construire des centrales nucléaires en Belgique, Roumanie, Egypte, Iraq, au Japon, aux Indes, en Corée du Sud et en Afrique du Sud; elle est en pourparlers pour en construire en Chine, au Taïwan, en Yougoslavie, en Finlande et au Mexique. Ses exportations d'armement et d'avions militaires ont atteint près de 34 milliards de francs en 1981. Le Service des Garde-Côtes américain vient de commander 41 avions Falcon de la compagnie Dassault-Bréguet et 90 hélicoptères Dauphin. La France a augmenté ses exportations d'ordinateurs et d'appareils de télécommunication de façon considérable (25% d'augmentation par an) et elle fait concurrence aux appareils japonais et américains sur les marchés étrangers. Quant aux automobiles, les exportations ont triplé en six ans. La Compagnie du Métropolitain de Paris a construit ou est en train d'établir un système de métro à Montréal, Rio de Janeiro, Santiago du Chili, Caracas, au Caire et à Atlanta. Les chemins de fer T.G.V. ont suscité beaucoup d'intérêt parmi les gouvernements européens et divers autres pays et leur vente à l'étranger devrait aider beaucoup à équilibrer la balance commerciale extérieure.

En ce qui concerne les avions et hélicoptères, les ventes à l'exportation continuent à augmenter. Actuellement, une quinzaine de compagnies dans le monde ont passé commande de près de 150 Airbus. En avril 1978, Eastern Air Lines a commandé 23 Airbus B4 et, en 1981, 16 de ces appareils étaient en service. La division hélicoptères de la S.N.I.A.S. a assuré plus de la moitié des ventes de cette compagnie en 1980. En 36 ans d'activité, elle a vendu plus de 6.000 machines à 500 clients dans une centaine de pays. Actuellement, le Super-Puma, l'Ecureuil et le Dauphin sont les appareils qui se vendent le mieux.

La France importe maintenant plus qu'elle n'exporte. Ainsi en juillet 1991, a-t-elle importé 3,8 milliards de francs de plus qu'elle n'a exporté et le déficit a atteint près de 22 milliards; cependant, il est régulièrement compensé par l'excédent des échanges de service, tourisme, hôtellerie, transport, banques, etc.

De nombreuses compagnies étrangères sont très étonnées de se voir en compétition serrée avec des compagnies françaises dans des domaines où les produits français étaient inconnus il y a peu d'années, mais elles devront s'y faire car la France est bien décidée à maintenir et même à augmenter son commerce extérieur.

QUESTIONS

Les Industries

1. Quelles sont les industries qui comprennent des compagnies de premier ordre?
2. Comment étaient les industries après la dernière guerre mondiale? Quels ont été les résultats avantageux de cette situation?
3. Quels sont les organismes du gouvernement qui dirigent l'économie?
4. Qu'est-ce que le C.N.R.S.?
5. Parlez des plans économiques.
6. Qu'est-ce que les grandes compagnies ont fait pour se rendre plus efficaces?
7. Quels cours ont été institués dans les universités pour aider les compagnies?
8. Donnez des exemples montrant l'essor industriel en France.

Les Matières Premières

1. A quoi est dû la variété des industries françaises?
2. Parlez des mines de fer et des aciéries.
3. Quels autres minéraux trouve-t-on en France? Y en a-t-il beaucoup?
4. Quels produits chimiques trouve-t-on en France? Où sont-ils?
5. Y a-t-il beaucoup d'uranium? A quoi sert-il?

L'Énergie

1. Que fait l'Agence pour les Economies d'Energie? Donnez des exemples.
2. Comment est le charbon? Où le trouve-t-on? Décrivez la machinerie des mines. Quel est le rendement actuel?
3. Parlez de la houille blanche.
4. Qu'est-ce que la houille bleue? Où se trouve l'usine qui en produit? Comment sont les turbines? Pourquoi?
5. Y a-t-il beaucoup de pétrole ou de gaz naturel en France? Où sont les puits? Où y a-t-il des raffineries?
6. Quel est l'inconvénient de ces installations? Et leur avantage?
7. Pourquoi emploie-t-on l'énergie nucléaire?
8. Combien de centrales nucléaires y a-t-il en France?
9. Les centrales nucléaires sont-elles dangereuses? Expliquez.
10. Quel est le programme de l'E.D.F. pour l'avenir?
11. Quel est le procédé développé en France pour traiter les déchets nucléaires?
12. Qu'est-ce que la houille verte? Où y a-t-il des fours? Que font-ils?
13. L'énergie solaire est-elle employée pour les maisons et logements? Comment?

La Grande Industrie

1. Comment est l'expansion industrielle? Qu'est-ce que le gouvernement a encouragé? Pourquoi?
2. Parlez du C.N.E.S. et du Centre spatial de Toulouse.
3. Qu'y a-t-il à Kourou en Guyane française?
4. Expliquez la coopération franco-américaine spatiale.
5. En quoi a consisté la coopération franco-allemande?
6. Quelle est la coopération franco-soviétique?
7. Quelle est l'importance de la compagnie Arianespace? Qu'est-ce qu'elle construit? Combien en a-t-elle vendu?
8. Quel rang la France tient-elle dans le monde pour l'industrie spatiale? Après quels pays?
9. Que veut dire S.N.I.A.S.?
10. Que construit cette compagnie?
11. Quels modèles d'hélicoptères fabriquent-ils? Expliquez ce que ces hélicoptères peuvent faire?

12. Qui construit Concorde? A quelle vitesse vole-t-il? Comment appelle-t-on cette vitesse? Pourquoi?

13. Où va Concorde? En combien de temps? Est-il plus rapide que les autres avions? Expliquez.

14. La société Airbus Industrie est-elle entièrement française? Expliquez.

15. Où est son siège social?

16. Combien d'ouvriers travaillent à la fabrication des avions? Quel est le potentiel de toutes les compagnies? Quel est le rang de cette société dans le monde? Après quelle compagnie?

17. Quelles sont les ventes d'Airbus? Que construisent-ils maintenant? Qu'est-ce qu'ils ont à l'étude? Expliquez.

18. Où les avions Airbus sont-ils assemblés? Où est cette ville?

19. Quels avions sont construits par Dassault-Bréguet? Par qui sont-ils utilisés?

20. A quoi servent les Etendard?

21. Quel est l'appareil le plus important de la compagnie Sud-Aviation? Décrivez-le.

22. Quel était le budget pour la défense nationale en 1990?

23. Combien d'armes y a-t-il pour la défense nationale?

24. En quoi consistent les Forces nucléaires? Que fait le gouvernement à ce sujet?

25. En quoi consistent les Forces terrestres? Expliquez.

26. En quoi consistent les Forces aériennes et les Forces maritimes?

27. Quels étaient les effectifs en 1981? Et en 1992?

28. A qui la France vend-elle ses engins de guerre? Quel est son rang dans le monde pour ces exportations?

29. Que fait la France depuis le démembrement de l'U.R.S.S.?

30. Parlez de l'industrie automobile. Quand a-t-elle commencé? Où est-elle concentrée? Comment est la production?

31. Que s'est-il passé pendant les années 70?

32. Quel est le rang de la France pour cette production? Après qui? Combien de véhicules ont été fabriqués en 1988? Quelles sont les exportations et les importations?

33. Quelle a été la réaction des constructeurs français au sujet de l'accord avec le Japon?

34. Nommez deux compagnies fabriquant des appareils électroniques.

35. Expliquez les nouveaux développements en informatique. Qu'est-ce que l'annuaire électronique va éviter?

36. Parlez de Téléalarme.
37. Quelles sont les sociétés les plus importantes en électronique? Qu'est-ce que l'armée américaine utilise?
38. Parlez de Minitel et de la société France-Télécom.
39. Qu'est-ce que la boîte à lettres électronique?
40. Est-ce que France-Télécom cherche à vendre ses procédés? Où? Comment?
41. Où sont les centres de l'industrie textile? Placez-les sur la carte de France.
42. Qu'est-ce que la sidérurgie? Parlez d'un métal non-ferreux important.
43. Nommez d'autres industries françaises importantes. Expliquez pourquoi elles sont importantes au point de vue économique.
44. Parlez des constructions navales.
45. Nommez d'autres industries.
46. Quelle est une des grandes richesses de la France? Pourquoi?

Les Nationalisations

1. Est-ce que les nationalisations sont récentes en France? Nommez des manufactures d'Etat. Que produisent-elles? Depuis combien de temps?
2. Parlez d'autres organismes dirigés par l'Etat.
3. Qui a nationalisé Renault? A-t-il procédé à d'autres nationalisations?
4. En quoi consiste l'intervention du gouvernement?
5. Qu'est-ce que le Gouvernement Mitterrand a nationalisé? Expliquez.
6. Que s'est-il passé au moment de la cohabitation?
7. Est-ce que l'Etat continue à être actionnaire dans les affaires privatisées? Expliquez.

Les Exportations

1. Quelles sont les exportations françaises bien connues?
2. Est-ce que cela permet à la France de payer ses achats à l'étranger? Qu'est-ce que les gouvernements ont fait pour remédier à ce problème?
3. Quelle est la place de la France dans le monde pour les exportations?
4. Où a-t-elle des contrats pour construire des centrales nucléaires?
5. Qu'est-ce que le service des Garde-Côtes américain vient de commander?
6. Comment sont les exportations en automobiles?
7. Où sont les systèmes de métro déjà construits ou en construction?
8. Combien de centrales nucléaires y a-t-il en France?
9. Quels sont les avions et hélicoptères vendus à l'étranger?

10. Qu'est-ce qui compense le déficit actuel en exportations?
11. Pourquoi de nombreuses compagnies étrangères sont-elles étonnées?

SUJETS DE COMPOSITION FRANÇAISE

1. Que pensez-vous de l'essor industriel français? A votre avis, aurait-il été semblable sans l'aide du gouvernement? Donnez des exemples en faveur de votre point de vue.
2. Etes-vous pour ou contre l'emploi de l'énergie nucléaire pour produire de l'électricité? Développez vos idées et soutenez votre point de vue en donnant des exemples.
3. Parlez des réalisations françaises en électronique. Pensez-vous que ces innovations pourraient être utilisées aux Etats-Unis? Donnez vos raisons.

Vue de Paris—à gauche, la Tour Evasion. (French Cultural Services)

13

PARIS
ET SES ENVIRONS

PARIS

Vue Générale

Depuis des siècles Paris est le centre administratif de la France. Les rois habitaient le palais du Louvre, maintenant le Président de la République habite le palais de l'Elysée situé au nord du Rond-Point des Champs-Elysées. Les chambres siègent à Paris: l'Assemblée au Palais-Bourbon, sur la rive gauche de la Seine, et le Sénat au Palais du Luxembourg. Tous les ministères y ont leurs bâtiments.

Paris est le moyeu du réseau ferroviaire et du réseau routier: la borne kilométrique numéro zéro se trouve sur la place du Parvis de Notre-Dame et c'est de là que part le kilométrage des routes nationales qui vont dans toutes les directions. Depuis les années 60 des routes transversales ont été établies pour aller d'une grande ville à une autre sans passer par la capitale, ce qui évite des pertes de temps considérables.

Le centre artistique du pays se trouve aussi à Paris. Il y a trois salles d'opéra, de nombreux théâtres et cinémas, plusieurs orchestres symphoniques, etc. Les spectacles sont très fréquentés par les Parisiens qui sont souvent assez difficiles à contenter et qui n'hésitent pas à "siffler" les acteurs ou musiciens s'ils n'approuvent pas leur façon de jouer ou d'exécuter un morceau.

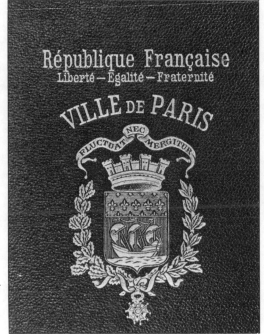

*Les armes de Paris représentent
l'emblème des premiers bourgeois
riches de la ville qui faisaient
du commerce par bateau le long
du fleuve.*

La capitale de la France, dont l'histoire date de plus de deux mille ans, est considérée comme une des plus belles villes du monde. Née dans l'Ile de la Cité, la ville s'étend maintenant des deux côtés d'une boucle de la Seine qui la coupe en deux parties inégales: les quartiers de la rive gauche d'un côté et ceux de la rive droite de l'autre. Depuis la période gallo-romaine, la ville a eu six enceintes fortifiées dont les seuls vestiges sont ceux de la quatrième—celle de Louis XIII—qui comprennent les portes Saint-Martin et Saint-Denis sur les grands boulevards. Les limites actuelles de Paris ont été établies vers le milieu du XIXᵉ siècle et au début du XXᵉ on pouvait encore voir les murs avec leurs fossés qui entouraient la ville; ceux-ci ont été démolis pendant les années vingt. Si on étudie la carte de Paris on peut voir plusieurs séries de boulevards concentriques—dont l'Ile de la Cité forme à peu près le centre—et qui ont été successivement les "boulevards extérieurs". Les nombreux endroits autour de Paris appelés "porte" perçaient l'enceinte la plus récente. On y percevait un octroi sur les marchandises entrant à Paris. Cet impôt n'existe plus maintenant.

Jusque vers 1850, l'aspect de Paris n'avait pas beaucoup changé depuis le Moyen Age. La cité était sillonnée de petites rues étroites, tortueuses et sales. C'est sous le Second Empire, sur les ordres de Napoléon III, que le préfet de la

Seine, le baron Haussmann, a effectué des travaux importants qui ont ouvert de grandes artères au travers de la ville. Il a créé, par exemple, la place de l'Opéra et la place de la République, ainsi que les grands boulevards qui aboutissent à ces carrefours. On lui doit aussi des squares et des promenades comme le bois de Boulogne. Cependant, il y a encore de nombreuses petites rues étroites qui vont dans tous les sens, dont la plupart sont maintenant des rues à sens unique.

Paris est une grande cité où il y a beaucoup de verdure. Les avenues et boulevards sont ombragés de tilleuls, de platanes ou de marronniers d'Inde. Il y a aussi de nombreux parcs et jardins qui sont très appréciés des Parisiens grands ou petits: les jardins des Tuileries et du Luxembourg; le Champ-de-Mars où se trouve la Tour Eiffel; le parc Monceau, non loin de l'Etoile; le Jardin des Plantes, musée botanique et jardin avec une ménagerie; les Buttes-Chaumont, situées au nord dans un quartier très populeux; les bois de Vincennes et de Boulogne aux extrémités est et ouest de la capitale, chacun avec un jardin zoologique dont le plus récent et le mieux aménagé est au bois de Vincennes. De plus il y a de petits jardins, appelés squares, dans presque tous les quartiers de la métropole.

La ville a toujours un aspect animé avec sa circulation intense où s'enchevêtrent voitures, camions, autobus, motocyclettes et un grand nombre de bicyclettes. Il n'y a plus de voitures de livraison tirées par un ou deux chevaux, mais on en voyait encore avant la dernière guerre mondiale. Il y avait aussi beaucoup de bicyclettes mais la circulation est tellement intense que l'on en voit très peu maintenant.

Les Parisiens marchent beaucoup, et les trottoirs sont souvent bondés de piétons. Ils aiment flâner le long des grandes avenues et boulevards, le dimanche et les jours de fête ou bien le soir après le dîner, en admirant les marchandises dans les vitrines des boutiques et magasins. Les terrasses des cafés permettent de se reposer en prenant une consommation. On peut ainsi admirer ou critiquer les passants, tandis que ceux-ci font la même chose pour les consommateurs.

Un spectacle assez grandiose est celui que l'on peut admirer du haut de la Tour Eiffel, des tours de Notre-Dame ou de la butte Montmartre. Par beau temps toute la ville s'étend à vos pieds avec ses grandes artères bordées d'arbres, ses immeubles aux toits d'ardoise grise couverts de nombreuses cheminées, aux fenêtres ombragées de volets de toile multicolores; ces immeubles sont tous à peu près de la même hauteur. De ce parterre surgissent de place en place les nombreux clochers des églises, les monuments de la ville et des immeubles bâtis en hauteur, généralement appelés "tours", de plus en plus nombreux, tels que la Tour Montmartre, la Tour Evasion ou les Orgues de Flandre.

Ce tableau devient féerique la nuit car la "ville lumière" illumine artistiquement ses avenues et ses monuments avec des éclairages modernes si bien qu'ils se détachent comme des joyaux sur la toile de fond de velours noir des immeubles.

Principaux Quartiers et Monuments

Au point de vue touristique, Paris offre aux provinciaux et aux étrangers une gamme infinie de sites et de monuments à visiter, de spectacles à voir et d'objets de toutes sortes à acheter.

Parmi les endroits à visiter, voici les principaux quartiers et leurs monuments:

1. Le Berceau de Paris.

L'Ile de la Cité a acquis son aspect actuel sous Napoléon III. A ce moment-là, tout le centre de l'île a été démoli et vingt-cinq mille personnes ont été obligées d'aller habiter ailleurs.

(a) Tous les abords de Notre-Dame ont été rasés et, comme elle était en très mauvais état, sa restauration a été votée en 1841. Viollet-le-Duc et son équipe d'artistes et d'artisans ont terminé les travaux en 1864. Elle se dresse maintenant dans toute sa majesté et on peut l'admirer sans gêne. D'autres cathédrales sont plus vastes ou plus ornées, mais l'équilibre de ses proportions et la pureté de ses lignes en font un monument splendide.

(b) Il y a dans l'île tout un ensemble de bâtiments qui comprennent le Palais de Justice où siégeait autrefois le Parlement, la cour suprême de justice du royaume; la Saint-Chapelle qui, malgré son aspect fragile, n'a pas eu une fissure depuis sept siècles; et la Conciergerie, ancienne prison appelée pendant la Révolution "l'antichambre de la guillotine", où ont séjourné des personnes célèbres y compris la reine Marie-Antoinette.

(c) Le Pont-Neuf, le plus ancien, le plus célèbre et le plus important de la capitale, a été terminé en 1604 sous Henri IV. Il a été restauré plusieurs fois, mais la partie principale, vieille de 350 ans, a résisté à tous les changements de niveau de la Seine. C'est pourquoi on dit d'une personne en bonne santé qu'elle "se porte comme le Pont-Neuf".

L'Ile de la Cité et le Pont-Neuf; on peut voir les tours de la Conciergerie derrière les arbres. (Bulloz)

Construite par Louis IX (Saint Louis) au 13ᵉ siècle, la Sainte-Chapelle est un des joyaux de l'architecture médiévale à Paris. Saint Louis l'a fait bâtir pour abriter les reliques de la Passion du Christ qu'il a amenées de Terre Sainte. (Bulloz: Art Reference Bureau)

Le musée d'Orsay, autrefois la gare d'Orsay, abrite une collection d'art du dix-neuvième siècle, y compris des œuvres impressionistes.

2. La Rive gauche.

(a) Ce terme rappelle immédiatement à l'esprit le Quartier Latin, le quartier des étudiants avec sa célèbre Faculté des Lettres, la Sorbonne, près du boulevard Saint-Michel, le "Boul'mich" des étudiants. Pourquoi quartier "latin"? C'est parce qu'autrefois étudiants et professeurs ne se servaient que de cette langue pour les études.

Le quartier universitaire comprend le Collège de France qui date de François Ier, où de grands professeurs font des cours publics et gratuits, exposant souvent le résultat de leurs recherches ou expériences; la Faculté de Droit et l'Ecole de Médecine; de grandes écoles comme l'Ecole Polytechnique ou l'Ecole Normale Supérieure; la Bibliothèque Sainte-Geneviève, etc.

(b) Près de l'Ecole de Médecine, l'ancien hôtel des abbés de Cluny, les ruines des Thermes, les belles collections du musée forment un ensemble très intéressant. L'hôtel, rebâti de 1480 à 1510, est du style gothique flamboyant qui a immédiatement précédé la Renaissance. Le musée est consacré à des œuvres du Moyen Age; il contient, entre autres objets, de très belles tapisseries: la célèbre *Dame à la licorne* y est exposée.

(c) Deux églises importantes se trouvent dans ce quartier. Il y a tout d'abord le Panthéon où sont enterrés des Français illustres comme Voltaire, Rousseau, Mirabeau, Victor Hugo, Zola, Jean Jaurès, et qui a été bâti au XVIIIe siècle sur les ordres de Louis XV. Il est en forme de croix grecque surmontée d'une très belle coupole. On peut voir ensuite l'église Saint-Etienne-du-Mont qui a une façade extrêmement originale et où se trouve un célèbre jubé—tribune entre le chœur et la nef—de style Renaissance. Cette église contient la châsse de Sainte-Geneviève, patronne de Paris.

(d) En continuant vers l'ouest, le long de la Seine, on peut visiter les endroits suivants: le palais du Luxembourg, où siège le Sénat, avec ses beaux jardins fréquentés par de nombreux étudiants; au sud du Luxembourg, le Quartier Montparnasse, où se trouvent de nombreux cafés comme le Dôme ou la Coupole et des boîtes de nuit, est le centre du monde artistique et littéraire de Paris.

(e) L'ancienne gare d'Orsay, située au bord de la Seine, en face des Tuileries, abandonnée depuis 1969, tombait en ruines. En 1977 le Président Valéry Giscard d'Estaing a décidé de la faire transformer en musée. Le bâtiment a été complètement rénové et aménagé à l'intérieur pour recevoir les collections comprenant toutes les formes d'art développées en France de 1848 à 1914, y compris les Impressionnistes qui étaient au Jeu de Paume. Donc ces collections suivent en date celles du musée du Louvre et précèdent les collections modernes exposés au Centre Pompidou.

Toujours suivant la courbe de la Seine, on arrive à un des plus beaux ensembles de Paris qui comprend l'Hôtel des Invalides, l'église du Dôme et l'église Saint-Louis. Un jardin entouré d'un fossé précède l'hôtel dont la façade est très majestueuse. Fondé en 1670 par Louis XIV, il était destiné à hospitaliser les blessés de guerre, et il y a eu jusqu'à sept mille pensionnaires. Il contient maintenant le Musée de l'Armée, la plus grande collection militaire du monde.

L'église Saint-Louis et l'église du Dôme sont au centre. Cette dernière a été construite de 1679 à 1709 par Jules Hardouin-Mansart. De proportions admirables le dôme se dresse d'un seul morceau à une hauteur de 105 mètres au-dessus du sol. C'est le plus bel exemple de l'art du dôme à Paris. L'intérieur est très riche, décoré par les meilleurs artistes de l'époque. Le sol est couvert d'une splendide marqueterie de marbre. Au centre, directement sous le dôme, il y a une crypte avec une ouverture circulaire où est placé le tombeau de Napoléon Ier, comprenant un sarcophage de porphyre rouge placé sur une base en granite vert des Vosges.

Tout l'ensemble est précédé d'une longue esplanade menant au Pont Alexandre III sur la Seine et de là au Rond-Point des Champs-Elysées en passant par les Grand et Petit Palais construits pour l'exposition de 1900.

(f) Le Palais de la Découverte, créé en 1937 sous la direction de Jean Perrin (prix Nobel de physique en 1926), se trouve à l'arrière du Grand Palais. Il est intéressant avec ses démonstrations, animations scientifiques, films documentaires et expositions montrant et expliquant les étapes importantes de la science moderne. Son planétarium est une magnifique réalisation d'optique et de mécanique de précision.

Louis XIV ordonnant la construction de l'Hôtel des Invalides.

La Tour Eiffel vue du Palais de Chaillot.

(g) La Tour Eiffel, une des structures les plus connues et les plus hautes du monde (336 mètres) est au centre d'un immense parc appelé le Champ-de-Mars, bordé de magnifiques immeubles luxueux. Construite par l'ingénieur Gustave Eiffel pour l'exposition de 1889, la tour a été, à l'époque, l'objet de nombreuses protestations. C'est cependant un chef-d'œuvre de légèreté et de résistance, et elle a eu un immense succès dès son inauguration. Elle a trois plates-formes que l'on peut atteindre soit par des escaliers soit par des ascenseurs. La vue du sommet est inoubliable, surtout par beau temps et juste avant le coucher du soleil lorsque le panorama s'étend jusqu'à soixante-sept kilomètres de distance. Au-dessus de la troisième plate-forme, le poste émetteur de la Radiodiffusion française a été installé en 1918.

Le Champ-de-Mars est bordé au sud-est par les bâtiments de l'Ecole Militaire, très belle œuvre du XVIIIe siècle. A l'autre extrémité, au delà de la Seine que l'on peut traverser par le pont d'Iéna, se trouvent les jardins du Trocadéro terminés par le Palais de Chaillot, construction moderne, qui renferme plusieurs musées.

*La place de L'Etoile,
maintenant place
Charles de Gaulle.*

(h) Il y a maintenant un nouvel ensemble de plusieurs tours et autres bâtiments, appelé le Front de Seine, qui longe la rive gauche du fleuve près de la Tour Eiffel.

3. La Rive droite.

En faisant le voyage inverse et en allant vers l'est, au nord de la Seine, on trouve la longue perspective qui va de la place de l'Etoile au palais du Louvre, en passant par les Champs-Elysées, la place de la Concorde, le jardin des Tuileries et l'Arc de triomphe du Carrousel; cette enfilade offre un coup d'œil unique au monde, qu'il faut voir du haut de l'Arc de triomphe de l'Etoile.

(a) La place de l'Etoile, appelée place Charles de Gaulle depuis la mort de ce dernier, terminée par le baron Haussmann, est le centre de l'étoile dont les branches sont formées par douze larges avenues qui rayonnent autour de l'arc situé au centre de la place, sous lequel a été placé le tombeau du Soldat inconnu et la Flamme du souvenir qui est ranimée tous les soirs.

(b) L'une de ces avenues, les Champs-Elysées, est au centre d'un quartier touristique important avec ses magasins de luxe, ses cafés et ses grands hôtels.

A mi-chemin entre l'Etoile et la Concorde, à l'endroit appelé le Rond-Point des Champs-Elysées (en forme d'étoile à six branches), les immeubles s'écartent des deux côtés pour laisser la place à des jardins bordés de beaux marronniers. Au nord de ces jardins se trouve le palais de l'Elysée.

(c) Commencée sous Louis XV, la place de la Concorde n'a été complétée que sous Napoléon III. Elle est d'un agencement très simple avec l'Obélisque de Louqsor au centre, don du vice-roi d'Egypte à la France en 1829.

(d) Le Louvre, l'immense palais des rois de France, est le plus grand palais du monde. Les parties les plus intéressantes sont la Cour carrée et la colonnade. La forteresse initiale, bâtie en 1200 par Philippe Auguste, a disparu. La partie la plus ancienne date maintenant de la Renaissance.

Encadrée par les magnifiques bâtiments du palais, la cour Napoléon est décorée au centre, depuis 1989, d'une grande pyramide de verre, haute de 21 mètres et large de 33 à sa base, construite par l'architecte américain I. M. Pei (né en Chine) avec des matériaux et techniques nouvelles. Elle est entourée de bassins, de jets d'eau et de trois petites pyramides semblables à la grande et sert d'entrée principale au musée. Au sous-sol une grande salle d'accueil de 70 mètres donne accès à toutes les collections. Autour de cette salle il y a aussi un auditorium, un restaurant, une librairie et d'autres aménagements. D'autres constructions sous la place du Carrousel vont être occupées par des garages pour voitures et autocars ainsi que par de nombreuses boutiques.

Le pont et la place de la Concorde. Derrière l'obélisque on voit l'église de la Madeleine.

Cependant, c'est surtout à son musée que le Louvre doit sa renommée. Le catalogue des objets d'art, peintures et sculptures comprend plus de 300.000 numéros. Le musée est formé de six départements: les antiquités grecques et romaines; les antiquités égyptiennes; les antiquités orientales; les sculptures du Moyen Age, de la Renaissance et du XVIIe siècle; des objets d'art de toutes sortes et des tableaux comprenant toutes les écoles depuis les primitifs jusqu'aux œuvres de la première moitié du XIXe siècle.

4. Autres sites Rive droite.

En allant encore de l'ouest à l'est et en suivant la courbe de la Seine au nord des endroits précédents en voici d'autres à voir:

(a) La Madeleine, église catholique ayant la forme d'un temple grec, mais à une très grande échelle, bâtie par Napoléon Ier.

(b) La place Vendôme, commencée en 1680 est une magnifique place monumentale entourée d'immeubles de style classique. Au centre se dresse une colonne de 46 mètres de hauteur, élevée en 1810 par Napoléon Ier, surmontée par une statue de l'empereur. La colonne est couverte de plaques de bronze en spirale où sont sculptées des scènes de bataille. Ces plaques ont été fondues avec les 1250 canons saisis par l'empereur à la bataille d'Austerlitz.

(c) Depuis la Tour Eiffel, aucun bâtiment n'a fait autant parler les gens que le Centre National d'Art et de Culture Georges Pompidou, inauguré en 1977. Il est formé d'un immense squelette d'acier dont les structures et les voies d'accès aux différents étages sont toutes à l'extérieur. Il n'y aucun mur de soutènement à l'intérieur, ce qui permet d'en changer complètement l'agencement suivant les besoins. Un jury international a étudié les plans présentés par de nombreux architectes et ce sont ceux de l'équipe Renzo Piano (un Italien) et Richard Rogers (un Anglais) qui ont gagné le concours. Le Centre Pompidou, aussi appelé Centre Beaubourg, comprend différentes sections culturelles: Musée National d'Art Moderne; Institut de Recherche et de Coordination Acoustique/Musique; un centre pour les enfants; une énorme bibliothèque de recherches publique; Centre de Création Industrielle; un théâtre; des salles d'exposition.

(d) Non loin de la place de la Bastille, théâtre des fameux événements de 1789, on peut visiter une ancienne place bâtie par ordre du roi Henri IV: la place des Vosges. Elle est entourée de bâtiments à arcades où on peut flâner devant des boutiques de luxe, à l'abri du soleil ou du mauvais temps. Des personnages célèbres ont habité dans certains de ces immeubles: la marquise de Sévigné, auteur du XVIIe siècle qui a écrit des *Lettres* remarquables, est née

Un coin de la place des Vosges bâtie sous Henri IV.

au numéro 1; le cardinal de Richelieu a habité l'hôtel du numéro 18; Victor Hugo a été locataire au deuxième étage du numéro 6. Cet appartement et un autre au-dessous forment le Musée Victor Hugo contenant les manuscrits de ses œuvres, des dessins exécutés par le poète lui-même, des meubles et des objets qui évoquent sa vie et son œuvre. Au milieu de la place se trouve un large square dont les arbres cachent malheureusement la vue de l'ensemble, sauf en hiver.

(e) L'opéra de la Bastille a été construit récemment près de la place de la Bastille. L'extérieur n'est pas très intéressant, mais les aménagements intérieurs sont magnifiques et les moyens techniques les plus modernes ont été utilisés pour les arrangements scéniques. Il remplace l'opéra de Garnier, trop petit maintenant, qui devient le Palais de la Danse.

(f) Tout au nord, la butte Montmartre, la colline la plus haute de Paris, domine toute la ville. C'est à la fois un lieu de pèlerinage—la tradition en fait

La basilique du Sacré-Cœur, de Montmartre.

La Cité des Sciences et de l'Industrie, un musée qui se trouve au nord de Paris dans le quartier de la Villette.

l'endroit où a été exécuté le martyr Saint-Denis, le premier évêque de Paris—et un centre de plaisirs nocturnes avec ses nombreuses boîtes de nuit. La place du Tertre est encore un centre fréquenté par les artistes, mais c'est surtout au XIXᵉ siècle que la butte a logé les héros de la "vie de bohème" évoqués par Gustave Charpentier dans son opéra *Louise* et que l'on trouve aussi au Quartier Latin et à Montparnasse.

(g) Un coin pittoresque de Paris est le "Marché aux puces", porte de Clignancourt. Sur les trottoirs, dans de petites boutiques, on peut trouver toutes sortes de marchandises d'occasion. Il faut cependant bien connaître la valeur des objets que l'on a l'intention d'acheter car les "occasions" sont rares et on peut bien souvent s'y faire "estamper".

(h) Le quartier de la Villette au nord de Paris est un site de 55 ha qui comprend tout un projet urbain avec un immense musée, de nombreux bâtiments, des logements ainsi qu'un grand parc et un stade de sport. Cet ensemble a été inauguré en 1986 et a reçu le Grand Prix d'Architecture en 1987. Le musée est appelé la Cité des Sciences et de l'Industrie. Il contient de nombreux exemplaires de la science moderne: une fusée Ariane, une station orbitale, un cockpit d'Airbus, un avion Rafale entre autres. Devant ce bâtiment, la Géode, une sphère de 36 mètres de hauteur, se baigne dans un bassin. Son enveloppe en acier inoxydable poli comme un miroir et l'eau du bassin reflètent le ciel et les structures avoisinantes d'une façon remarquable.

LES ENVIRONS DE PARIS

La Petite Banlieue

Elle comprend les environs immédiats de la capitale. Elle était autrefois très champêtre et les habitants—qui travaillaient souvent à Paris même—y avaient un pavillon avec un jardin de plaisance devant et surtout un jardin potager derrière. Les parties boisées étaient nombreuses et les parties cultivées alimentaient la capitale en salades et légumes que les maraîchers venaient apporter aux Halles la nuit dans leurs voitures à chevaux. Maintenant ceux-ci sont motorisés car ils viennent de plus loin et les Halles, l'ancien marché de gros de Paris, n'existent plus.

A l'heure actuelle la petite banlieue est très industrielle—par exemple, la Compagnie Renault a des usines importantes à Courbevoie—et de grands centres immobiliers modernes ont été construits pour loger la population qui augmente toujours, comme le quartier de la Défense, ainsi que des villes entières près de Sarcelles au nord de Paris, par exemple. Il reste cependant des îlots de verdure où les Parisiens vont se promener le dimanche et les jours de fête: les bords de la Marne, les bois de Meudon, les parcs de Saint-Cloud et de Sceaux, etc.

Dans l'axe de l'avenue des Champs-Elysées, de l'autre côté de l'Arc de Triomphe, il y a l'avenue de la Grande Armée, suivie de l'avenue Charles de Gaulle qui traverse la Seine sur la pont de Neuilly et relie le quartier de la Défense à Paris. C'est un nouveau centre urbain, commencé en 1958 sur un terrain de 800 ha. Cet ensemble comprend 47 tours et immeubles occupés par des compagnies importantes, des bureaux, des appartements, des magasins. En 1988, plus de 70.000 personnes travaillaient à la Défense. Il y a aussi des parcs, un jardin botanique, un stade de sports et l'immense Palais des Expositions.

En tête de toutes ces constructions se trouve la Grande Arche, conçue par un architecte danois; c'est un immense cube en béton de 105 m de côté, recouvert de verre et de marbre blanc. Elle est si grande que l'on pourrait y

Immeubles ultra-modernes de Créteil. («Equipement»)

loger la cathédrale Notre-Dame toute entière. Du haut de cette arche on a un point de vue magnifique sur Paris et tous les environs.

Au point de vue historique, la basilique de Saint-Denis, au nord de Paris, est très intéressante. Elle a été bâtie au début du XIIe siècle et restaurée au XIXe par Viollet-le-Duc. Elle doit son importance au fait que la plupart des rois de France jusqu'à Louis XVIII y ont été enterrés. On peut voir à l'intérieur de la basilique et dans la crypte leurs tombeaux et mausolées— vides depuis la Révolution—ornés de magnifiques sculptures.

La Grande Banlieue

1. Son Aspect. Elle s'étend au-delà de la ceinture immédiate de Paris. C'est une région moins industrielle, moins peuplée que la banlieue proche, sauf autour de quelques centres comme Melun ou Corbeil, et qui comprend:

(a) Des vallées verdoyantes et pittoresques, où coule souvent une rivière et où les villages sont entourés de cultures maraîchères et de vergers: vallées du Petit et du Grand Morin, de la Bièvre, de la Marne, de l'Oise, la vallée de Chevreuse, etc.

(b) Des plateaux couverts d'immenses champs de blé ou de betterave à sucre: la Brie au sud-est et la Beauce au sud-ouest.

(c) Des parties boisées disséminées entre ces vallées et ces plateaux, vestiges de l'immense forêt qui couvrait tout le pays à l'origine et dont les plus beaux arbres sont le chêne (l'arbre national), le hêtre, le charme, le châtaigner, le bouleau et le pin. Les principales forêts sont celles de Montmorency, Chantilly, Compiègne, Sénart, Fontainebleau, Rambouillet, Marly, Saint-Germain, presque toutes forêts d'Etat et la plupart anciennes chasses royales.

2. Ses Monuments. Dans cette belle province, berceau de la nation française, les édifices civils et religieux abondent. Ils permettent de retracer les différentes étapes de l'histoire de France, vieille de plus de deux mille ans: les arènes de Senlis rappellent l'époque gallo-romaine; c'est à Noyon que Charlemagne a été couronné roi de Neustrie; le pieux Saint Louis a servi les moines de l'abbaye de Royaumont; Gisors, ville-frontière entre l'Ile-de-France et la Normandie, ainsi que Château-Gaillard, sur les hauteurs de la Seine, témoignent des luttes contre les ducs de Normandie devenus rois d'Angleterre. Les grandes cathédrales, Chartres, Beauvais, Senlis, Noyon, Soissons, et bien d'autres; des abbayes comme Royaumont, Chaalis, Port-Royal et Preuilly attestent de la profonde foi religieuse des Français d'autrefois.

C'est devant Compiègne que Jeanne d'Arc a été faite prisonnière par les Bourguignons. Tous les rois y sont souvent venus. Louis XIV y a séjourné soixante-quinze fois. Louis XV a fait entièrement reconstruire le château et Louis XVI y a épousé Marie-Antoinette. Sous le Second Empire c'était la résidence préférée de l'empereur et de l'impératrice Eugénie. L'Armistice du 11 novembre 1918 a été signé dans la forêt qui entoure le château.

Anet, château Renaissance, évoque Diane de Poitiers, favorite de Henri II. Saint-Germain-en-Laye, construit sur les ordres de François Ier, a été la résidence de Louis XIV avant Versailles. François Ier est mort à Rambouillet le 30 mars 1547. Au siècle suivant le château appartenait à la célèbre marquise, Catherine de Vivonne, dont l'hôtel parisien est devenu un centre artistique et littéraire très important. Le château est aujourd'hui la résidence d'été du Président de la République.

La Ferté-Milon, patrie de Racine, rappelle les Guerres de Religion car les protestants s'y sont retranchés et y ont tenu tête à Henri IV pendant six mois.

La chapelle et la ferme de Port-Royal où ont vécu Racine, Pascal et les jansénistes.

L'abbaye de Port-Royal fait penser à Racine, Pascal et leurs amis jansénistes.

De nombreux châteaux rappellent la monarchie absolue et il y en a deux surtout qui sont étroitement liés au nom et à la personnalité de Louis XIV:

(a) Il faut d'abord mentionner Vaux-le-Vicomte—petit bijou de style classique—qui a été construit pour Nicolas Fouquet, surintendant des Finances de Louis XIV. Ce ministre avait amassé une fortune immense en détournant les fonds de l'Etat. Un autre ministre, Colbert, l'a dénoncé au roi qui était du reste jaloux de son faste; ce dernier l'a fait mettre en prison et a confisqué ses biens. Fouquet avait un goût très sûr: Le Vau, Le Brun et Le Nôtre ont érigé le château et le parc; La Fontaine lui était attaché; il protégeait Molière; et son cuisiner était Vatel!

(b) Louis XIV a voulu surpasser Vaux en magnificence et c'est ainsi qu'est né Versailles, chef-d'œuvre de l'art classique français, fastueuse résidence du Roi-Soleil, connue maintenant du monde entier.

Vue aérienne du château de Versailles.

Versailles a vu les débuts de la Révolution et l'écroulement de l'Ancien Régime. Il a failli être démoli sous Louis-Philippe qui l'a sauvé en donnant 25 millions de francs de sa fortune personnelle. La signature du traité de paix en juin 1919 a eu lieu dans sa magnifique galerie des Glaces et John D. Rockefeller a fait un don important après la Première Guerre Mondiale pour sa restauration. En été, il faut assister aux Grandes Eaux, qui se donnent sur le bassin de Neptune, lorsque toutes les fontaines forment des ballets d'eau; et au spectacle de nuit "Son et lumière" qui retrace l'histoire du château.

Il reste à mentionner Fontainebleau, magnifique château Renaissance, bâti par François Ier, mais qui évoque surtout l'empereur Napoléon Ier car c'était sa résidence préférée; c'est là qu'il a abdiqué et qu'il a fait ses adieux à sa garde avant de partir pour l'île d'Elbe.

QUESTIONS

Paris

1. Quelle est l'importance de Paris?
2. Comment la ville est-elle divisée géographiquement?
3. Quels sont les vestiges des enceintes fortifiées de la ville?
4. Quand a-t-on fait des grands travaux dans la ville? Qui les a dirigés? Nommez quelques-unes des créations du baron Haussmann.

François Ier a fait bâtir Fontainebleau, mais ce château rappelle surtout Napoléon Ier.

5. Y a-t-il beaucoup de verdure dans Paris? Nommez les principaux parcs et jardins.

6. Quel est l'aspect de la ville dans la rue? Et du haut de la Tour Eiffel? Ou bien la nuit?

7. Qu'est-ce que le "berceau de Paris"? Quels en sont les principaux monuments?

8. Que dit-on au sujet du Pont-Neuf? Pourquoi? Ce pont a-t-il été construit récemment?

9. Qu'est-ce que le Quartier Latin? Pourquoi "latin"? Nommez-en les principaux monuments.

10. Décrivez l'hôtel et le musée de Cluny.

11. A quoi sert le Panthéon? Comment est-il bâti? Qui y est enterré?

12. Quelle est l'importance de l'église Saint-Etienne-du-Mont?

13. Quels endroits intéressants y a-t-il encore à voir sur la Rive gauche?

14. Expliquez les changements apportés à la gare d'Orsay. Est-ce toujours une gare? Expliquez.

15. Qu'est-ce que les Invalides? A quoi l'hôtel a-t-il servi? Et maintenant?

16. Décrivez l'église du Dôme.

17. Où mène l'esplanade devant les bâtiments précédents?

18. Décrivez le Palais de la Découverte. Où se trouve-t-il?

19. Parlez de la Tour Eiffel, de sa construction, aspect et emplacement.

20. Qu'est-ce que le Champ-de-Mars? Savez-vous ce que veut dire ce terme? Expliquez-le.

21. Que trouve-t-on entre la place de l'Etoile et le Louvre? Décrivez chacun de ces endroits.

22. Qu'est-ce que le Louvre?

23. Décrivez les nouvelles constructions au palais du Louvre.

24. A quoi le Louvre doit-il surtout sa renommée? Quelles sont les différentes collections?

25. Qu'est-ce que la Madeleine? Quelle forme a-t-elle?

26. Décrivez la place Vendôme et sa colonne.

27. Comment est le Centre Pompidou? Qu'est-ce qu'il contient?

28. Comment est la place des Vosges? Qu'est-ce qu'on y trouve?

29. Pourquoi y a-t-il un nouvel opéra à Paris? Quelles sont ses parties intéressantes?

30. Parlez de la butte Montmartre.

31. Décrivez le quartier de la Villette.

32. Comment s'appelle le musée? Que contient-il?
33. Qu'est-ce que le Géode? Comment et où est-elle?

Les Environs de Paris

1. Qu'est-ce que la petite banlieue? Comment était-elle autrefois? Et maintenant? Qu'y a-t-il d'important au point de vue historique?
2. Où se trouve le quartier de la Défense? Qu'est-ce que c'est? Que comprend-il?
3. Qu'y a-t-il en tête de ce développement? Décrivez ce monument.
4. Qu'est-ce que la grande banlieue? Quelles sont les trois parties principales de cette région? Décrivez chacune d'elles.
5. Nommez des monuments qui rappellent les débuts de l'histoire de France.
6. Quelle est l'importance de Compiègne au point de vue historique?
7. Nommez plusieurs châteaux où a résidé François Ier.
8. Quels châteaux font penser à Louis XIV?
9. Quelle est l'importance de Versailles?
10. Quel château rappelle Napoléon Ier? Pourquoi? Qui a fait bâtir Fontainebleau? Quel est le style du château?

Sujets de Composition Française

1. Si vous pouviez aller à Paris, qu'est-ce que vous aimeriez le mieux voir et faire? Expliquez votre pensée.
2. Pourquoi y a-t-il tant d'étrangers qui vont étudier, travailler et vivre à Paris? Parlez des étrangers les plus célèbres qui y ont élu domicile. Peut-on considérer leurs œuvres comme françaises ou non? Expliquez-vous.
3. Décrivez les monuments de Paris et de la région parisienne que vous préférez. Pourquoi les préférez-vous? Quel est celui qui vous semble le mieux symboliser Paris? Pourquoi?

Comme beaucoup d'autres provinces, la Bretagne a gardé le sens de son originalité, et toutes les fêtes sont des occasions pour revêtir le costume folklorique, caractérisé par la coiffe en dentelle.

CHAPITRE

14

LA PROVINCE

LES TRANSPORTS

À cause de sa position géographique en Europe et des accidents de terrain: montagnes, cols, vallées, qui ont toujours commandé les échanges entre les peuples de l'Europe occidentale, la France—avec Paris au centre—forme le moyeu de réseaux de communication importants.

Les Routes

Comme la France a toujours été un pays agricole et un pays touristique, le système routier—le plus dense du monde—sillonne le pays comme une toile d'araignée et atteint le plus petit village. Il comprend les autoroutes; les grandes routes nationales; les routes secondaires qui sont très intéressantes pour les touristes et les chemins ruraux.

Avec l'augmentation de la circulation qui comprend de nombreux camions (les "routiers" voyagent surtout la nuit), des autocars, un nombre de plus en plus grand d'automobiles, la France a institué pour la première fois une vitesse maximum: 60 km à l'heure dans les agglomérations, 90 km/h en campagne et 130 km/h sur les autoroutes.

Les grands centres d'importance nationale sont desservis par les routes nationales (28.300 km) et surtout par les 8.600 km d'autoroutes. Le réseau autoroutier s'est considérablement développé au cours des vingt dernières années; il va encore s'allonger pour atteindre 12.000 en l'an 2000.

Une merveille de technologie, le T.G.V. est le train le plus rapide du monde.

Les Chemins de Fer

Les chemins de fer ont été établis—comme les routes qu'ils longent dans bien des cas—avec Paris comme point central et ils se dirigent, en étoile, vers les villes et villages de France et vers l'étranger. La Société Nationale des Chemins de Fer Français (la S.N.C.F.), qui existe depuis 1828, est une compagnie d'Etat qui a fait des progrès énormes dûs à la modernisation de ses locomotives diesel et électriques, de ses voies ferrées et de son matériel roulant. A l'heure actuelle les chemins de fer français sont parmi les plus rapides et les plus confortables du monde. Il y a environ 36.680 km de voies ferrées dont 11.600 sont électrifiées; ces dernières transportent 78% du trafic total. La S.N.C.F. utilise l'électronique pour la signalisation, les transmissions et l'administration des réseaux. Depuis 1973, la réservation des places, couchettes et wagons-lit se fait par ordinateur et comme il y a 50 millions de places à réserver toutes les 24 heures, l'emploi de l'électronique a permis d'améliorer ce service considérablement.

1. Les Turbotrains. De l'extérieur ils ne sont pas très différents des trains ordinaires, mais il y a une très grande différence à l'intérieur. Ils sont propulsés par une turbine à essence semblable aux moteurs d'avions. Pour la première fois dans l'histoire des chemins de fer, la puissance s'allie à la légèreté, ce qui a permis de ranimer certaines lignes non électrifiées, Depuis 1970,

ces trains ont contribué à l'amélioration des services entre Paris-Caen et Cherbourg. En 1979 il y en avait 58 en service, les plus rapides allant à 150 km/h. 2. Les Trains à Grande Vitesse, appelés T.G.V., sont les plus rapides du monde: en février 1981, l'un d'eux a atteint la vitesse de 425 km/h qui est le record du monde. En service, la vitesse moyenne est actuellement de 180 km/h sur les voies ordinaires. Des voies spéciales en construction permettront de plus grandes vitesses lorsqu'elles seront utilisées: jusqu'à 280 km/h de moyenne. Par exemple, le parcours de Paris à Lyon prend 4 heures par le Mistral, 2 h 40 par T.G.V. sur voies ordinaires et 2 heures sur les voies spéciales. Ils mettront 3 h 40 (au lieu de 5 h 40) pour aller à Genève. Le grand avantage de ces trains est qu'ils peuvent utiliser des voies ordinaires; de plus, l'économie d'énergie est considérable: 50% de l'énergie consumée par une automobile 7 chevaux ou 1/5e de celle d'un avion comme l'Airbus. En fin 1981, 13.000 passagers par jour prenaient les T.G.V. et 19.000 le vendredi. Bientôt ces trains vont sillonner la France, allant à Nantes en deux heures, à Bordeaux en trois heures au lieu de cinq, à Brest en quatre heures au lieu de six, à Bruxelles en 1 h 30 et à Amsterdam en 2 h 25.

Depuis 1981, le T.G.V. Paris/Lyon a transporté plus de cent millions de passagers en deux heures (au lieu de quatre) à 250 km/h de moyenne. En mai 1989, une nouvelle ligne, le T.G.V. Atlantique, a été inaugurée entre Paris et Le Mans. Les trains mettent 56 minutes—au lieu d'une heure quarante avec les trains ordinaires—à une vitesse moyenne de 300 km/h. Après Le Mans, les trains utiliseront d'anciennes voies aménagées spécialement pour les T.G.V. pour aller à Rennes, l'ancienne capitale du Duché de Bretagne et les ports de Brest et Nantes sur l'Atlantique.

Pour protéger l'environnement, des passages ont été construits sous les voies de place en place pour permettre aux cerfs et biches de passer facilement d'un côté à l'autre de la voie ferrée. Il y a aussi des murs qui servent d'écran contre le bruit du train. On a également érigé un tunnel sur coussins de caoutchouc à Vouvray en Touraine pour empêcher les vibrations du sol lorsque le train traverse cette région de vignobles dont le vin est très renommé. Pour éviter les accidents, les T.G.V. sont équipés d'un double système de surveillance, l'un à pédale et l'autre manuel, que le conducteur doit actionner toutes les trente secondes, sinon les freins s'engagent immédiatement pour arrêter le train. Ceux-ci sont très confortables, sans secousses ni vibrations. Ils sont aménagés avec des cabines téléphoniques et des compartiments spéciaux soit pour conférence soit pour le confort des mamans avec bébé.

La vitesse de ces trains leur permet de concurrencer favorablement les avions pour des parcours de 250 à 600 km car ils amènent les passagers directement au centre des villes et ils coûtent à peu près la moitié des voyages en avion. Eventuellement les T.G.V. vont sillonner toute l'Europe, y compris l'Angleterre en passant par le tunnel sous la Manche (voir Chapitre 14).

3. Aérotrains et naviplanes. La France a aussi commencé à utiliser un nouveau moyen de transport inventé par l'ingénieur Jean Bertin (qui est mort en 1975) et perfectionnée par l'ingénieur Pierre Guimbal. Le véhicule utilise un rail central en ciment; des souffleurs à turbines produisent un coussin d'air qui le soulève au-dessus de la voie et il est propulsé par des hélices activées par des moteurs comme les avions. Sur mer, le même principe est employé pour les naviplanes qui relient Boulogne et Calais à Douvres dans la Manche ou Marseille à Nice dans la Méditerranée. N'étant pas freinés par la résistance de l'eau comme les navires ordinaires, ces naviplanes marchent à plus de 100 km/h.

Les Lignes Aériennes

1. Les Lignes intérieures. Depuis 1954, il y a tout un réseau de lignes aériennes pour desservir les grandes villes de la France. Air Inter est une compagnie privée, d'abord subventionnée, mais maintenant tout à fait indépendante, qui comprend 46 lignes permanentes et un nombre de lignes supplémentaires pendant les périodes d'affluence comme les vacances et les jours de fête. Cette compagnie transporte près de cinq millions de passagers

Les naviplanes marchent à plus de 100 km/h. (French Embassy Press & Information Division)

annuellement et emploie 4.500 personnes. Il y a six ans, Air Inter a commencé à transporter du fret qui se monte actuellement à 20.000 tonnes.

Des lignes régionales ont commencé des services réguliers en 1968 dont les principales sont Touraine Air Transport, Air Alpes, Air Alsace et Air Rouergue. Ces réseaux ont 70 lignes permanentes qui desservent toutes les villes d'au moins 50.000 habitants situées à plus de 300 kilomètres de Paris.
2. Les Lignes internationales. Deux grandes compagnies, Air France, organisme d'Etat et U.T.A., compagnie privée, relient la France à de nombreux pays.

Etablie en 1948, Air France est la cinquième compagnie aérienne du monde. Elle emploie 30.000 personnes, dessert 147 villes dans 78 pays. Elle est en train de moderniser son matériel en remplaçant les Caravelles et Boeing 707 par des Boeing 747 et des Airbus, et elle emploie plusieurs Concordes.

Bien que moins grande qu'Air France, U.T.A. est la plus importante des compagnies aériennes privées d'Europe. Pendant les années 70, le trafic des passagers a triplé, se montant à 3,42 milliards de passagers-kilomètres. Elle se concentre sur les voyages de longue distance vers l'Afrique de l'ouest et du sud, l'Orient et le Pacifique.

En 1990, la compagnie Air France, qui est nationalisée, a absorbé les compagnies privées Air Inter et U.T.A. pour consolider sa position en Europe, en vue des changements qui auront lieu en 1993 dans la Communauté européenne. Cette consolidation donne à Air France la troisième place des lignes d'aviation mondiales, après United et American.

L'aérotrain français.

3. Les Aéroports de Paris. La Capitale a plusieurs aéroports dont trois aéroports internationaux: Le Bourget, Orly et Roissy-Charles de Gaulle. Un quatrième, Paris-Nord, est en construction et devra être ouvert vers 1995. En 1981, le trafic de ces trois aéroports a atteint 28,5 millions de passagers, 618.000 tonnes de fret et 285.000 mouvements d'avions. Un tiers du trafic total vient des lignes intérieures. Paris est maintenant le premier centre aérien d'Europe.

GRANDS TRAVAUX

En province il y a eu, comme à Paris, des constructions très importantes au point de vue économique.

1. Le tunnel routier du Mont Blanc, entre la France et l'Italie, est long de onze km. Le percement a commencé en 1958 en Italie, et en 1959 en France. Les deux équipes se sont rejointes en 1962 et le tunnel a été inauguré en 1965. Celui-ci permet aux automobiles, camions et autocars d'aller d'un pays à l'autre beaucoup plus rapidement qu'avant. Il permet de nombreux échanges économiques et un meilleur rapprochement politique nécessaire entre deux des principales nations de la Communauté européenne.

2. Le tunnel sous la Manche, dont on parle depuis plus d'un siècle, a enfin été commencé en 1988 et il doit être terminé en 1993. En réalité, il y a trois tunnels deux à sens unique opposés et un tunnel d'aération et de service. Ce sont des tunnels ferrovières qui utiliseront les T.G.V. Ces tunnels sont longs de 50 km dont 40 sous la Manche, à une profondeur de 130 à 200 m au-dessous du fond de la mer. Les trains relieront Paris à Londres en trois heures au lieu de huit avec les trains actuels et le bac. Le coût de construction est estimé à près de 65 milliards de francs.

3. Le Pont de Normandie à l'estuaire de la Seine, près du Havre, a été commencé en 1989. La suspension centrale de 856 m (près d'un kilomètre) est presque le double du record mondial.

4. Des câbles téléphoniques sous-marins vont être installés entre Marseille et Singapour. Dès juin 1992 trois navires français vont cartographier les fonds sous-marins sur une distance de 18.000 km, à des fonds atteignant jusqu'à 5.000 m de profondeur. Les câbles qui existent maintenant doivent être changés pour des câbles de fibre optique modernes qui permettront 24.000 communications téléphoniques simultanées. Ce projet doit être terminé en 1994.

Aspect Général

Nous avons vu dans les chapitres précédents que la France est riche en trésors artistiques de toutes sortes: monuments gallo-romains dans la partie sud de la vallée du Rhône; églises romanes surtout dans le centre et le sud de la France; cathédrales gothiques en Ile-de-France et dans les régions avoisinantes; châteaux Renaissance dans la vallée de la Loire. Il y a aussi des monuments historiques et des musées remplis d'objets d'art dans toutes les grandes villes.

Le pays abonde également en beautés naturelles qui sont rarement complètement sauvages. Même dans les Alpes et les Pyrénées, il faut aller en haute altitude, à l'intérieur des massifs, pour laisser derrière soi les constructions humaines. Cependant celles-ci ajoutent souvent à l'agrément du site par leur pittoresque. Les côtes de France, les rives des cours d'eau et des lacs sont généralement propriété nationale et tout le monde peut s'y promener sans être arrêté par une pancarte portant ces mots: "Propriété privée, défense d'entrer".

Les Côtes

1. Les Plages. Les côtes souvent rocheuses sont percées de nombreuses plages de sable fin et quelquefois de galets. Les stations balnéaires renommées y abondent telles que Le Touquet-Paris-Plage et Deauville en Normandie; Dinard et La Baule en Bretagne; les Sables d'Olonne en Vendée; Biarritz au pays basque; Saint-Raphaël, Cannes, Juan-les-Pins et Antibes sur la Côte d'Azur.

Biarritz est la plus mondaine et la plus fréquentée des stations balnéaires du sud-ouest.

On y trouve de grands hôtels et des magasins de luxe. Leurs casinos avec salles de jeu, théâtres, concerts et cinémas offrent les plaisirs de la grande ville. Dans ces plages à la mode il y a souvent aussi un champ de courses, des cours de tennis, un golf et des écuries où on peut louer des chevaux. Une société très élégante vient y séjourner en été pendant les mois de juillet et d'août. A part ces endroits très chics, on peut aller se reposer sur des plages familiales où les amusements sont beaucoup plus simples: bains de soleil, natation, pêche à la crevette ou au crabe sur la grève à marée basse.

2. La Pêche. Comme la France a une très grande étendue de côtes (3.000 km), la pêche est naturellement une occupation importante pour la population qui habite le bord de la mer. C'est surtout une industrie où l'homme, propriétaire d'une petite barque et accompagné d'un mousse, pêche le long des côtes. Il part et revient tous les jours. Il y a cependant de plus grands bateaux avec un équipage de quelques marins qui vont en haute mer et y restent plusieurs jours. Ces deux genres de pêche se pratiquent à Boulogne (le premier port de pêche français) et Dieppe sur la Manche; à Douarnenez, Concarneau et La Rochelle sur l'Atlantique et à Sète sur la Méditerranée. Les principaux poissons sont le hareng, la sardine, le maquereau, la sole, le merlan, le rouget et la dorade. Les crustacés comprennent le homard, la langouste, le crabe et l'araignée de mer.

On voit beaucoup de bateaux comme celui-ci à Boulogne, le premier port de pêche de France.

La grande pêche existe aussi en France, celle où les navires s'en vont plusieurs mois pêcher la morue en Atlantique nord, sur les bancs de Terre-Neuve et d'Islande. *Pêcheur d'Islande,* roman de Pierre Loti (1850–1923) raconte la vie dure et dangereuse de ces hommes. Un des grands ports de pêche à la morue est Saint-Malo en Bretagne. Ce port est célèbre aussi pour les activités de ses marins au moment des grandes découvertes, aux XVIe, XVIIe et XVIIIe siècles: c'est la patrie de Jacques Cartier (1491–1557) qui a découvert le Saint-Laurent en 1534, des grands corsaires Dugay-Trouin (1673–1736) et Surcouf (1773–1827) ainsi que celle du grand écrivain Chateaubriand.

Les côtes offrent aussi d'autres ressources. On élève des huîtres et des moules dans des parcs spéciaux. On trouve également, surtout en Méditerranée, des marais salants où on fait évaporer l'eau de mer pour en récolter les sels.

Les Villes Principales

La moitié de la population urbaine vit dans de grandes agglomérations dont la plus importante est naturellement la région parisienne où il y a 10 millions d'habitants, soit un peu moins d'un cinquième de la population totale. Trois autres grands centres, comprenant chacun plus d'un million d'habitants, sont la région de Marseille, celle de Lyon et l'ensemble de Lille-Roubaix-Tourcoing au nord de la France; Bordeaux et Toulouse ont plus de 600.000 habitants et dix autres villes ont de 300 à 500.000 habitants, telles Nantes, Nice, Toulon, Grenoble, Rouen. Les villes suivantes sont les plus intéressantes:

1. Le Havre, deuxième port de commerce de France, est situé à l'embouchure de la Seine. Il sert surtout au trafic des marchandises entre la France et l'Amérique du Nord. C'est un centre industriel important où il y a une des plus grandes raffineries de pétrole de France et où le pétrole brut arrive par bateau.

2. Entre Paris et le Havre se trouve Rouen, le troisième port de France, centre industriel aussi où l'industrie la plus importante est celle du coton. Ville-musée, elle renferme de magnifiques bâtiments et des églises datant du Moyen Age et de la Renaissance; malheureusement, elle a été bombardée pendant la dernière guerre mondiale et en partie détruite. Quand on parle de Rouen, on pense à Jeanne d'Arc car elle y a été brûlée. C'est, entre autres, la patrie de Corneille et de Flaubert.

3. Dijon—ancienne capitale des ducs de Bourgogne—est placée depuis la

Panorama de Rouen. La rive droite de la Seine.

Vue de Lyon. Au premier plan, le Rhône. Plus loin on aperçoit la Saône.

période gallo-romaine sur la route principale entre le nord et le Midi (le sud de la France), au centre d'un pays de vignobles renommés depuis cette époque-là. Les grands crus de la Côte d'Or tels que Clos-Vougeot, Chambertin, Pomard et Meursault sont parmi les meilleurs du monde. Dijon est importante pour le commerce des vins, de la moutarde et des grains. Elle est aussi célèbre pour ses monuments civils et religieux: le palais des ducs, actuellement hôtel de ville; le palais de justice avec une façade très originale; l'église Saint-Michel de style roman et de nombreuses maisons datant du Moyen Age.

4. La troisième ville de France est Lyon. Elle est placée stratégiquement au confluent du Rhône et de la Saône, carrefour important de routes venant des quatre points cardinaux. C'est le centre de la fabrication de la soie depuis Henri IV. En effet, il a fait importer de Chine des œufs de vers à soie et des mûriers pour nourrir les chenilles qui sortent de ces œufs. Jacquard a inventé son métier à tisser à Lyon où celui-ci a d'abord été utilisé. Maintenant, c'est la capitale des tissus de soie et de fils artificiels et synthétiques. Il y a aussi des usines de produits chimiques, pharmaceutiques et métallurgiques. La foire industrielle et commerciale, qui a lieu tous les ans, facilite son commerce européen et international.

5. Une des villes les plus anciennes de France, fondée par des Phocéens vers 600 av. J.-C., près du delta du Rhône, Marseille est maintenant le premier port et la deuxième ville de France. Elle relie la France aux pays d'Orient. C'est un centre commercial et industriel important où l'on trouve des raffineries de pétrole (étang de Berre) et des chantiers navals, et où se fabriquent des huiles, du savon et des produits chimiques. Le quartier du Vieux-Port est très pittoresque avec sa rue principale, toujours très animée: la Canebière. La ville est dominée par une colline où se trouve la basilique Notre-Dame-de-la-Garde, lieu de pèlerinages très fréquenté. L'hymne national français, "La Marseillaise", est ainsi nommé parce que c'est le régiment des Marseillais qui l'a fait connaître aux Parisiens en 1792 pendant la Révolution. En réalité, ce chant patriotique a été composé à Strasbourg par Rouget de Lisle.

Le Vieux-Port de Marseille et, sur la colline, la basilique de Notre-Dame-de-la-Garde.

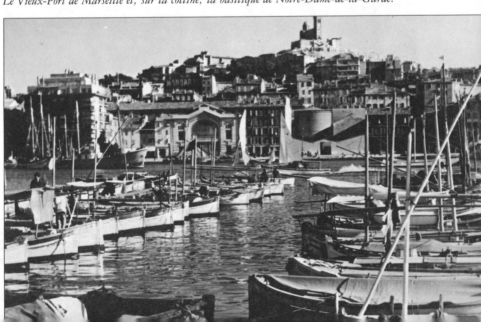

6. Au sud-ouest de la France, Toulouse est la capitale historique du Langue-doc. La "ville rouge", où la brique et la tuile rouges dominent dans les constructions (telles que la magnifique église Saint-Sernin, de style roman) devient la "ville rose" au lever et au coucher du soleil. Située sur la Garonne et le Canal du Midi qui relie l'Atlantique à la Méditerranée, elle se trouve à un important croisement de routes dans une région riche en vignobles, en cé-réales, en fruits et légumes et en pâturages. Ses principales industries sont celles de la laine, des farines et pâtes alimentaires, des bestiaux. Il y a aussi des usines de constructions métalliques, mécaniques et de produits chimiques.

Toulouse est un centre intellectuel important. Son université, comme celles de Paris et de Montpellier, date du XIIIe siècle et, dès le XIVe siècle (1323), un important concours fondé par des troubadours, "Les Jeux floraux", y a été établi pour récompenser les poètes. Devenue l'Académie des Jeux Floraux sous Louis XIV, elle existe toujours, ainsi que le concours qui a lieu tous les ans. Des écrivains célèbres tels que Chateaubriand et Victor Hugo y ont reçu un premier prix.

Le Mont-Saint-Michel à marée basse.

7. Bâtie également sur la Garonne, Bordeaux est un grand port fluvial aussi bien qu'un port maritime puisque les gros cargos et transatlantiques venant de tous les points du monde peuvent s'y amarrer à 75 km de l'océan, grâce à la largeur et à la profondeur de la Gironde. C'est une des plus belles villes de France où l'on trouve un grand nombre de monuments historiques. Montaigne a été maire de Bordeaux pendant plusieurs années. La ville est au centre d'une région de vignobles très importants. Elle exporte les vins de la région dans le monde entier. En 1954 on a découvert près de Bordeaux des gisements de pétrole assez importants. Ceci a redonné de l'essor à la région, du fait de la création d'un grand ensemble d'industries dont le pétrole est la matière première.

8. Plus au nord, Nantes sur la Loire et Brest à l'extrémité ouest de la Bretagne sont deux ports importants. Celui-ci, complètement détruit pendant la dernière guerre mondiale, vient d'être reconstruit. Il est placé au fond d'une baie immense dont l'entrée est très étroite, ce qui lui donne beaucoup de sécurité.

Les Principales Régions Touristiques

De nombreuses provinces sont des régions touristiques très appréciées, non seulement pour leurs beaux sites naturels et leurs villes et villages aux vieilles maisons pittoresques, mais aussi pour les coutumes de leurs habitants, particulières à chaque région.

1. La Normandie, qui a beaucoup souffert de l'invasion alliée en 1944, s'est relevée rapidement depuis la fin de la guerre. C'est une région industrielle surtout le long de la Seine et autour de Caen où il y a des mines de fer. Cependant, cette province verdoyante et fertile doit sa richesse à l'agriculture depuis les temps les plus reculés. En effet, c'est principalement un pays de pâturages pour l'élevage des bovins (les bœufs, les vaches et les veaux) et des chevaux, pays de l'industrie laitière par excellence—renommé pour la fabrication du beurre et des fromages tels que le camembert et le pont-l'évêque—où la pomme à cidre remplace la vigne.

La Normandie est une région touristique de premier ordre du fait de sa belle nature riante; un des coins les plus pittoresques est la "Suisse normande", ainsi nommée parce qu'elle est très vallonnée. On peut encore voir dans toute cette province de vieilles maisons aux boiseries apparentes, aux toits de chaume, avec leur ameublement d'un style rustique. Les jours de fête,

La côte bretonne dans le Finistère.

les Normands portent leurs beaux costumes anciens, ce qui ajoute de l'intérêt au pays.

2. Un des monuments les plus intéressants et les plus splendides de France n'a pas encore été mentionné parce qu'il est unique au monde: c'est le Mont-Saint-Michel, situé dans la baie du même nom, à la frontière entre la Bretagne et la Normandie. Au sommet de cet îlot rocheux s'élève une magnifique abbaye bénédictine de style gothique, bâtie entre les XIe et XVIe siècles. C'est aussi une petite forteresse qui a résisté à toutes les attaques des Anglais pendant la Guerre de Cent Ans. L'abbaye a trois étages et la flèche est surmontée d'une magnifique statue de l'archange Saint Michel exécutée au XIXe siècle par le sculpteur Frémiet. Cette petite île est entourée de sables mouvants à marée basse et la mer y remonte, paraît-il, à la vitesse d'un cheval au galop. On peut maintenant y arriver en voiture car une route a été bâtie pour accommoder les nombreux touristes qui viennent voir cette "merveille de l'Occident".

La côte qui longe la baie est bordée de nombreux "prés-salés" où paissent des moutons. Par un système de fossés et d'écluses les fermiers inondent les prés d'eau de mer qu'ils laissent évaporer. L'herbe qui pousse dans ces pâturages donne une saveur spéciale à la chair des moutons et les "gigots de pré-salé" sont très appréciés des Français.

3. La Bretagne est une péninsule qui se trouve à l'extrémité ouest de la France. La côte est très fertile. C'est un pays maraîcher où poussent surtout des primeurs: pommes de terre nouvelles, choux-fleurs, petits pois, etc. On y cultive aussi des céréales comme le blé et l'avoine et on y élève une vache de petite taille mais dont la production laitière est très élevée. L'intérieur du pays est aride, c'est la lande couverte de bruyères, de genêts et de petits arbres maigres tordus par le vent. La côte est très rocheuse, bordée d'écueils; il y a des courants dangereux et les navires viennent souvent s'y perdre comme l'indique le nom de certains endroits: baie des Trépassés ou enfer de Plogoff. Des monuments mégalithiques existent dans toute la Bretagne et surtout près de Carnac. Ils ont été érigés par des hommes préhistoriques dont la civilisation est inconnue.

Les Bretons sont très croyants et les nombreux pèlerinages appelés "pardons", qui ont lieu tous les étés, présentent aux touristes un spectacle inoubliable: pèlerins en costumes d'autrefois et coiffes de dentelle—différents pour

Un calvaire breton construit de 1602 à 1604.

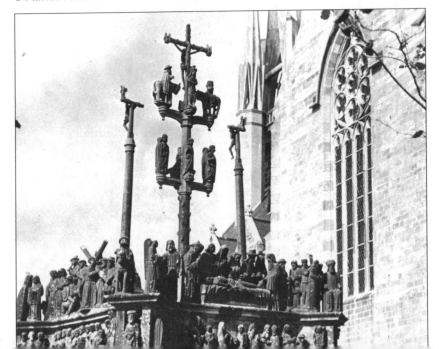

chaque ville ou région bretonne; églises et calvaires décorés; processions typiques. Les pardons les plus célèbres sont ceux de Sainte-Anne-d'Auray, de Guingamp et le pardon des Terre-Neuvas—les pêcheurs qui partent pour Terre-Neuve. Certaines fêtes sont accompagnées de danses et de chansons populaires où l'on joue d'un ancien instrument à vent, le biniou, similaire à la cornemuse écossaise. Les vieilles maisons bretonnes avec leurs meubles de style "breton" ont une saveur moyenâgeuse.

4. Le Val de Loire, terre des châteaux, habitation des rois, le jardin de la France, a un climat très doux. C'est un pays de vergers, de vignobles, de pépinières et de roses, célébré par les poètes de la Renaissance, surtout Ronsard et son ami Du Bellay—tous deux natifs de la région. Au sud de la courbe de la Loire se trouve la Sologne qui était autrefois marécageuse, et qui est maintenant plantée de pins. C'est une province importante pour la chasse et la pêche. Dans le Berry, Bourges—où se sont réfugiés les rois de France pendant la Guerre de Cent Ans—est une belle cité historique avec ses vieux hôtels particuliers et sa magnifique cathédrale Saint-Etienne.

5. L'Alsace est un pays de beaux vignobles plantés au pied des Vosges. La capitale, Strasbourg, dominée par la flèche de sa cathédrale gothique, est à la

Danse folklorique d'Alsace.

*Les gorges du Tarn offrent
des paysages splendides dans
une région peu habitée.*

fois un centre universitaire et un grand port sur le Rhin. Cette province est un pays de vieilles cités comme Colmar et Mulhouse, qui ont conservé leurs nids de cigognes, leurs anciennes maisons sculptées datant du Moyen Age et où on peut déguster la délicieuse choucroute alsacienne.

La toile des Vosges est renommée en France pour sa finesse. Après le tissage, les filateurs étendent ces toiles au soleil dans les champs pour les faire blanchir, ce qui donne un aspect tout spécial à la campagne.

6. Au centre de la France en Auvergne et dans les régions avoisinantes il y a de nombreuses stations thermales. Vichy, La Bourboule, Le Mont-Dore sont les principales, mais il n'est pas obligatoire de prendre les eaux pour visiter ces endroits mondains qui se trouvent dans des sites touristiques renommés.

7. Le sud-ouest du Massif Central est un large plateau crayeux, les Causses, où les eaux ont creusé de nombreuses cavernes parmi lesquelles se trouvent les grottes de Dargilan; ou bien des gorges comme Rocamadour et les gorges du Tarn. A d'autres endroits l'érosion a découpé les rochers en formes curieuses, comme à Montpellier-le-Vieux. La fraîcheur des vallées, si profondément creusées dans le roc, contraste heureusement avec l'aridité et l'aspect sauvage des plateaux. De vieilles villes comme Albi avec ses anciennes maisons bâties à pic sur le Tarn, son pont très curieux et sa magnifique cathédrale Sainte-Cécile, sont célèbres.

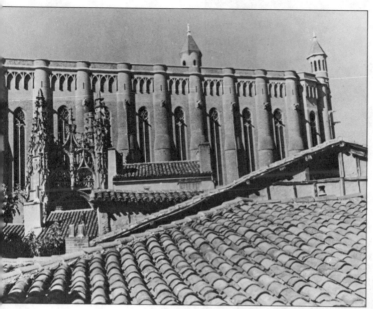

Albi possède une étrange
cathédrale qui ressemble
à un château fort.

Danse folklorique
basque.

8. Le pays basque, à cheval sur la frontière française et espagnole, du côté Atlantique, présente une langue et une civilisation dont l'origine se perd dans la nuit des temps préhistoriques. Costumes, habitations, ameublement, chants, danses et instruments de musique ont un charme tout particulier. Le sport séculaire est la pelote basque, un des plus rapides du monde. Le pays est montagneux, boisé et sillonné de cours d'eau poissonneux.

9. La vallée du Rhône a préservé les plus beaux monuments gallo-romains qui ont été cités dans un chapitre précédent. C'est une grande vallée fertile dans laquelle souffle souvent un vent du nord très froid et très puissant: le mistral.

Avignon, où les papes ont résidé pendant près de quatre-vingts ans au XIVe siècle, a conservé la formidable forteresse qu'ils ont habitée. En été le magnifique spectacle de nuit "Son et lumière" retrace l'histoire de ce château féodal.

10. La Côte d'Azur sur la Méditerranée, avec son agréable climat ensoleillé, est une des premières régions touristiques de France. Le littoral est très découpé, l'arrière-pays—formé par les monts des Maures et de l'Estérel—est accidenté, couvert de champs d'orangers, de citronniers et d'oliviers. Il y a aussi partout des champs de fleurs, cultivées pour le commerce et l'industrie, spécialement autour de Grasse, la capitale des parfums. En hiver une des plantes les plus appréciées est le mimosa dont les fleurs sont des grappes de petites boules jaunes qui embaument l'atmosphère.

Le Rhône à Avignon. Au centre le célèbre pont Saint-Bénézet.

La grande ville de la Côte d'Azur est Nice—vieille de plus de vingt-cinq siècles—qui continue la grande tradition du carnaval avant le carême, avec ses défilés de voitures fleuries et de monstrueux masques en papier-mâché, pendant lesquels on se bat à coups de confettis et de serpentins.

11. Les montagnes des Alpes et des Pyrénées, couvertes de neiges éternelles ou de forêts de conifères et leurs nombreux lacs et cours d'eau (souvent des torrents) offrent une grande variété de distractions. Il y a des excursions ou sports en haute altitude avec les nombreux téléphériques qui, comme à Chamonix, Mégève ou Val d'Isère dans les Alpes, permettent les sports d'hiver et même le ski d'été. Camping, escalades, alpinisme, promenades—en bateau, à pied, à cheval ou en voiture—tennis et golf, sont parmi les autres distractions possibles. Pour ceux qui aiment en plus la grande vie mondaine—casino, concert, théâtre—il n'est pas nécessaire d'être malade pour séjourner dans les grandes stations thermales telles que Luchon ou Cauterets dans les Pyrénées ou bien Evian en Savoie.

Les villages entourés de champs et de vergers occupent les vallées, et les cultures montent en terrasses aux flancs des montagnes. Pendant l'hiver les animaux restent à l'étable, mais au printemps chaque village rassemble tous

Il y a quelques plages de galets en France dont celle de Nice.

Un refuge de montagne près de Chamonix dans les Alpes.

ceux qui ne servent pas au travail des champs. Sous la direction de quelques bergers et de leurs chiens, bœufs, vaches, veaux, moutons, brebis, agneaux, boucs, chèvres et chevreaux partent pour les hauts pâturages où ils resteront tout l'été et ne reviendront qu'en automne. On entend souvent de la vallée le son des clochettes qu'ils portent au cou se réverbérer en tintements clairs et musicaux de montagne en montagne.

Tout ceci est un aperçu bien rapide et bien succinct de ce que la France peut offrir aux touristes. Il reste maintenant à mentionner les délices gastronomiques qui sont uniques au monde: chaque région, chaque ville, chaque village a ses propres recettes, toutes plus savoureuses les unes que les autres, et ses vins fins pour les arroser, car la France est un pays de gourmets . . . et de gourmands.

Paysage de Savoie.

Les Transports

1. Pourquoi Paris est-il au centre des réseaux routiers et ferrés?
2. Comment est le réseau routier? Que comprend-il? Pourquoi y a-t-il des autoroutes?
3. Comment sont les chemins de fer français?

4. Parlez de la S.N.C.F.
5. Pour quels services la S.N.C.F. emploie-t-elle l'électronique?
6. Comment la réserve des places se fait-elle depuis 1973? Expliquez.
7. Comment sont les turbotrains? Quel est leur mode de propulsion? Où ces trains sont-ils surtout employés?
8. Qu'est-ce que les T.G.V.? Expliquez. Quels sont les avantages de ces trains?
9. Parlez du T.G.V. Atlantique.
10. Qu'a-t-on fait pour protéger l'environnement?
11. Quel système a-t-on installé pour éviter les accidents?
12. Est-ce que ces trains peuvent concurrencer les avions? Quand? Comment? Les T.G.V. vont-ils aller dans toute l'Europe? Expliquez.
13. Décrivez les aérotrains et les naviplanes. Où vont-ils?
14. Qu'est-ce que Air Inter? Combien de lignes a-t-il? Combien de passagers a-t-il? Transporte-il des marchandises?
15. Quelles sont les lignes régionales? Combien de lignes ont-elles? Quelles villes desservent-elles?
16. Parlez d'Air France.
17. Qu'est-ce que U.T.A.?
18. Quelles lignes Air France a-t-elle absorbées? Pourquoi?
19. Combien d'aéroports y a-t-il à Paris? Nommez-les. Quel est le trafic de ces aéroports?

Grands Travaux

1. Où se trouve le tunnel du Mont Blanc? Quelle est sa longueur? Que permet-il?
2. Depuis combien de temps parle-t-on du tunnel sous la Manche? Quand a-t-il été commencé? Quand doit-il être terminé?
3. Décrivez le tunnel.
4. Où est le pont de Normandie? Comment est la suspension centrale?
5. Que va-t-on faire entre Marseille et Singapour? Pourquoi? Expliquez le travail à faire.

Les Côtes

1. Y a-t-il des beautés naturelles en France? La nature est-elle sauvage? Où faut-il aller pour la trouver? Quelle est l'influence des constructions humaines sur la nature?

2. Y a-t-il beaucoup de propriétés privées le long des côtes, des rivières et des lacs? Pourquoi?

3. Comment sont les côtes? Nommez des stations balnéaires renommées. Qu'est-ce qu'on y trouve?

4. A part ces endroits chics, y a-t-il d'autres plages? Qu'est-ce qu'on peut y faire?

5. Quelle est l'occupation principale des habitants de la côte? Quels sont les différents genres de pêche? Décrivez-les.

6. Quel est un des ports principaux de la pêche à la morue? Où se trouve-t-il? De qui est-il la patrie?

7. Quelles sont les autres ressources des côtes?

Les Villes Principales

1. Où vit la moitié de la population urbaine?

2. Nommez les trois centres urbains de plus d'un million d'habitants et placez-les sur la carte de France.

3. Quelles villes ont plus de 600.000 habitants? Nommez quelques villes de plus de 300.000 habitants. Placez les toutes sur la carte.

4. Qu'est-ce que Le Havre? Où est-il? A quoi sert-il? Qu'est-ce qu'on y trouve? Comment arrive le pétrole brut?

5. Parlez de Rouen. Quelle est son importance au point de vue industriel, artistique et historique?

6. Où se trouve Dijon? Quelle est son importance historique? Quels sont ses principaux monuments?

7. Quelle est la troisième ville de France? Où se trouve-t-elle? C'est le centre de quelle industrie? Depuis quand? Pourquoi? Quelles sont ses principales industries?

8. Que savez-vous de Marseille?

9. Pourquoi l'hymne national français s'appelle-t-il "La Marseillaise"? Où a-t-il été composé? Par qui?

10. Où se trouve Toulouse? Quelle est son importance? Est-ce un centre intellectuel? Expliquez.

11. Nommez un autre port important sur la Garonne. Est-ce un port maritime? Pourquoi? Quelle est l'importance de cette ville au point de vue agricole et industriel?

12. Nommez deux autres ports importants de France. Où se trouvent-ils? Pourquoi les ports sont-ils parmi les plus grandes villes de France?

Les Principales Régions Touristiques

1. Pourquoi les provinces de France sont-elles des régions touristiques appréciées?
2. Où se trouve la Normandie? Quelles sont ses richesses?
3. Qu'est-ce que le Mont-Saint-Michel? Où est-il situé? Décrivez cette merveille.
4. Qu'est-ce qu'un pré-salé? A quoi sert-il?
5. Où est la Bretagne? Comment est la côte? Qu'est-ce qu'on y cultive? Comment est l'intérieur du pays?
6. Que savez-vous des pardons? Nommez-en quelques-uns.
7. Qu'est-ce que le Val de Loire? Décrivez-le.
8. Où est la Sologne? Quelle est son importance?
9. Comment est l'Alsace?
10. Qu'est-ce qu'on trouve en Auvergne? Nommez des stations thermales. Faut-il prendre les eaux pour y aller? Pourquoi?
11. Qu'est-ce qu'il y a au sud-ouest du Massif Central? Qu'est-ce que l'érosion y a fait? Quel contraste y trouve-t-on?
12. Où est le pays basque? Quelle est l'origine de la civilisation basque? Comment s'appelle le sport favori des habitants? Comment est-il?
13. Qu'est-ce que le mistral? Quelle est l'importance historique d'Avignon?
14. Qu'est-ce que la Côte d'Azur? Décrivez le pays.
15. Quelle est la grande ville de la Côte d'Azur? A quelle époque le carnaval a-t-il lieu? Qu'est-ce qu'on y fait?
16. Quelle sont les distractions dans les montagnes? Où peut-on faire du ski d'été? Où trouve-t-on la grande vie mondaine?
17. Qu'y a-t-il dans les vallées de montagne? Les cultures sont-elles seulement dans la vallée? Où sont-elles aussi?
18. Racontez le voyage bi-annuel des animaux dans les régions montagneuses.
19. Qu'est-ce que la France offre d'autre aux touristes? Pourquoi?

SUJETS DE COMPOSITION FRANÇAISE

1. Quelle est la province qui vous paraît la plus intéressante? Expliquez.
2. Décrivez une des régions de France que le texte ne mentionne pas.
3. La France offre des beautés naturelles ainsi que des monuments et œuvres d'art. Qu'est-ce que vous préférez?

Un jour de vote dans une mairie.

15

LE GOUVERNEMENT
ET
L'ADMINISTRATION

LE GOUVERNEMENT

L a Cinquième République a été établie par la Constitution de septembre 1958 approuvée par 60% des électeurs inscrits. D'après cette constitution et les quelques changements qui y ont été apportés en octobre 1962, le gouvernement de la France comprend les institutions suivantes:

Le Pouvoir Exécutif

1. Ce pouvoir est exercé par le Président de la République qui est élu pour sept ans au suffrage universel direct. Il a un rôle beaucoup plus important que sous la Troisième République et c'est vraiment lui qui dirige maintenant les destinées de la France. Il est chef de l'Etat.

Il choisit le Premier Ministre et préside le Conseil des Ministres. Il signe les lois (avec le Premier Ministre) et les fait exécuter. Lorsqu'il n'approuve pas une des lois votées par le Parlement, il peut la lui renvoyer avec ses recommandations pour que celui-ci réexamine la question. Le Président peut présenter

Le bureau du Président de la République au palais de l'Elysée.

directement aux électeurs, en référendum, certains projets de loi importants; il lui est aussi possible dans certains cas de dissoudre l'Assemblée et de faire procéder à de nouvelles élections.

Enfin le Président est le chef suprême des armées; il négocie et ratifie les traités avec les pays étrangers et, lorsque la nation est en danger, il peut "prendre les mesures exigées par les circonstances".

2. Après avoir été nommé par le Président, le Premier Ministre choisit les différents Ministres et Secrétaires d'Etat qui forment le Conseil des Ministres.

La Constitution de 1958–62 s'est efforcée de diminuer les pouvoirs de l'Assemblée pour éviter les nombreuses chutes de ministères qui avaient empêché la Troisième et la Quatrième Républiques de fonctionner convenablement. Jusqu'à présent elle semble avoir réussi à maintenir un gouvernement stable.

Le Premier Ministre est le chef du Gouvernement; il dirige l'action du Gouvernement qui détermine la politique générale du pays. Il assume donc une très grande responsabilité, avec le Président de la République. Il s'occupe de faire appliquer les lois; il nomme les titulaires de certains postes civils et militaires; il est chargé de la défense nationale. Le Gouvernement (le Premier Ministre et son Conseil) est responsable devant l'Assemblée Nationale. Cependant, il ne peut être renversé que si une motion de censure signée par un dixième au moins des membres de l'Assemblée Nationale est votée à la majorité absolue des députés.

La façade du palais Bourbon où siège l'Assemblée nationale.

Le Pouvoir Législatif

Il appartient à deux assemblées qui forment le Parlement.

1. Les membres de l'Assemblée Nationale sont élus pour cinq ans au suffrage universel direct. Il y a 577 députés qui doivent être âgés d'au moins 23 ans.

2. Les sénateurs sont élus pour neuf ans au suffrage universel indirect. Le collège électoral comprend des députés, des conseillers généraux et des délégués des conseils municipaux ou leurs représentants. Le Sénat est renouvelable par tiers. Il comprend 321 sénateurs qui doivent avoir au moins 35 ans.

Une des innovations de la Constitution—qui rend le gouvernement encore plus stable—est d'interdire aux députés et sénateurs d'accepter aucun autre poste gouvernemental. Le Parlement siège cinq mois et demi par an maximum, mais des sessions extraordinaires peuvent être convoquées. Il vote des lois, mais seulement dans le domaine qui lui est attribué par la Constitution et qui concerne l'établissement de statuts ayant trait aux droits individuels des citoyens et à l'organisation de l'Etat.

L'initiative des lois a été assignée au Premier Ministre aussi bien qu'aux membres du Parlement; mais c'est le gouvernement qui a priorité pour établir l'ordre du jour des débats et le Parlement ne peut prendre aucune initiative en ce qui concerne les dépenses. Ce dernier contrôle les actions du gouvernement par des questions, des discours ou des motions de censure, mais il ne le domine plus.

Les Conseils et Organes Spécialisés

1. Le Conseil Constitutionnel comprend (en plus des anciens Présidents de la République nommés à vie) neuf membres nommés pour neuf ans, un tiers par le Président de la République et un tiers par le président de chaque assemblée. Ce Conseil décide de la constitutionnalité des lois. Il surveille les référendums et les élections. Il juge en matière d'élections disputées. Il décide si le Président de la République est empêché d'exercer ses fonctions. Si le Président de la République assume des pouvoirs exceptionnels, ce Conseil doit être consulté sur toutes les décisions à prendre.

2. Le Conseil Economique et Social est une assemblée consultative qui comprend 200 membres nommés pour cinq ans. Les deux tiers sont nommés par les unions et organisations professionnelles et un tiers par le gouvernement. Il conseille le gouvernement au sujet de sa politique économique et sociale.

3. Le Conseil Supérieur de la Magistrature, composé de neuf membres nommés pour quatre ans par le Président de la République, seconde celui-ci pour la nomination des magistrats. Il donne son avis en cas d'appel après une condamnation à mort, mais c'est le Président qui seul peut la commuer.

4. Le Conseil d'Etat a un double rôle. D'une part il avise le gouvernement sur la rédaction des textes, règlements ou décisions administratives. D'autre part, il sert de cour suprême en matières administratives et tout citoyen qui n'approuve pas une décision prise par l'Administration à son sujet peut "se pourvoir en Conseil d'Etat".

Le Pouvoir Judiciaire

1. Selon la tradition républicaine, le pouvoir judiciaire est indépendant des autres pouvoirs. La Constitution de 1958 établit que le Président de la République, assisté du Conseil Supérieur de la Magistrature, doit garantir l'indépendance de l'autorité judiciaire.

2. Les principes de base sont les suivants:

(a) Les débats sont publics et le jugement doit être lu en public également.

(b) Sauf pour les frais de procédure (qui sont payés par l'assistance judiciaire pour les citoyens incapables de les payer), le recours en justice est gratuit.

(c) La partie condamnée peut faire appel à un tribunal supérieur.

(d) Des garanties sont assurées à la défense comme le jugement par jury.

(e) Une distinction très nette est maintenue entre la justice civile et la justice criminelle.

3. Il y a quatre sortes de juridictions correspondant aux quatre grandes divisions du système judiciaire:

(a) Les juridictions civiles qui jugent les contestations entre particuliers.

(b) Les juridictions criminelles qui jugent les infractions à la loi.

(c) Les juridictions professionnelles qui jugent les disputes survenant entre individus à l'occasion de leurs activités professionnelles.

(d) Les juridictions administratives qui jugent les différends opposant les particuliers à l'Administration.

L'ADMINISTRATION DE LA FRANCE

L'Administration Centrale

L'Administration centrale est représentée par les différents ministères dirigés par un ministre entouré de ses secrétaires qu'il choisit et qui l'aident. D'autre part, les directeurs, plus stables parce qu'ils sont nommés par le gouvernement, s'occupent de faire appliquer les lois sur le plan administratif. Les principaux ministères sont:

1. Le Ministère de l'Intérieur et de la Décentralisation qui coordonne l'administration de la France et veille à son bon fonctionnement; il s'occupe également des départements et territoires d'outre-mer; il est chargé de faire exécuter les nouvelles lois de décentralisation du système administratif du pays.

2. Le Ministère des Relations Extérieures—appelé souvent le "Quai d'Orsay" (du nom du boulevard où il est situé à Paris)—s'occupe des relations politiques avec les pays étrangers et des intérêts de la France et des Français à l'étranger. Il nomme les ambassadeurs, consuls et vice-consuls. Il est assisté dans ses fonctions du ministère pour les Affaires européennes et du ministère pour la Coopération.

3. Le Ministère du Commerce Extérieur s'occupe des relations commerciales avec les pays étrangers, fait exécuter les lois sur les importations et les exportations et nomme les attachés commerciaux qui résident dans les principales villes du monde.

4. Le Ministère de la Justice a pour mission de faire appliquer les lois. Il nomme les magistrats sur avis du Conseil Supérieur de la Magistrature et les

membres du "Parquet" qui s'occupent des infractions aux lois. La justice est basée sur le Code Napoléon, établi par Napoléon Bonaparte, ainsi que sur la jurisprudence, c'est-à-dire l'ensemble des jugements rendus.

5. Le Ministère de la Défense Nationale dirige les quatre systèmes d'armes: les forces nucléaires, aériennes, terrestres et maritimes. Il est chargé de l'exécution de la politique militaire du Président de la République et de son Premier Ministre. Il est responsable de l'organisation, de la direction, de la préparation et de la mobilisation des troupes.

Le service militaire est obligatoire pour tous les jeunes gens d'au moins 18 ans, sauf pour les étudiants qui reçoivent des sursis et qui sont exemptés quelquefois jusqu'à la fin de leurs études. Le service dure 12 mois plus des périodes d'entraînement jusqu'à l'âge de 38 ans. Ce service existe depuis si longtemps que la plupart des Français l'acceptent sans murmurer et trouvent même que l'expérience est bonne.

6. Le Ministère des Finances et des Affaires Economiques qui contrôle les finances publiques, établit le budget de l'Etat—avec l'aide du ministère du Budget—et vérifie les comptes des agences gouvernementales.

7. Le Ministère de la Recherche et de la Technologie est très important du fait de l'expansion industrielle dans le pays. Il s'occupe du développement scientifique et technique et des innovations dans ce secteur.

8. Le Ministère du Plan et du Développement Régional établit le plan économique pour la France. Il sert de guide pour obtenir un meilleur rendement des ressources nationales. Il est révisé tous les quatre ans.

9. Le Ministère du Transport est chargé des chemins de fer, routes, services aériens et autres moyens de transport.

10. Le Ministère du Travail s'occupe des différentes lois réglementant les conditions du travail et la protection des travailleurs; il régit la Sécurité Sociale: accidents du travail, assurances maladies et vieillesse et allocations familiales.

11. Les ministères économiques—Agriculture, Industrie, Energie et Commerce—servent à faire exécuter les directives du plan. Ce sont des organismes d'information, de consultation et d'orientation qui travaillent étroitement avec les syndicats ouvriers, les organismes professionnels et les représentants des dirigeants des maisons de commerce et des industries.

12. Le Ministère de l'Education Nationale fait appliquer les lois sur l'enseignement, nomme les instituteurs des écoles primaires et les professeurs des collèges et lycées et établit les programmes suivant les lois.

13. Le Ministère de la Culture est chargé d'organismes culturels en France et à l'étranger (attachés culturels dans les ambassades et consulats) des monuments nationaux et des théâtres subventionnés.

14. Il y a d'autres ministères tels que celui des Communications, Postes et services de Télécommunication, Environnement, Santé, Anciens Combattants; le Ministère de la Marine s'occupe des ressources maritimes et le Ministère des Affaires Sociales et de la Solidarité Nationale s'occupe des travailleurs immigrés, des personnes âgées et des familles.

La Décentralisation

Depuis quelques années, le gouvernement s'efforce de réformer l'Administration pour alléger la machine administrative et rapprocher les citoyens des pouvoirs qui régissent leur sort. D'autre part le gouvernement cherche à diminuer la concentration industrielle de la région parisienne pour redonner de la vitalité à la province; pour répartir les activités nationales d'une façon plus équitable et plus profitable; enfin pour utiliser au maximum les ressources du pays.

Dès 1950 les départements ont été groupés en régions, ce qui a permis aux organisateurs du plan économique d'appliquer leurs programmes. Vingt-deux régions ont été créées en 1960, basées sur des aspects géographiques et historiques, sur les activités économiques, agricoles et industrielles et sur l'influence des villes principales et des universités.

Depuis l'élection de François Mitterrand, le gouvernement a prévu un changement complet dans l'administration du pays et les lois de mars et juin 1982 fixent la répartition des pouvoirs délégués aux régions, départements et communes. L'ensemble des transferts de pouvoirs a pris trois ans et chaque année une partie du budget national a été transférée aux pouvoirs locaux pour leur permettre d'administrer leurs nouvelles fonctions.

Le nord et l'est du pays sont les régions les plus peuplées et les plus actives économiquement; elles comprennent environ les trois quarts de la population totale. Pour compenser, le gouvernement a depuis longtemps cherché à transférer des industries dans les parties rurales du pays. La région de Paris avec 20% de la population totale a été la première à transférer certaines industries dans d'autres régions: l'industrie automobile au nord et à l'ouest, les industries mécaniques au sud (Marseille), l'électronique et les télécommunications à l'ouest (Anger), l'aéronautique au sud-ouest (autour de

DEPARTEMENTS

LIMITE DES
DEPARTEMENTS

● CHEF-LIEU

PAS-DE-CALAIS
NORD
SOMME
AISNE
ARDENNES
SEINE-MARITIME
OISE
MANCHE
CALVADOS
EURE
Paris
MARNE
MEUSE
MOSELLE
BAS-RHIN
ORNE
SEINE-ET-MARNE
MEURTHE-ET-MOSELLE
FINISTÈRE
CÔTES-DU-NORD
MAYENNE
EURE-ET-LOIR
AUBE
HAUTE-MARNE
VOSGES
ILLE-ET-VILAINE
SARTHE
LOIRET
YONNE
HAUTE-SAÔNE
HAUT-RHIN
MORBIHAN
LOIRE-ATLANTIQUE
MAINE-ET-LOIRE
INDRE-ET-LOIRE
LOIR-ET-CHER
CÔTE-D'OR
T. DE BELFORT
DOUBS
VENDÉE
DEUX-SÈVRES
VIENNE
INDRE
CHER
NIÈVRE
SAÔNE-ET-LOIRE
JURA
ALLIER
CHARENTE-MARITIME
CREUSE
RHÔNE
AIN
HAUTE-SAVOIE
CHARENTE
HAUTE-VIENNE
PUY-DE-DÔME
LOIRE
CORRÈZE
HAUTE-LOIRE
ISÈRE
SAVOIE
DORDOGNE
CANTAL
DRÔME
HAUTES-ALPES
GIRONDE
LOT
ARDÈCHE
LOT-ET-GARONNE
LOZÈRE
TARN-ET-GARONNE
AVEYRON
VAUCLUSE
BASSES-ALPES
ALPES-MARITIMES
LANDES
GERS
TARN
GARD
BOUCHES-DU-RHÔNE
VAR
HÉRAULT
BASSES-PYRÉNÉES
HAUTES-PYRÉNÉES
HAUTE-GARONNE
AUDE
ARIÈGE
PYRÉNÉES-ORIENTALES

DEPARTEMENTS DE LA REGION PARISIENNE

VAL D'OISE
SEINE-ST-DENIS
YVELINES
HAUTS-DE-SEINE
PARIS
VAL-DE-MARNE
ESSONNE

CORSE
HAUTE-COR
CORSE DU SUD

Toulouse et Bordeaux). Le résultat est que l'ouest et le sud-ouest de la France ont bénéficié le plus de l'apport de grandes compagnies, que le nord et l'est en ont le plus souffert et que le redéploiement industriel a changé le mode de vie de régions entières.

L'organe coordinateur de la planification est le Commissariat Général au Plan qui dépend aujourd'hui directement du Premier Ministre. Depuis le début du gouvernement Mitterrand, plusieurs plans de décentralisation et de délocalisation ont été élaborés limitant le pouvoir central et augmentant celui du Conseil régional. La répartition du pays en 22 régions permet d'envisager une politique active de délocalisation car elles sont responsables du développement urbain et rural, des services généraux, transports, logements, enseignement, etc., de leur région. De nouvelles propositions pour l'année 1992 concernent 11.000 emplois décentralisés dans 83 villes. L'objectif est d'atteindre 30.000 emplois.

L'Administration du Pays

La France est divisée en départements depuis la Révolution de 1789. Il y a 96 départements dans la France métropolitaine. Du grand empire colonial établi au XIXe siècle il ne reste plus que quatre départements d'outre-mer (l'île de la Réunion dans l'océan Indien, la Guadeloupe et la Martinique dans les Antilles, la Guyane française en Amérique du Sud) et quatre territoires (la Nouvelle Calédonie, la Polynésie française, Wallis et Futura, les trois au sud de l'océan Pacifique; le quatrième territoire comprend Terre Adélie dans l'Antarctique ainsi que deux archipels et deux îles dans l'océan Indien). De plus, deux unités territoriales sont formées par l'île Mayotte dans l'océan Indien et par Saint-Pierre et Miquelon près de Terre-Neuve.

1. Administration des régions. Le Conseil Régional, élu au suffrage universel—qui remplace le préfet régional pour l'administration de la région— s'occupe de la planification et de l'aménagement du territoire, des affaires économiques et sociales, de la santé publique, éducation, culture, sciences, transports, environnement et des finances. Il est secondé par le Comité Economique et Social qui a seulement un rôle consultatif. Un représentant du gouvernement national—nommé par décret du Conseil des Ministres—a seul le droit de parler devant le Conseil Régional et est seul responsable des intérêts nationaux dans la région.

2. Administration des départements. Avant les lois de décentralisation, un Préfet et un Conseil Général s'occupaient des affaires du département. Maintenant le Conseil Général administre les affaires du département et le Président de cette assemblée—élu par ses membres—détient les pouvoirs exécutifs du département. Comme pour les régions (voir ci-dessus), un représentant du gouvernement national est seul responsable des intérêts nationaux dans le département.

3. Administration des communes. Il y a peu de changements dans cette administration. Le Conseil Municipal—élu pour six ans au suffrage universel—détient les pouvoirs législatifs de la commune, vote le budget, les impôts, s'occupe des travaux publics et autres activités administratives de la commune. Il prend part aux élections sénatoriales, élit le maire et ses adjoints parmi ses propres membres. En tant qu'officier de l'Etat civil, le maire et ses adjoints célèbrent les mariages civils (qui doivent être célébrés avant tout mariage religieux) et enregistrent les naissances, mariages et décès. Le maire préside le Conseil Municipal et suit ses directives pour l'administration de la commune, prépare le budget, nomme les employés municipaux, etc. Il est en même temps le représentant du gouvernement national dont il fait exécuter les lois.

4. La Région parisienne. Cette région surpeuplée avait une administration très compliquée et peu pratique. Elle comprenait Paris et les environs immédiats formant le département de la Seine, le département de Seine-et-Oise et celui de Seine-et-Marne. Ils sont maintenant divisés en 8 départements: Paris—comprenant toujours 20 arrondissements—Hauts-de-Seine, Seine-Saint-Denis, Val-de-Marne, Val d'Oise, Yvelines, Essonne et Seine-et-Marne, et ils sont administrés comme tous les autres départements. Cependant le préfet de police, responsable de l'ordre public dans tout l'ancien département de la Seine, exerce son autorité dans les départements de Paris, Hauts-de-Seine, Seine-Saint-Denis et Val-de-Marne.

La ville de Paris est administrée à peu près comme les autres communes de France et les attributions du maire et du Conseil Municipal sont les mêmes sauf que ce dernier comprend un plus grand nombre de membres (109) et qu'il y a 20 commissions, une pour chaque arrondissement, composées d'agents municipaux nommés par le maire, de membres élus dans chaque arrondissement et de représentants d'associations choisis par le Conseil Municipal. Ces commissions ont seulement un rôle consultatif concernant les affaires de leur arrondissement.

Le Système Électoral et les Fonctionnaires

1. Le suffrage masculin a été voté en 1848. Depuis cette date tous les Français de sexe masculin ayant atteint leur majorité (21 ans, mais 18 ans depuis 1974) peuvent voter. Depuis 1946 les Françaises ont été admises à voter; on peut donc vraiment l'appeler de nos jours le suffrage universel.

Chaque électeur vote pour un candidat qui représente généralement un parti politique, et comme ces derniers sont nombreux en France, il y a beaucoup de candidats entre lesquels les électeurs doivent choisir. Si un candidat réunit la majorité absolue des suffrages (la moitié plus un) il est élu au premier tour de scrutin. Sinon on procède à un second tour et l'élection est faite à la majorité relative, c'est-à-dire que celui qui reçoit le plus grand nombre de voix est alors élu. Entre les deux tours de scrutin il y a un certain nombre de désistements en faveur des candidats les mieux placés au premier tour.

Les élections ont lieu le dimanche et le bureau de vote est ouvert toute la journée. Le vote est secret: chaque électeur passe à son tour dans un isoloir et ensuite il dépose son bulletin de vote dans une urne. Le compte des votes est fait en public par les employés du bureau électoral qui se trouve à la mairie ou dans les écoles ou tout autre bâtiment public mais jamais chez un particulier.

Pour pouvoir voter il faut être inscrit sur une liste d'électeurs. On ne peut naturellement s'inscrire que dans un seul endroit qui dépend de l'adresse personnelle de l'électeur. On peut s'inscrire tous les ans entre le premier et le dix décembre. Il faut ensuite attendre six mois avant d'avoir la possibilité de voter à cet endroit-là. Cependant, pendant ces six mois d'attente, si on est déjà inscrit sur une autre liste, on peut aller voter à son bureau de vote précédent ou bien on peut le faire par correspondance.

Depuis 1958, les Français vont voter deux fois plus qu'avant parce qu'ils élisent directement non seulement les membres de l'Assemblée nationale, des Conseils municipaux et des Conseils régionaux, mais ils élisent aussi directement le Président de la République et les représentants à l'Assemblée de la Communauté européenne. Seuls, les membres du Sénat sont élus sous un système qui favorise la représentation des populations rurales.

2. Les partis politiques—qui se sont multipliés sous la Troisième et la Quatrième Républiques, du fait de l'individualisme des Français, des circonstances historiques et du système électoral—sont beaucoup moins nombreux maintenant parce que la Cinquième République a affaibli l'autorité du Parlement et a rendu le "régime des partis" beaucoup moins efficace. Il en reste

Le Président François Mitterrand entend décentraliser le système gouvernemental du pays, en mettant en valeur l'autorité des gouvernements régionaux et locaux. Depuis la Révolution, le pouvoir a été fortement concentré à Paris.

cependant un certain nombre qui couvre toute la gamme des opinions politiques: depuis l'extrême droite nationaliste, attachée aux traditions et à l'Eglise, favorisant un gouvernement autoritaire; en passant par les partis du centre, plus modérés, partisans d'une politique nationale laïque et même anticléricale, représentant la petite bourgeoisie et les classes moyennes; et puis par le parti socialiste, parti de masse, désirant la nationalisation de toute l'économie du pays; jusqu'à l'extrême gauche, le parti communiste, dépendant de Moscou et se basant sur les principes politiques et économiques du marxisme.

3. Les Fonctionnaires. Dans une société où le gouvernement joue un rôle de plus en plus important, le nombre des fonctionnaires a augmenté d'une façon considérable depuis un siècle. Ils sont souvent malmenés et traités de "ronds-de-cuir"; ce sont eux cependant qui ont permis au régime républicain de survivre aux difficultés politiques et d'assurer sa continuité. Les fonctionnaires sont tous choisis sur examen, en dehors des influences politiques. Les hauts fonctionnaires, les grands directeurs des ministères, les diplomates, sortent, en général, de l'Ecole Nationale d'Administration. Ils montrent souvent un sens élevé de leurs responsabilités; travailleurs infatigables, les plus importants sont, en somme, comme les grands barons de l'industrie, des meneurs d'hommes et des réalisateurs et ils poursuivent un but, souvent lointain, pour le bien général.

QUESTIONS

Le Gouvernement

1. Quand la Cinquième République a-t-elle été établie?
2. Qui exerce le pouvoir exécutif? Décrivez ses attributions.
3. Que fait le Premier Ministre après sa nomination par le Président? Quelles sont les attributions du Premier Ministre?
4. Qu'est-ce que la Constitution de 1958–62 s'est efforcée de faire? Pourquoi?
5. A qui appartient le pouvoir législatif? Décrivez ces deux assemblées.
6. Quelle est une des innovations de la nouvelle Constitution? Expliquez.
7. Quelles lois le Parlement peut-il voter? Qui établit l'ordre du jour des débats? Le Parlement domine-t-il le gouvernement? Pourquoi?
8. Que savez-vous des différents Conseils et Organes spécialisés?
9. Le pouvoir judiciaire est-il indépendant des pouvoirs exécutif et législatif? Qu'est-ce qui garantit cette indépendance?
10. Quels sont les principes de base du pouvoir judiciaire?
11. Quelles sont les quatre juridictions principales?

L'Administration de la France

1. Qu'est-ce qui représente l'administration centrale?
2. Que fait le Ministère de l'Intérieur et de la Décentralisation?
3. Comment appelle-t-on le Ministère des Relations Extérieures? Pourquoi? De quoi s'occupe-t-il?

4. Quelles sont les activités du Ministère du Commerce Extérieur? Est-il très important? Pourquoi?
5. Quelle est la mission du Ministère de la Justice? Sur quoi la justice est-elle basée en France?
6. De quoi est chargé le Ministère de la Défense Nationale?
7. Parlez du service militaire français.
8. De quoi s'occupe le Ministère des Finances et des Affaires Economiques?
9. Pourquoi le Ministère de la Recherche et de la Technologie est-il important?
10. Que fait le Ministère du Plan et du Développement Régional?
11. Quels sont les ministères économiques? Que font-ils?
12. Parlez du Ministère de l'Education Nationale?
13. Quels changements le gouvernement a-t-il prévus pour l'administration du pays?
14. Quelles sont les régions les plus peuplées? Qu'est-ce que le gouvernement veut faire pour unifier la population?
15. Quelles sont les industries qui ont été transférées et où sont-elles maintenant?
16. Quel est le résultat de ces changements?
17. Qu'est-ce que la création des 22 régions permet d'envisager? Pourquoi?
18. Combien de départements y a-t-il? Quelles sont les possessions d'outre-mer?
19. Expliquez comment les régions sont administrées.
20. Comment les départements sont-ils administrés?
21. Parlez de l'administration des communes.
22. Quelle est la nouvelle division de la région parisienne? Comment ces départements sont-ils administrés?
23. Expliquez comment la ville de Paris est administrée.
24. Parlez du suffrage masculin et féminin.
25. Comment est le système électoral français?
26. Comment sont les élections? Où vote-t-on? Qui compte les votes?
27. Que faut-il faire pour pouvoir voter?
28. Pourquoi les Français votent-ils plus qu'avant?
29. Parlez des partis politiques.
30. Comment sont les fonctionnaires en France?

Sujets de Composition Française

1. Comparez le gouvernement de la France et celui des Etats-Unis.
2. En France la justice est basée sur le Code Napoléon. Y a-t-il d'autres pays qui utilisent ce code? Quels sont ces pays? Comment se fait-il que ces pays l'utilisent?
3. Comparez le système électoral en France et aux Etats-Unis.

Une classe pour tout-petits dans une banlieue ouvrière. (Renault)

16

L'ENSEIGNEMENT

HISTORIQUE

L es écoles publiques ont été établies en France par les Romains. Détruites pendant les invasions barbares, elles ont été réorganisées par Charlemagne et mises par celui-ci sous la direction des évêques. Les universités, fondées aux XIIᵉ et XIIIᵉ siècles, comme celles de Paris, Toulouse ou Montpellier, étaient des établissements publics aussi, également dirigés par l'Eglise, de sorte que, pendant tout l'Ancien Régime, l'enseignement a été entièrement sous la direction des prêtres. François Iᵉʳ a essayé de diminuer l'influence du clergé en fondant le Collège des Lecteurs Royaux—aujourd'hui le Collège de France— où les professeurs ont toujours été des laïques.

Toutes ces écoles n'étaient pas seulement réservées aux riches, nobles ou bourgeois, il y avait aussi des élèves pauvres qui y étaient admis, mais ceux-ci ne faisaient que très, très rarement partie des classes inférieures, et la grande masse du peuple était complètement illettrée. Les principes égalitaires du XVIIIᵉ siècle ont amené les révolutionnaires de 1789 à demander un système d'enseignement public ouvert à tous les citoyens, parce qu'ils savaient que c'était une des meilleures façons de les rendre égaux.

La Convention a prévu trois échelons pour l'instruction de la population (décret du 15 septembre 1793):

1. L'enseignement primaire: en 1794, elle a voté des subsides pour le rendre laïque et gratuit, donc à portée de tous. L'administration de ces écoles, très centralisée, a été établie sous le Premier Empire.

2. L'enseignement secondaire: institué par Napoléon Ier qui a fondé les lycées laïques et gratuits.

3. L'enseignement supérieur: la Convention a fondé des écoles centrales et des "grandes écoles" pour étendre les connaissances à la science et à l'instruction civique.

En 1833 le ministre Guizot a fait voter une loi qui établissait une école primaire dans chaque commune de France et en 1850 la liberté de l'enseignement a été assurée par la loi. En 1870, 94% des enfants d'âge scolaire étaient à l'école (publique ou privée). Les lois de 1881–82 ont définitivement établi l'enseignement laïque et gratuit pour les écoles primaires et elles ont rendu les classes élémentaires obligatoires jusqu'à 13 ans; en 1933 l'école obligatoire a été continuée jusqu'à 14 ans et, depuis 1963, l'école est obligatoire pour tous les enfants de 6 à 16 ans résidant en France, y compris les étrangers. Toutes les écoles publiques, à tous les échelons de l'enseignement, sont gratuites et laïques; il n'y a aucun enseignement religieux et il faut aller à son église ou dans les écoles religieuses pour l'obtenir.

Pendant la Troisième République il y a eu deux branches d'instruction: les écoles primaires (gratuites) qui menaient au brevet élémentaire et au brevet supérieur, et les écoles secondaires (gratuites après 1933) qui menaient au baccalauréat. En général, les enfants des classes ouvrières allaient à l'école primaire et ceux de la classe bourgeoise allaient à l'école secondaire. Depuis la Deuxième Guerre Mondiale, de nombreux changements ont été apportés à l'éducation et maintenant il n'y a qu'une branche unique dans les écoles, collèges et lycées menant à différents diplômes suivant les capacités des étudiants.

Depuis 1975, les changements apportés aux programmes scolaires—dûs à René Haby, Ministre de l'Education National à cette date—cherchent à donner une instruction de base égale pour tous les jeunes Français et à développer leurs aptitudes au maximum tout en évitant un choix prématuré. La réforme Haby prépare aussi les jeunes gens à s'adapter effectivement aux demandes de la société auxquelles ils feront face en tant qu'adultes.

La tradition donnait aux études professionnelles un rôle de second plan, mais avec les récents développements en technologie, le gouvernement a initié des programmes nouveaux et a amélioré les anciens si bien que ces études marchent de pair avec les études académiques. Ces programmes donnent à la France les spécialistes dont elle a besoin pour toutes ses industries.

Les bourses scolaires décernées aux jeunes gens pauvres existent depuis le

Moyen Age. Depuis l'école obligatoire, l'Etat décerne ces bourses tous les ans aux jeunes gens qui continuent leurs études, mais il faut qu'ils aient de très bonnes notes et que le revenu de leurs parents ne dépasse pas une somme peu élevée. Il y a actuellement environ un million et demi de boursiers par an.

A côté de l'enseignement public, il y a des établissements privés laïques ou religieux. Depuis les lois de 1951 et de 1959 ceux-ci reçoivent une subvention—très discutée—du gouvernement. Cependant ils ne peuvent pas décerner de diplômes. Les étudiants de ces institutions doivent se présenter aux examens de l'Etat qui sont publics et gratuits.

A plusieurs reprises, le gouvernement Mitterrand a essayé de nationaliser les écoles privées, c'est-à-dire de les incorporer aux écoles publiques, mais il a dû y renoncer après plusieurs émeutes rassemblant des milliers de personnes.

ÉCOLES PRIMAIRES ET SECONDAIRES

L'Administration Actuelle

Sauf pour certaines écoles spécialisées (Armée, Marine, Agriculture) l'administration de toutes les écoles publiques dépend du Ministère de l'Education Nationale. Les programmes sont déterminés par des conseils de professeurs à l'échelle nationale et départementale. Les fonctionnaires—administrateurs et professeurs—sont nommés par le ministre suivant leurs titres ou diplômes; ils appliquent partout les mêmes programmes et, en théorie, les mêmes méthodes d'enseignement. En réalité ils jouissent de beaucoup de liberté dans l'exercice de leurs fonctions.

Le territoire est divisé en 27 régions appelées académies qui sont dirigées par un recteur, nommé par le ministre. Il a sous ses ordres des inspecteurs qui s'occupent des écoles primaires, secondaires et techniques, de la santé, des sports, etc. Des représentants du gouvernement local, des administrateurs, des professeurs et des instituteurs assistent le recteur et les inspecteurs sous forme de conseils, comités et commissions. Bien que n'ayant qu'un rôle consultatif, ceux-ci ont beaucoup d'influence en matière d'administration et de programmes scolaires.

Le gouvernement a fait de grands efforts depuis plusieurs années pour améliorer les conditions d'enseignement. Entre 1958 et 1964, le programme de construction a produit 64.000 classes nouvelles dans les écoles élémentaires, 28.000 dans les écoles secondaires et 13.300 dans les collèges techniques, ainsi que des bâtiments universitaires, de nouvelles bibliothèques, des dortoirs, restaurants, etc. En 1989, l'Etat a dépensé 23,6% du budget national pour l'enseignement.

Le nombre des étudiants a doublé depuis la dernière guerre mondiale et a atteint près de 13,5 millions en 1990, plus du quart de la population totale. Cette augmentation des effectifs scolaires est due:

1. Au surcroît de naissances.

2. Au fait que l'école obligatoire se termine à 16 ans depuis le début de 1968 au lieu de 14 ans.

3. Au mouvement ascendant des classes inférieures vers les classes supérieures qui s'accentue de plus en plus car les parents veulent que leurs enfants aient une meilleure instruction et une meilleure situation que la leur.

Les Programmes

L'instruction est gratuite et laïque dans toutes les écoles publiques, à tous les niveaux de l'enseignement. Elle est actuellement obligatoire de 6 à 16 ans.

1. L'école obligatoire commence à 6 ans. Cependant le gouvernement entretient des établissements qui s'occupent des enfants plus jeunes dont la mère travaille, si elle n'a pas les moyens de faire garder l'enfant à la maison.

(a) Il y a d'abord des crèches et garderies gratuites qui prennent les tout-petits de moins de 2 ans, mais elles sont encore en nombre insuffisant, surtout dans les grandes villes où la proportion des mères qui travaillent est la plus élevée.

(b) Avec les écoles élémentaires il y a des jardins d'enfants et des écoles maternelles pour les petits de 2 à 6 ans. Ce sont des classes gratuites, non-obligatoires, où les méthodes employées pour la préparation de ces enfants sont très originales, inspirées en partie par les systèmes Montessori et Decroly. En général les enfants de 6 ans savent déjà au moins lire, écrire et compter avant d'entrer à l'école élémentaire.

2. A 6 ans les enfants entrent à l'école élémentaire qui dure cinq ans. Ils apprennent la lecture, l'orthographe; ils font des rédactions; on leur donne des connaissances de base en littérature, en arithmétique, en science, en histoire et en géographie. Ce programme est complété par des leçons sur des questions morales et civiques, des classes d'art, de musique et de culture physique. Les élèves ont 27 heures de classes par semaine, réparties sur quatre jours et demi. Ils sont libres le mercredi et le samedi après-midi. Les programmes d'étude sont organisés de façon à donner aux enfants le plus de chances de succès possibles dans leurs études présentes et à venir.

3. Vers 11 ans, les enfants entrent dans un collège d'enseignement secondaire où les études durent quatre ans. Les deux premières années sont appelées "cycle d'observation" pendant lesquelles tous les étudiants suivent le même programme: 24 heures de cours par semaine qui approfondissent les connaissances qu'ils ont obtenues à l'école élémentaire, plus une langue vivante et des travaux manuels et techniques. Pendant les deux dernières années, appelées "cycle d'orientation", les étudiants continuent les mêmes cours à un degré plus avancé et ils y ajoutent quelques autres à leur choix.

Pendant les quatre ans de collège, les étudiants sont guidés par des comités de professeurs, parents, conseillers, membres de l'assistance sociale et autres. Pour ceux qui se dirigent vers les classes professionnelles, il y a dans chaque collège un Service de Documentation et d'Information qui est documenté par des Centres d'Information et d'Orientation qui existent dans toute la France et par l'Office National d'Information sur les Enseignements et les

L'éducation française ne néglige pas l'expression artistique. Dans un atelier au Musée des Arts décoratifs, les jeunes ayant moins de 15 ans s'appliquent à apprendre l'art du dessin.

Professions. Tous ces organismes coopèrent étroitement avec l'Agence Nationale de l'Emploi, qui a aussi des bureaux dans toute la France, ainsi qu'avec les institutions de formation professionnelle.

4. Le deuxième cycle d'enseignement secondaire se déroule soit dans un Lycée d'Enseignement Général et Technologique (L.E.G.T.) soit dans un Lycée d'Enseignement Professionnel (L.E.P.).

(a) Le L.E.G.T. offre un programme de trois ans d'études pendant lequel tous les étudiants suivent un programme appelé "tronc commun"—qui continue à un degré plus avancé que celui des études de base des collèges—en plus de différents cours suivant les aptitudes de chacun. Il y a huit sections différentes qui mènent à plusieurs diplômes obtenus généralement après un examen. Le plus important de ces diplômes est le Baccalauréat (appelé familièrement "bachot" ou "bac"), décerné après un examen comprenant une partie écrite et une partie orale couvrant les trois années d'études au lycée; il est préparé tous les ans par des commissions de professeurs et il est donné par des professeurs autres que ceux qui ont instruit l'étudiant. Il n'y a que 65% de ceux qui se présentent qui sont reçus.

(b) Le L.E.P. donne des cours d'instruction générale et des cours d'enseignement professionnel. Il y a deux programmes différents qui aboutissent au Brevet d'Etudes Professionnelles (B.E.P.) ou au Certificat d'Aptitude Professionnelle (C.A.P.). Les jeunes gens qui détiennent un B.E.P. obtiennent des postes de surveillance dans le commerce, l'industrie ou l'agriculture; ceux qui ont le C.A.P. (qui indique la spécialisation de l'étudiant) deviennent des ouvriers spécialisés.

Pour les jeunes gens qui terminent leurs études à 16 ans, il y a des classes spéciales préparatoires à l'apprentissage pour les ouvriers et préprofessionnelles pour les employés de bureau. Par contre, après l'obtention du C.A.P. ou du B.E.P., les jeunes gens qui démontrent les capacités nécessaires peuvent entrer dans un L.E.G.T. Dans ce cas ils suivent des classes spéciales qui leur permettent de se mettre au niveau des autres étudiants des lycées et de se présenter aux mêmes examens qu'eux.

L'Enseignement Supérieur

Les Universités

Les universités françaises offrent des cours d'un niveau supérieur à celui des lycées. Il faut avoir le baccalauréat (ou tout diplôme équivalent) pour y être admis. La France et ses départements d'outre-mer sont divisés en 27 Académies comprenant 76 centres universitaires avec 800 Unités d'Enseignement et de Recherche (U.E.R.) qui ont remplacé les anciennes facultés. Elles instruisent près d'un million d'étudiants dont 100.000 étrangers. L'enseignement universitaire est gratuit et il y a même des cours publics. Les étudiants qui désirent obtenir des diplômes doivent s'inscrire et les frais d'inscription sont les mêmes pour tous, français ou étrangers, lorsqu'ils suivent les cours réguliers: de 300 à 400 francs par an. Les cours établis spécialement pour les étrangers sont plus chers. Il y a aussi des établissements catholiques d'enseignement supérieur, mais leurs étudiants doivent passer les examens d'Etat pour obtenir les diplômes.

1. Administration. L'enseignement supérieur est régi par la Loi d'orientation du 12 novembre 1968 par laquelle les universités ont obtenu leur autonomie dans trois secteurs:

(a) Enseignement: les U.E.R. et autres sections de chaque université décident de leurs programmes, méthodes d'enseignement, programmes de recherche et examens, à condition qu'ils suivent les règles générales de la Loi d'orientation.

(b) Finances: une certaine somme allouée par l'Etat à l'enseignement supérieur est répartie entre toutes les universités qui établissent leur budget. Elles reçoivent également des dons du secteur privé.

(c) Administration: les universités établissent leur propre constitution et structure interne, et leur propre liaison avec d'autres universités.

2. Programme des études: Il comprend trois cycles.

(a) Le premier cycle dure deux ans et comprend des cours d'instruction générale et des cours appartenant à la spécialité de chaque étudiant. Ce cycle mène au Diplôme d'Etudes Universitaires Générales en Lettres, Arts, Sciences, Economie, Philosophie, Histoire et Sciences Sociales, Mathématiques, Education physique ou Droit.

(b) Le second cycle dure aussi deux ans et comprend des études dans la spécialité de l'étudiant. A la fin de la première année les étudiants qui ont des notes satisfaisantes obtiennent une Licence et à la fin de la deuxième ou troisième une Maîtrise, mais ils doivent écrire une thèse.

(c) Le troisième cycle d'études encore plus avancées et de recherche dure plusieurs années suivant le diplôme désiré. Le diplôme le plus avancé est le Doctorat d'Etat obtenu après soutenance d'une thèse ou des travaux de recherche très importants. Le Doctorat d'Université est un diplôme réservé principalement aux étudiants étrangers qui n'ont pas suivi toute la filière des études en France. Il est décerné après deux ou trois ans d'études et comprend une thèse.

Les Grandes Écoles

Ce sont des instituts techniques supérieurs qui préparent les meilleurs cerveaux du pays à différentes carrières. Il y a environ 160 écoles d'ingénieurs, 60 écoles de commerce et de gestion, 80 écoles diverses. La population de ces écoles est d'environ 100.000 étudiants. Les étudiants ayant au moins le baccalauréat y sont admis après un concours d'entrée qui demande une haute intelligence et un niveau de connaissances bien supérieur à celui du baccalauréat. On s'y prépare pendant deux ou trois ans après le "bachot" par des études spéciales. Pour ceux qui sont reçus, environ un candidat sur dix, ces études sont entièrement gratuites et comprennent souvent l'internat. Il faut également ment passer un examen à la fin des études avant d'obtenir le diplôme. Voici quelques-unes de ces écoles:

(a) Les Ecoles Normales Supérieures forment des professeurs pour l'enseignement et les recherches. La première a été fondée en 1794.

(b) Il y a de nombreuses écoles d'ingénieurs telles que l'Ecole des Mines, des Ponts et Chaussées, des Eaux et Forêts, l'Ecole Centrale des Arts et Manufactures, l'Ecole Supérieure d'Electricité. Le niveau des études et leur contenu sont assez variables, et les études y durent en général trois ou quatre ans.

(c) L'Ecole Polytechnique, fondée en 1794, prépare les étudiants à des postes d'ingénieur civil ou militaire. Il y a aussi plusieurs académies militaires comme l'Ecole de Saint-Cyr, l'Ecole Navale et l'Ecole de l'Air. Ces quatre écoles dépendent du Ministère des Armées.

(d) Parmi les autres écoles il y a l'Ecole des Hautes Etudes Commerciales qui prépare les experts comptables et chefs de bureau. Les étudiants qui sortent de l'Ecole Nationale d'Administration forment les cadres administratifs supérieurs dans les bureaux du gouvernement. L'Ecole des Chartes prépare à des carrières d'archiviste et de bibliothécaire. Il y a aussi des instituts d'études politiques.

(e) L'enseignement agricole supérieur se fait à Grignon, Rennes et Montpellier. L'Institut National Agronomique est encore plus avancé.

(f) Parmi les écoles supérieures d'art il y a l'Ecole Nationale Supérieure des Beaux-Arts, l'Ecole Nationale Supérieure des Arts Décoratifs, le Conservatoire National Supérieur de Musique de Paris, l'Ecole de Danse de l'Opéra de Paris, le Conservatoire National Supérieur d'Art Dramatique et l'Institut des Hautes Etudes Cinématographiques.

Instituts de Recherche et d'Études Avancées

En plus des universités, grandes écoles et écoles spécialisées, il y a quelques organisations d'Etat établies pour faciliter l'avancement des connaissances et pour la recherche et qui sont d'un niveau extrêmement élevé. Ces institutions ne confèrent pas de diplômes.

(a) Le Collège de France—fondé en 1530 par François Ier—existe toujours. Les professeurs, universitaires ou non, sont nommés par le chef de l'Etat suivant proposition de l'Institut de France et des professeurs qui exercent à ce collège. Il y en a une cinquantaine qui établissent leurs programmes suivant leurs recherches scientifiques ou littéraires. Michelet, Renan, Bergson, Valéry y ont été professeurs. On suit ces cours simplement pour s'instruire et ils sont ouverts gratuitement à tous ceux qui veulent y assister et qui ont assez de connaissances pour comprendre les sujets qui y sont traités.

(b) Le Musée National d'Histoire Naturelle, au Jardin des Plantes, célèbre depuis Buffon, a une collection de premier ordre et on y donne des cours scientifiques très avancés, publics et gratuits. De grands savants tels Lamarck et Cuvier y ont enseigné et fait des recherches grâce à ses laboratoires bien aménagés.

(c) Le Bureau des Longitudes, l'Observatoire de Paris et quelques autres.

Cours d'Adultes

Les cours d'adultes ou cours du soir existaient déjà au XIXᵉ siècle mais il y en avait peu. Depuis la dernière guerre mondiale, le gouvernement a reconnu l'importance des classes d'adultes. Il a établi tout un programme de cours comprenant 251.000 étudiants, et des cours par correspondance comptant actuellement 78.000 inscrits. Ces classes donnent à la population la possibilité de s'adapter aux exigences de la vie moderne et d'améliorer sa situation financière, par exemple en obtenant des diplômes qui donnent accès à un meilleur emploi. A ce sujet, il faut aussi mentionner le Conservatoire National des Arts et Métiers, fondé en 1819, qui ne donne que des cours du soir et qui touche surtout les ouvriers. Il y a plus de 20.000 élèves actuellement au conservatoire de Paris et environ 16.000 dans les centres de province. De plus, le professeur Pierre Vellas de l'Université de Toulouse a établi en mars 1974 un "Collège du troisième âge" pour les personnes ayant plus de 64 ans. Il y a actuellement environ 1.000 personnes qui suivent les cours de ce collège. Une première version américaine de ce programme a été introduite en 1978 à l'Université de San Diego en Californie et jouit d'un grand succès.

Les Français vont donc longtemps à l'école pour obtenir un métier, et les travaux de manœuvre sont de plus en plus exécutés par des étrangers venant de pays moins privilégiés. De plus, comme aux Etats-Unis, il est très difficile de trouver des domestiques car hommes et femmes préfèrent travailler dans un bureau, un magasin ou une usine, ce qui leur donne plus d'indépendance.

Renseignements Généraux sur l'Instruction en France

1. Autrefois les garçons et les filles allaient dans des écoles différentes jusqu'à l'université ou les grandes écoles, mais actuellement les écoles mixtes prédominent.

En général, les parents surveillent attentivement les notes scolaires et le père ou la mère vérifie si l'enfant a fait ses devoirs et lui fait même réciter ses leçons. Les devoirs à la maison—très courts pour les enfants de six ans—deviennent de plus en plus nombreux au fur et à mesure que les études avancent et il n'est pas rare de voir des jeunes gens de quinze ou seize ans travailler tard tous les soirs et même les jours de repos (mercredi et dimanche).

2. Il faut noter également que les études en France sont basées sur le principe de "réussite aux examens", sur l'idée que la vie en société est un combat continuel pour "arriver", que l'émulation et la compétition dans les études forment le caractère. Tout le monde y est habitué et accepte cette idée. Ainsi, pendant toute leur vie d'écolier ou d'étudiant, les jeunes gens se préparent à "passer un examen". Si on échoue, on redouble sa classe. Les élèves brillants, par contre, sautent des classes et terminent leurs études plus tôt que les autres.

3. Le degré d'instruction se reconnaît par l'étendue des connaissances de l'individu. En effet, depuis l'âge de six ans, l'enfant a, à peu près, les mêmes

classes tous les ans. Les leçons augmentent en difficulté et en profondeur chaque année. Les classes secondaires continuent le même genre d'enseignement avec des classes nombreuses et variées en plus des classes de la spécialisation. On y ajoute une langue vivante ou le latin vers l'âge de onze ans et une autre langue deux ou trois ans plus tard. De cette façon, à la fin des études (même si elles se terminent de bonne heure), les jeunes gens ont un bon bagage de connaissances générales—sur de nombreux sujets—que les Français considèrent comme essentielles pour une personne instruite.

4. En ce moment, il y a cependant des changements pédagogiques importants dans l'instruction. Les dirigeants ont reconnu qu'elle s'attachait trop à l'accumulation des connaissances et négligeait le développement de la personnalité et l'adaptation à la vie. Depuis 1946 des classes spéciales forment des classes pilotes pour étudier les changements pédagogiques envisagés et adopter ceux qui donnent les meilleurs rendements. On a donc étudié le travail libre par groupes et le travail dirigé au lieu de la leçon donnée par le professeur. De plus on a établi le système d'orientation pour déterminer, en accord avec la famille, les aptitudes des élèves et étudiants et pour leur suggérer le meilleur programme à suivre. On a établi aussi le dossier scolaire où l'on inscrit tout ce qui a trait à l'élève.

L'Institut Pédagogique National dirige les expériences, reçoit la documentation et étudie les résultats obtenus; le Centre International d'Etudes Pédagogiques applique certaines méthodes nouvelles dans son lycée pilote où des professeurs français et étrangers font des stages. De plus, l'Ecole des Parents, fondée en 1928, s'occupe des problèmes entre élèves et parents.

On pourrait croire que l'enseignement français basé sur les connaissances apprises par cœur, sur l'autorité incontestée du maître (la note de conduite à l'école est très importante), sur l'uniformité des programmes dans tout le pays, ne forme que des gens sans personnalité, "moutons de Panurge". Il n'en est rien car, ainsi que le décrit le chapitre suivant, les Français sont en général de grands individualistes à l'esprit critique et à l'esprit de synthèse très développés.

Q U E S T I O N S

Histoire

1. Qui a établi les écoles publiques en France? A quel moment ont-elles été détruites? Qui a réorganisé les écoles? A qui en a-t-il donné la direction?

2. Est-ce que les universités étaient des établissements publics? Etaient-elles laïques?
3. Qui a établi un collège laïc? Comment s'appelait ce collège? Et maintenant?
4. Est-ce que toutes ces écoles étaient réservées aux riches? Quels élèves y étaient admis? Comment était la grande masse du peuple?
5. Qu'est-ce que la Convention a prévu pour l'instruction? Expliquez comment sont ces trois échelons.
6. Quels sont les différents changements apportés à l'enseignement pendant le XIXᵉ siècle?
7. Jusqu'à quel âge l'école est-elle obligatoire maintenant?
8. Quel genre d'écoles y avait-il pendant la Troisième République? Qui allait dans ces écoles?
9. Comment sont les écoles depuis la Deuxième Guerre Mondiale? Et depuis 1975?
10. Comment sont les études professionnelles?
11. Parlez des bourses scolaires.
12. Parlez des écoles privées. Qu'est-ce que le gouvernement Mitterrand a essayé de faire à ce sujet? A-t-il réussi? Pourquoi?

Écoles Primaires et Secondaires

1. Comment est l'administration de ces écoles?
2. Qu'est-ce qu'une académie? Combien y en a-t-il? Quelle est leur administration?
3. Qu'est-ce que le gouvernement a fait pour améliorer les conditions d'enseignement?
4. Combien y a-t-il d'étudiants dans ces écoles maintenant? A quoi est due l'augmentation des effectifs scolaires?
5. Quelles sont les écoles établies pour les moins de six ans? Sont-elles payantes? Quelles sont les méthodes employées?
6. Quels sont les programmes des classes élémentaires?
7. Quels sont les programmes des collèges?
8. Comment les étudiants sont-ils guidés au collège?
9. Parlez des L.E.G.T.
10. Quels sont les programmes des L.E.P.?
11. Que font les jeunes gens qui terminent leurs études à 16 ans?

L'Enseignement Supérieur

1. Parlez des universités françaises.
2. Comment est l'administration des universités?
3. Comment est le premier cycle d'université? Quel diplôme obtient-on? Dans quelles matières?
4. Que font les étudiants du second cycle? Quels diplômes obtiennent-ils?
5. Parlez du troisième cycle d'université.
6. Qu'est-ce que les grandes écoles? Combien y en a-t-il? Comment y entre-t-on?
7. Nommez des écoles d'ingénieurs.
8. Quelles sont les académies militaires?
9. Nommez des écoles menant à des positions supérieures dans le commerce, l'industrie et le gouvernement.
10. Quelles sont les écoles supérieures d'art?
11. Parlez des instituts de recherche et d'études avancées.
12. Y a-t-il des cours d'adultes? Expliquez.

Renseignements Généraux sur l'Instruction

1. Est-ce que les parents surveillent le travail scolaire des enfants? Comment?
2. Sur quoi les études sont-elles basées en France? Que font les élèves brillants? Et ceux qui sont en-dessous de la moyenne?
3. Par quoi reconnaît-on le degré d'instruction d'un individu en France? Pourquoi? Qu'est-ce que les Français pensent des connaissances générales?
4. Quels sont les changements pédagogiques actuels?
5. Qu'est-ce qu'un "mouton de Panurge"? Ce trait de caractère s'applique-t-il aux Français? Expliquez.

SUJETS DE COMPOSITION FRANÇAISE

1. Que pensez-vous du système français d'enseignement? Expliquez-vous et donnez des exemples pour prouver votre point de vue.
2. L'enseignement français s'adresse surtout à une élite, a-t-on dit. Etes-vous d'accord? Prouvez votre point de vue.
3. Expliquez pourquoi on peut dire que les études en France sont basées sur le principe de "réussite aux examens". En est-il de même aux Etats-Unis? Quel système vous plaît le mieux?

Un paysan.

17

LES FRANÇAIS ET LA VIE EN FRANCE

LES CARACTÉRISTIQUES DES HABITANTS

Nous avons vu dans les premiers chapitres de ce livre que les Français sont les descendants de différents groupes ethniques qui se sont superposés les uns aux autres: Celtes ou Gaulois, Romains, peuples germaniques (les Francs) et scandinaves (les Vikings). De plus la France a toujours attiré de nombreux étrangers: Espagnols et Italiens (XVIe et XVIIe siècles), Polonais (XVIIIe) et Russes (XIXe et début XXe). Maintenant ce sont surtout des travailleurs espagnols et nord-africains qui viennent en France (les étrangers constituent actuellement 8% de la population). Il n'y a donc pas de "race" française à proprement parler. Tous ces apports ont formé un "alliage" unique et ils ont contribué à la complexité du caractère des Français. On a souvent dit que ceux-ci doivent leur esprit d'indépendance et leur individualisme aux Celtes; leur amour du droit, de l'ordre et de la beauté formelle aux Latins; leur esprit d'initiative aux Normands et leur génie constructif aux Germains.

A cette diversité de races il faut ajouter les différences géographiques qui accentuent encore plus les tendances opposées du caractère de ses habitants. En effet, la France est à la fois un pays atlantique—ouvert vers le large et les grands espaces; un pays continental où l'homme est foncièrement attaché à la terre; un pays méditerranéen en contact direct, dans l'espace, avec l'Afrique et l'Orient et, dans le temps, avec des civilisations très développées qui sont parmi les plus anciennes de la terre.

Ces tendances opposées se reflètent dans le tempérament et le caractère des Français: comme la France est un pays agricole, ses habitants sont avant tout des paysans réalistes, terre à terre, sédentaires et économes. Cependant l'esprit chevaleresque idéaliste, si développé au Moyen Age, persiste encore de nos jours. Les Français préfèrent rester chez eux plutôt que d'aller à l'étranger. Malgré cela ils ont bâti d'immenses empires coloniaux. Ce sont aussi de grands individualistes qui ont développé à l'extrême la vie en société. Ils ont beaucoup de bon sens, l'esprit clair et logique, mais leurs actions sont souvent basées sur la fantaisie et l'intuition.

Tant de contradictions font le charme de ce peuple intéressant et déconcertant et il n'est pas étonnant que les étrangers aient beaucoup de mal à le comprendre.

La Population

Répartition de la Population

Le recensement de 1975 comptait 52.688.243 habitants. En 1982, la population était estimée à plus de 54 millions d'habitants dont environ 70% résidaient dans les villes et 30% à la campagne. En 1990, la population était de 56.615.700 habitants dont 73% résidaient dans les villes et leurs environs et 27% à la campagne. Dans l'ensemble du pays la densité est faible: environ 100 au km^2 au lieu de 218 en Allemagne et 216 au Royaume-Uni. Depuis 1945 cette moyenne de densité a augmenté et elle continue à augmenter tous les ans. En effet, la natalité a monté de 15 à 18 pour mille habitants, la mortalité infantile a beaucoup diminué et la durée moyenne de vie s'est allongée: 73 ans pour les hommes et 81 ans pour les femmes. Cette situation crée un déséquilibre entre les différents segments de la population: 33,8% ont moins de 20 ans, 53,6% ont de 20 à 64 ans et 12,6% ont plus de 64 ans, la proportion de vieillards la plus élevée du monde. Il y a d'autre part 11,8% des personnes entre 20 et 64 ans qui ne travaillent pas (étudiants et mères de famille). Ceci ne laisse que 23 millions de personnes actives (dont 39% sont des femmes), presque la moitié de la population entière.

Plus de deux millions de personnes habitent à Paris et plus de dix millions dans la région parisienne (recensement de 1982), ce qui représente

L'Institut du Monde arabe à Paris. Ce centre culturel témoigne de l'importance des étrangers dans la France d'aujourd'hui.

une densité de 4.000 habitants au kilomètre carré. Paris est le cinquième centre métropolitain du monde après Tokyo, New York, Mexico et Shanghaï. Un grand nombre des habitants de la région parisienne est originaire d'autres parties de la France ou de pays étrangers. Presque deux millions de personnes viennent tous les jours à Paris des environs. Le même phénomène existe dans les autres grandes agglomérations.

Il y a 4.450.000 étrangers en France, environ 8% de la population totale et le gouvernement favorise leur intégration. Cette assimilation des étrangers existe depuis bien longtemps, en fait depuis le début de l'histoire de la France. 70% des étrangers actuels viennent seulement de six pays proches: l'Espagne, le Portugal et l'Italie en Europe; l'Algérie, la Tunisie et le Maroc en Afrique.

Comme aux Etats-Unis, la France reçoit des étrangers qui passent les frontières en fraude pendant la nuit. Depuis 1974, seuls les membres des pays de la Communauté européenne sont acceptés; les autres, tels que les habitants des anciennes colonies ou des pays du Proche-Orient ne peuvent plus venir s'installer en France pour y travailler, sauf avec visa.

Politique Sociale du Gouvernement

L'augmentation de la population est due en partie aux progrès de la médecine, en partie à une certain confiance dans l'avenir et surtout aux efforts du gouvernement pour améliorer les conditions de vie.

1. Aide aux travailleurs. Du fait des changements apportés par la nouvelle structure économique, environ une personne active sur quatre a vu sa situation professionnelle se modifier depuis 1959. Pour permettre aux salariés de s'adapter, le gouvernement a pris certaines mesures importantes:

(a) Etablissement d'une Bourse Nationale de l'Emploi, avec bureaux régionaux, permettant de mettre en présence les offres (d'emploi) et les demandes (de travail) du pays tout entier.

(b) Allocation d'indemnités de recherche d'emploi, de double résidence et de frais de déménagement, en plus des allocations de chômage garantissant aux travailleurs 85% de leur salaire ainsi que des payements supplémentaires pour charges de famille.

(c) Création de Centres de Formation Professionnelle des Adultes qui forment ou perfectionnent chaque année plus de 40.000 travailleurs. Tous les travailleurs, y compris les immigrants étrangers peuvent, au cours d'un stage de quelques semaines ou de quelques mois, apprendre un métier qui leur permettra de gagner leur vie.

2. Les Lois sociales. Aujourd'hui, la Sécurité Sociale offre à tous les Français et travailleurs étrangers une protection contre les principaux risques de l'existence: la maladie, l'invalidité, la maternité et la vieillesse. C'est un organisme privé—sous la tutelle de l'Etat—dont les membres sont élus par les assurés eux-mêmes, et qui reçoit et dépense chaque année une somme égale à la moitié du budget du pays.

(a) L'assurance-maladie couvre environ 75 à 80% des frais médicaux—hôpitaux, médicaments, dentistes, optométristes, etc.—et donne une indemnité journalière pendant la maladie. La grande majorité des Français fait partie de mutuelles (assurances par groupes) qui les assurent pour les 20 ou 25% qui ne sont pas payés par la "Sécu" (la sécurité sociale). Il n'y a que 2% de la population sans assurances médicales contre 18% aux Etats-Unis.

(b) La pension de vieillesse dépend de différentes conditions de cotisation mais, salarié ou non, qu'il ait cotisé ou non, tout français âgé de soixante-cinq ans et plus a droit à une retraite minimum de 2.300 francs par an. En cas de décès l'époux survivant continue de toucher la moitié de la pension.

(c) Les allocations familiales comprennent des payements faits avant et après la naissance de son enfant à toute femme résidant en France, sans condition de nationalité. Pour obtenir ces payements elle doit se faire examiner trois fois pendant la grossesse par un docteur d'un centre médical et y amener son enfant un an après la naissance. D'autre part des assistantes sociales suivent la mère et l'enfant jusqu'à l'entrée de celui-ci à l'école, où il est surveillé par le service d'hygiène scolaire. Ce sont ces soins qui ont amené la baisse de la mortalité infantile.

Les allocations familiales comprennent aussi une indemnité de logement pour les familles nombreuses et surtout des payements mensuels à toute personne ayant au moins deux enfants. Ces allocations varient suivant le nombre et l'âge des enfants. L'âge limite de seize ans est reculé à dix-huit ans si l'enfant est placé en apprentissage et à vingt ans s'il continue ses études.

3. Le Service de Santé. En dehors des avantages ci-dessus, le gouvernement continue à créer de nouveaux hôpitaux, crèches, garderies d'enfants, centres de toutes sortes pour les jeunes et les adultes et à fonder des foyers, maisons de retraite et hospices pour les vieillards.

Les Classes Sociales

Elles comprennent trois tranches de la société:

1. Les paysans, ou cultivateurs, qui cultivent eux-mêmes leurs fermes—soit seuls, soit avec l'aide de quelques ouvriers agricoles. Très individualistes et attachés à leurs coutumes, ils commencent cependant à accepter les méthodes modernes de travail qui leur permettent un meilleur rendement de leurs terres et ainsi une augmentation de revenus. Avec la radio, la télévision et les communications par le chemin de fer et l'automobile, leur genre de vie a beaucoup changé et ressemble de plus en plus à celui des habitants des villes. Leurs habitations sont confortables: ils ont l'électricité, le gaz en bouteille, l'eau courante, le téléphone et des appareils ménagers modernes.

2. Les ouvriers—souvent fils de paysans—sont tous les travailleurs salariés qui gagnent leur vie en faisant des travaux manuels. Ils font partie de syndicats ou unions ouvrières qui défendent leurs intérêts. Leur sort s'est beaucoup amélioré depuis les années trente. Il y a d'abord eu la semaine de 40 heures avec salaire plus élevé pour les heures supplémentaires, et la possibilité de prendre des jours de congé pour remplacer celles-ci. La semaine de travail n'est plus que de 39 heures et le Gouvernement Mitterrand désire la diminuer jusqu'à 35 heures sans perte de salaire. Les ouvriers ont également cinq semaines de congé payé par an en plus des jours de fête réguliers. Il en est de même pour toutes les personnes qui sont des travailleurs salariés dans le pays. Les assurances sociales et allocations familiales les aident à équilibrer leur budget. Ils ont aussi plus de sécurité dans leur travail qu'autrefois car le gouvernement contrôle les licenciements en masse des grandes usines et il établit les taux de salaire minimums qui sont révisés régulièrement.

Cette classe se divise, d'une part, en ouvriers spécialisés qui sortent généralement d'une école professionnelle et dont les salaires sont assez élevés, et, d'autre part, en ouvriers non-qualifiés ou manœuvres qui ont une paye très basse. La plupart de ces derniers sont des étrangers.

Les logements d'ouvriers sont encore bien petits et manquent de confort moderne. Cependant le gouvernement aide les compagnies ou les particuliers qui veulent faire construire si bien qu'il y a actuellement un nombre considérable de nouveaux logements. Ceux-ci comprennent des immeubles à loyer modéré subventionnés par le gouvernement. Ainsi l'habitation, les salaires et les conditions de vie s'améliorent continuellement.

Le travail à la chaîne dans une usine Renault.

3. La bourgeoisie que l'on peut diviser en trois parties:

(a) La petite bourgeoisie qui comprend les petits commerçants, les artisans et toutes sortes d'employés.

(b) La bourgeoisie moyenne: techniciens, administrateurs, chefs de bureau, chefs d'entreprises moyennes, écrivains, artistes, professeurs, médecins, avocats, etc.

(c) La haute bourgeoisie qui se compose de grands industriels, banquiers, hauts fonctionnaires: tous ceux qui exercent un rôle prépondérant dans

Grands ensembles modernes de logements à prix modérés à Sarcelles dans la banlieue parisienne. (Suquet-Allard)

le gouvernement, l'administration, et l'économie du pays, ainsi que les membres les plus éminents des professions libérales.

(Il reste encore des membres de la noblesse mais celle-ci ne forme plus une classe à part et s'incorpore à une des classes ci-dessus, suivant la position de la personne dans la société. Les hommes d'Eglise n'ont plus qu'une importance minime en politique qui dépend de l'individu plutôt que du groupe.)

On a souvent reproché aux bourgeois leur esprit mesquin, leur opportunisme, leur matérialisme qui donne trop d'importance à l'argent. Cependant dans une société en évolution, déchirée par plusieurs révolutions, bouleversée par les nouvelles industries, ce sont les bourgeois qui ont donné à la France sa stabilité et qui lui ont permis de maintenir une place importante dans le monde. De toute façon la société bourgeoise s'est affinée avec le temps; ses défauts les plus graves se sont estompés; et elle a fourni à la France ses éléments les plus brillants dans tous les domaines.

LA VIE EN FRANCE

La Famille

L'importance de la famille est reconnue par le gouvernement qui a créé en 1944 un ministère de la Population avec une sous-direction de la Famille. A cette date il fondait également l'Institut National d'Etudes Démographiques. La première loi sur les allocations familiales datant de 1932 a été modifiée en 1945 pour la rendre plus efficace.

La famille française est très unie. Le père est considéré comme le chef de famille. Il a plus d'autorité et de prestige qu'en Amérique. En collaboration avec sa femme, il s'occupe activement de l'éducation et de l'instruction de ses enfants. Les rapports entre parents et enfants sont généralement très étroits, même après la majorité de ces derniers, surtout s'ils ne sont pas mariés. Dans ce cas ils habitent bien souvent avec leurs parents.

On ne reçoit chez soi que les différents membres de la famille et les amis intimes car la vie en famille est une chose presque sacrée que l'on ne partage pas avec tout le monde. On voit les autres personnes au café ou au restaurant. Les étrangers qui viennent en France trouvent la société française bien fermée et ils en sont parfois vexés; mais cet état de choses ne leur est pas réservé car il s'applique aussi bien aux Français qu'aux autres. De plus, cela tient au fait qu'on ne peut recevoir un étranger (soit français, soit d'une autre nationalité) "sans façon". Cela ne se fait pas! La maîtresse de maison doit donc offrir un repas de cérémonie qui représente un travail énorme, alors qu'il est bien plus facile d'aller au restaurant.

La femme a toujours eu beaucoup d'importance en France. Au Moyen Age la chevalerie courtoise lui avait voué un vrai culte. Il est vrai que la littérature bourgeoise, antiféministe, se moquait d'elle et qu'elle avait légalement moins de liberté que les hommes, mais cela ne lui retirait en rien la place prépondérante qu'elle avait dans la société. La vie de salon, qui s'est développée de bonne heure en France et qui a continué jusqu'à nos jours, a contribué à maintenir la femme dans une position avantageuse. Cependant elle n'a réussi à s'émanciper qu'au début du XXᵉ siècle et elle n'a obtenu le droit de vote qu'en 1946. Maintenant elle est considérée comme l'égale de l'homme et la partenaire de son mari.

Il y a une femme sur dix qui est célibataire et une femme sur deux qui travaille au-dehors. 57% des femmes entre 25 et 54 ans travaillent à temps plein. La femme peut maintenant, sans déchoir, travailler pour gagner sa vie et la loi lui garantit un salaire égal à celui de l'homme pour le même travail. Il y a beaucoup de femmes mariées qui ont un emploi et leur nombre augmente constamment, mais cela ne semble pas avoir encore trop désuni la famille. Cependant, à l'heure actuelle, les Français s'épousent moins. Il y a de plus en plus de divorces et, en l'an 2000, la moitié des enfants seront élevés par des couples libres. Il y a une progression sensible des naissances hors mariage: 50.000 en 1975, 115.000 en 1982 et 125.000 en 1983.

Les Repas

Les Français ont de tous temps aimé bien boire et bien manger. La cuisine est un art qui se pratique aussi bien par la ménagère—qui se trouverait déshonorée si elle ne savait pas préparer des petits plats fins—que par le cuisinier des grands restaurants. Apprendre à faire la cuisine est une des occupations des jeunes filles et les spécialités culinaires de la mère (et de la belle-mère après le mariage) se transmettent de génération en génération. Voici les divers repas des Français:

MENU

Hors d'œuvres variés Riches
Truite de rivière à la façon
du chef des Vannes
Pintade de Bresse
sur canapé
Pommes Dauphines
Croûte aux champignons
à la crème d'Isigny
Salade caprice de Reine
Fromages Divers
Grenade glacée à la vanille
Biscuits secs.
Mostelle de fruits

COURVOISIER
THE BRANDY OF NAPOLEON
COGNAC
APPELLATION CONTRÔLÉE

Ce qu'on appelle un bon repas!

1. Le petit déjeuner qui comprend un bol de café noir, de café au lait, de thé ou de chocolat, avec des tartines, des petits pains beurrés ou des croissants.
2. Les paysans, les ouvriers et les écoliers prennent souvent un casse-croûte au milieu de la matinée qui comprend un morceau de pain avec du fromage ou du saucisson.
3. Au milieu de la journée, vers midi ou une heure, il y a le déjeuner (qui s'appelle le dîner dans certains régions). Si cela est possible toute la famille se réunit, sinon on va souvent au restaurant et les enfants vont à la cantine de l'école. On mange généralement un hors-d'œuvre ou de la soupe, un plat de viande ou de poisson avec un légume, de la salade ou du fromage et du dessert. On boit du vin pendant le repas et du café noir après.

Les bureaux, les petites boutiques et les ateliers d'artisans sont souvent fermés de midi à deux heures. Les ouvriers des usines ont généralement une heure pour déjeuner.
4. Vers quatre heures de l'après-midi, les enfants prennent du pain avec une tablette de chocolat pour leur goûter.

5. Les dames et les demoiselles qui se rendent visite prennent le thé à cinq heures avec des gâteaux ou des petits fours.

6. Le dîner (ou souper dans quelques provinces) a lieu tard, vers sept ou huit heures du soir. C'est le repas de famille qui commence presque toujours par un potage et qui ressemble beaucoup au repas de midi.

Les dimanches et jours de fête ces repas comprennent plus de plats et on les arrose avec des vins fins, alors que pendant la semaine on boit du vin ordinaire souvent coupé d'eau. Ces jours-là on déguste aussi des liqueurs avec le café. Pour certaines occasions telles qu'un baptême, une première communion ou un mariage, le repas devient un vrai festin et on reste à table pendant des heures!

Les Fêtes et Congés

1. La grande fête nationale est le 14 juillet qui commémore la prise de la Bastille de 1789 et la fin de l'Ancien Régime. C'est une fête populaire qui commence par un défilé, presque toujours militaire, avec musique en tête. Le soir il y a des feux d'artifice et des bals en plein air dans les rues et sur les places publiques des villes et villages.

2. Les fêtes religieuses sont importantes: Pâques, avec le lundi de Pâques, l'Ascension, la Pentecôte, l'Assomption, la Toussaint et Noël. Elles découlent de la tradition car la grande majorité de la population (76,4%) est encore catholique (3,7% sont protestants, 5% musulmans et 1% israélites). Bien que certains Français soient anticléricaux, les enfants sont généralement baptisés et ils font leur première communion solennelle. De plus, on se marie et on est enterré à l'église.

3. Les fêtes civiles sont le Jour de l'An; la fête du travail le 1er mai; la fête de Jeanne d'Arc et l'armistice du 8 mai 1945 qui sont commémorés le même jour; l'armistice du 11 novembre 1918 qui est aussi observé par un jour de congé. On espère que ces fêtes tomberont près du week-end pour pouvoir faire le pont.

4. Les fêtes de fin d'année sont peut-être les plus aimées de la population. Le Père Noël—ou saint Nicolas dans certains provinces—apporte des jouets aux enfants qui ont mis leurs souliers dans la cheminée. Les devantures des grands magasins, toutes illuminées, sont remplies de jouets animés pendant plusieurs semaines avant Noël. C'est un spectacle inoubliable pour les petits.

Les coupoles de la basilique du Sacré-Cœur éclairées par le feu d'artifice du 14 juillet.

Depuis quelques années la ville de Paris offre à ses habitants un gigantesque sapin de Noël.

La veille de Noël on va à la Messe de minuit qui se célèbre dans toutes les églises et ensuite on fait le réveillon chez soi ou au restaurant. Les plats de rigueur sont une dinde et une bûche de Noël, délicieux gâteau qui a la forme d'une bûche de bois. Le jour de Noël il y a un repas de famille et les enfants reçoivent tous des cadeaux de toute la famille (on échange moins de cadeaux entre grandes personnes qu'aux Etats-Unis).

Pour le Jour de l'An on donne des étrennes en argent au personnel des maisons de commerce, à ceux qui ont fourni un service pendant l'année, comme la concierge et le facteur et on donne des cadeaux aux fournisseurs. On fait encore un réveillon la veille au soir; à minuit on s'embrasse sous une branche de gui et on boit beaucoup de champagne. Le jour de l'an on va rendre visite aux parents âgés: grands-parents, grands-oncles et tantes, vieux cousins, etc., et on leur apporte généralement des fleurs ou une plante fleurie. 5. En plus de ces fêtes, écoliers et étudiants ont deux semaines de congé à Noël et à Pâques pendant lesquelles beaucoup de jeunes gens partent faire des sports d'hiver dans les montagnes ou de la pêche sous-marine en Méditerranée. En été ils ont les grandes vacances du début de juillet au 15 ou 20 septembre. Depuis 1936 les travailleurs ont tous des vacances payées par les patrons. Les dirigeants essaient d'échelonner les vacances de leur personnel sur les mois d'été; malgré cela les régions touristiques françaises renommées regorgent de monde pendant cette saison car les étrangers y viennent aussi à ce moment-là. Il est donc difficile, sinon impossible, de trouver des chambres libres dans les hôtels à moins d'en avoir retenu longtemps à l'avance.

Les Distractions

Le Français, souvent casanier, aime rester chez lui pendant les jours de repos. C'est un grand liseur et les œuvres classiques pénètrent de plus en plus dans les milieux ouvriers grâce aux éditions brochées à bon marché, comme le livre de poche, et aux bibliothèques publiques. Celles-ci datent de 1839, mais leur nombre a augmenté et leur organisation a été modernisée en 1939. (La Bibliothèque Nationale à Paris, héritière de la bibliothèque royale fondée par François Ier en 1537 pour recevoir un exemplaire de tous les ouvrages publiés en France—le dépôt légal obligatoire—comprend plusieurs millions de livres, cartes, gravures, documents, estampes, médailles, etc. On ne peut les voir que lorsqu'ils sont exposés, car cette bibliothèque ne fait aucun prêt de livres.

Les érudits peuvent cependant obtenir un permis pour les consulter sur place.)

Le Français écoute beaucoup la radio, il discute de politique avec ses amis; et maintenant la télévision le tient encore plus à la maison. L'homme va souvent au café où il joue au billard ou aux cartes. D'autre part, le citadin— qui rêve de se retirer à la campagne où il aura une petite maison avec des parterres de fleurs, des arbres fruitiers en espalier et un jardin potager—sort de la ville le dimanche et les jours fériés pour aller se promener, faire un pique-nique ou du camping dans les bois, à la plage, ou au bord d'une rivière ou d'un lac.

S'il sort, le Français va surtout au cinéma, sa distraction favorite, mais le théâtre et les concerts sont aussi très goûtés, même en province où des troupes d'acteurs et des orchestres importants font régulièrement des tournées.

Sur les quais de la Seine des pêcheurs pleins d'espoir ne prennent jamais rien!

Le football est, avec le cyclisme, un des sports les plus populaires de France.

Les Français aiment beaucoup se distraire en plein air. Ici, des flâneurs profitent du beau temps pour goûter les plaisirs tranquilles d'un des nombreux parcs de France.

QUESTIONS

Les Caractéristiques des Habitants

1. De qui les Français sont-ils les descendants?
2. Le caractère des Français est-il complexe? Pourquoi? Quels sont les principaux traits de caractère des Français? A qui les doivent-ils?
3. Qu'est-ce qui accentue encore plus les tendances opposées de leur caractère? Expliquez.
4. Expliquez les tendances contradictoires du tempérament français.

La Population

1. Combien d'habitants y avait-il en France en 1975? En 1982? En 1990?
2. Quel est le pourcentage d'habitants pour les villes et les campagnes?
3. Quelle est la densité de population dans l'ensemble du pays? Comparez-la à celle d'autres pays.
4. Pourquoi cette densité augmente-t-elle?
5. Expliquez pourquoi cette situation crée un déséquilibre dans la population.
6. Combien d'habitants y a-t-il à Paris? Et dans la région parisienne? Quel est le rang de Paris parmi les grandes villes du monde? Après quelles villes?
7. Combien d'étrangers y a-t-il en France? Sont-ils assimilés? D'où viennent-ils?
8. Y a-t-il des étrangers qui arrivent en fraude? Expliquez.
9. Qu'est-ce qui permet à la population de s'accroître?
10. Y a-t-il assez de travailleurs? Pourquoi? Que fait le gouvernement pour compenser le manque de main-d'œuvre?
11. Qu'est-ce que le gouvernement a créé pour aider les travailleurs à s'adapter à la nouvelle structure économique?
12. Qui a droit à la Sécurité Sociale? Est-ce une institution d'Etat? Qui la dirige? Quel est son budget?
13. Que couvre l'assurance maladie? Qu'est-ce que les mutuelles? Que font-elles?
14. Parlez de la pension de vieillesse.
15. En quoi consistent les allocations familiales?
16. Qu'est-ce que le gouvernement continue à faire pour améliorer la vie de la population?

17. Quelles sont les différentes classes sociales? Décrivez-les.
18. La noblesse et le clergé ont-ils encore de l'importance comme classes sociales?
19. Qu'est-ce qu'on reproche aux bourgeois? Qu'est-ce qu'ils ont donné à la France? Comment sont les bourgeois maintenant?

La Vie en France

1. La famille est-elle importante en France? Qu'est-ce que le gouvernement a fait pour la famille?
2. Comment est la famille française? Expliquez.
3. Qui reçoit-on chez soi? Où reçoit-on les autres? Pourquoi?
4. Quelle était l'importance de la femme en France au Moyen Age? Qu'est-ce qui a contribué à maintenir la femme dans une position avantageuse? Quand s'est-elle émancipée?
5. Quel est le rôle de la femme maintenant dans la société?
6. Quelle est la situation familiale en France à l'heure actuelle?
7. La cuisine est-elle un art en France? Pourquoi? Qui pratique cet art?
8. Quels sont les diverse repas du jour et leurs menus?
9. Comment sont les repas les jours de fête? Qu'est-ce qu'on prend? Quand fait-on un vrai festin?
10. Quelle est la grande fête nationale française? Que commémore-t-elle? Que fait-on ce jour-là?
11. Quelle sont les fêtes religieuses? Pourquoi existent-elles toujours? Quelles sont les activités religieuses des Français?
12. Nommez les fêtes civiles.
13. Que veut dire "faire le pont"?
14. Que se passe-t-il pendant les fêtes de fin d'année?
15. Où vont les jeunes gens pendant les vacances de Noël et de Pâques? Que font-ils? Que se passe-t-il en France en été?
16. Que font généralement les Français casaniers? Quelle est leur distraction favorite?
17. Que savez-vous de la Bibliothèque Nationale?
18. Nommez d'autres distractions des Français.
19. Quels sont les sports pratiqués par les Français?

Sujets de Composition Française

1. La vie en France vous semble-t-elle intéressante? Aimeriez-vous y habiter? Pourquoi?
2. Est-ce que les principes démocratiques sont bien observés en France? Expliquez en donnant des exemples.

Un volontaire expliqu[e]
à ses élèves le
fonctionnement d'un
moteur.

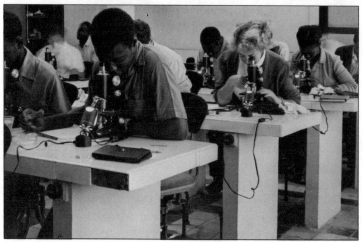

Les élèves pharmaciens
de l'université de
Dakar étudient dans
un laboratoire.

Au centre de l'Afrique[,]
un ingénieur donne un
cours. (Merschtitt)

LA FRANCE
DANS LE MONDE

Depuis des siècles, la France exerce une grande influence sur de nombreux pays par sa langue et sa littérature, par ses mouvements artistiques et ses réalisations scientifiques. Actuellement, c'est une nation qui a des responsabilités politiques et économiques dans le monde entier.

1. La Langue française. Pendant longtemps, le français a été la langue diplomatique par excellence parce qu'elle est claire et précise. C'est maintenant une des langues officielles des Nations Unies avec l'anglais, l'espagnol et le russe. Cela tient au fait qu'elle est employée comme langue principale dans de nombreux pays (32 sur 115 aux Nations Unies) et comme seconde langue dans beaucoup d'autres.

Il y a environ 450 millions de personnes qui parlent français dans le monde. 63.500.000 francophones habitent en Europe: en France, Belgique, Suisse et à Monaco. Le reste habite surtout dans les anciennes colonies en Afrique, au Proche-Orient, dans la Province du Québec au Canada et autres.

Il y a des écoles françaises soit catholiques, soit laïques, comme celles de l'Alliance Française, des lycées français et des instituts attachés à des universités françaises en dehors de France, c'est-à-dire environ quinze cents établissements qui enseignent le français à plus d'un million et demi d'étrangers.

2. La Communauté française. Elle comprend les anciennes colonies, devenues indépendantes politiquement puisqu'elles ont leur propre gouvernement,

mais qui ont conservé des liens culturels et économiques étroits avec la France: l'Algérie, le Maroc, la Tunisie, treize pays africains, la République malgache de Madagascar. La France fait actuellement un effort énorme pour développer ces nouvelles nations: envoi de professeurs et d'experts; aide financière, économique et technique; accueil de stagiaires dans les industries et d'étudiants dans les écoles de France. Tout ceci devrait, assez rapidement, permettre à ces pays de remonter leur niveau de vie et de se suffire à eux-mêmes.

3. L'Aide au Tiers-Monde. La contribution de la France est de 1,5% du P.N.B. ce qui représente 14 milliards de francs. Le Fonds d'aide et de coopération sous le Contrôle du Ministère de la Coopération et la Caisse centrale de coopération économique s'occupent de l'assistance technique, de l'éducation, de la coopération militaire et des prêts pour les écoles, les routes, les barrages et autres développements industriels. Environ 75% des sommes dépensées sont employés pour le développement des 13 pays africains de l'ouest et près des deux tiers vont au Sénégal, à la Côte d'Ivoire, au Gabon et au Cameroun qui sont les alliés les plus sûrs de la France dans cette partie du monde.

D'autre part, en plus de cette aide directe, la France participe, en hommes et en argent, au développement des pays sous-développés par ses contributions aux organisations internationales des Nations Unies. C'est en grande partie à cause de son active participation aux différents organismes de l'U.N.E.S.C.O. (Organisation des Nations Unies pour l'éducation, la science et la culture) que le bureau central de cette organisation internationale se trouve à Paris.

4. Le Marché Commun et la Communauté européenne. Après la dernière guerre mondiale, la France et les pays de l'Europe de l'Ouest ont reconnu qu'il leur était difficile de survivre seuls économiquement. Ils ont donc décidé de s'unir pour exploiter et échanger leurs ressources agricoles et industrielles. En 1952, la "Communauté européenne du charbon et de l'acier" a été créée. Elle comprenait six pays: la France, la Belgique, la Hollande, le Luxembourg, l'Allemagne Fédérale et l'Italie. En 1957, ces mêmes pays ont organisé la "Communauté économique européenne" ou "Marché Commun" ainsi que la Communauté européenne pour l'énergie atomique ou "Euratom". Le Marché commun devait faciliter le libre mouvement de marchandises (pas de barrières douanières), de personnes (plus de passeports), de services et de capitaux, mais à l'heure actuelle il ne fonctionne pas encore complètement. L'Euratom a établi un système de coopération entre les six nations ci-dessus pour faire des recherches sur l'énergie nucléaire afin de pouvoir l'utiliser dans un but économique.

Un des barrages de la Côte d'Ivoire que les ingénieurs de la compagnie Electricité de France ont aidé à construire.

En juillet 1967, la Communauté européenne a été établie fusionnant l'administration de la Communauté du charbon et de l'acier, celle de la Communauté économique et celle de l'Euratom. Les membres sont la France, la Belgique, l'Allemagne, les Pays-Bas, le Luxembourg, l'Italie; la Grande-Bretagne, l'Irlande et le Danemark qui y sont entrés en 1973; la Grèce en 1981, l'Espagne et le Portugal en 1986.

La Communauté européenne établie à Bruxelles, capitale de la Belgique, est administrée par un parlement élu au suffrage universel direct depuis 1979 et comprenant 434 membres. Il s'occupe des mêmes sujets que les gouvernements des pays associés, essayant d'unifier toutes les lois votées par chaque pays en agriculture, commerce, industrie, environnement, santé publique, éducation, etc.

La Cour de justice (1958) décide de la légalité des actes de ce parlement. La Banque européenne de placement (placements financiers) est une institution publique qui gère les affaires financières à long terme de la Communauté européenne.

En 1991, les nations faisant partie de la Communauté européenne ont signé le traité de Maastricht (une ville des Pays-Bas). Il prévoit l'union politique et monétaire vers la fin de ce siècle, créant une intégration encore plus serrée entre tous les pays signataires. Depuis 1979, la Communauté—excepté la Grande-Bretagne—a déjà utilisé l'ECU comme système monétaire, ce qui évite les frais d'échange entre les monnaies nationales, mais il n'y a pas encore de billets de banque de cette dénomination. Cependant on espère établir une banque européenne centrale qui pourrait, vers 1997, émettre de la monnaie en ECUs, ce qui changera totalement la façon dont le commerce, les Bourses, les fonds de retraite, les banques—enfin tout ce qui a trait à un échange monétaire international—devra opérer.

La Communauté européenne englobe douze nations ayant environ 340 millions de citoyens parlant neuf langues et ayant des coutumes différentes, ce qui va créer des difficultés énormes pour l'intégration. Cependant la coopération industrielle—qui existe déjà—a contribué à l'établissement de sociétés multinationales telles Aérospatiale et Airbus et à une coopération de plus en plus grande entre ces nations.

La France a eu un rôle prépondérant dans la création du Marché commun et de la Communauté européenne et continue à exercer son influence pour établir des relations aussi étroites que possible entre tous les Etats membres.

Une partie de la grande "Route de l'Amitié" construite en Haïti avec l'aide financière et technique du gouvernement français. Un pays en voie de développement comme Haïti a grand besoin de bonnes routes pour le transport de ses produits agricoles et industriels.

5. Le Rayonnement artistique français. Les étrangers apprécient beaucoup, depuis de nombreuses années, les productions artistiques françaises. Les œuvres des principaux écrivains ont été traduites dans toutes les langues; celles des peintres et sculpteurs sont exposées dans de nombreux musées étrangers, et le gouvernement français organise, de temps en temps, des expositions d'œuvres venant des musées nationaux et les envoie aux pays intéressés. De plus, le cinéma français est de renommée mondiale. Les meilleurs films sont très goûtés car les metteurs en scène français cherchent souvent à en renouveler les techniques et la présentation pour éviter de suivre continuellement les chemins battus. Enfin, il y a également des acteurs de théâtre et des musiciens qui font, avec succès, des tournées dans le monde entier.

6. La Gastronomie française. Les Français ont toujours aimé faire bonne chère et de grands chefs célèbres comme Vatel, Carême ou Escoffier ont contribué à développer la science culinaire française au plus haut degré et à en faire vraiment un art. Parmi tous les aspects de la civilisation française, c'est un de ceux qui sont les plus connus du monde entier.

7. Conclusion. Pendant plus de mille ans, la France a tenu un rôle prépondérant dans les affaires européennes et mondiales. Son histoire, comme l'océan, s'étend en une série de flux et de reflux, et il semble que plus bas elle tombe, plus haut elle remonte. Par exemple, la Guerre de Cent Ans a été suivie de la Renaissance et les Guerres de Religion, de l'Age Classique. Il suffit que le pays soit en danger pour que la grande majorité des Français se rallie aux "trois couleurs": ainsi la Résistance pendant la dernière guerre mondiale a réuni tous les partis politiques et ils ont travaillé ensemble contre les envahisseurs pour la libération. Malheureusement, avec la prospérité, renaît l'esprit de parti qui a tendance à éparpiller les efforts des gouvernants.

Actuellement, le pays est en plein essor économique, industriel et démographique. L'accroissement des naissances crée un déséquilibre maintenant puisque le nombre des travailleurs n'augmente pas encore, mais ce handicap n'est que temporaire car les jeunes vont bientôt commencer à produire. Comme le potentiel du pays est tel que celui-ci pourrait nourrir sans difficulté deux fois plus d'habitants qu'à l'heure actuelle, cette augmentation de la population devrait contribuer à accroître la richesse dans tout le pays.

Malgré ses problèmes financiers et politiques, la France est donc à même de tenir une place enviable dans le monde. Souhaitons qu'il en soit toujours ainsi.

Questions

1. Par quoi la France exerce-t-elle une influence sur le monde? Quelle est l'importance de la langue française?
2. Y a-t-il des écoles françaises à l'étranger? Expliquez.
3. Qu'est-ce que la communauté française? Qu'est-ce que la France fait pour elle?
4. Comment la France aide-t-elle les pays du Tiers-Monde?
5. La France contribue-t-elle aux organisations internationales des Nations Unies? Comment?
6. Qu'est-ce que les pays de l'Europe de l'Ouest ont reconnu après la dernière guerre mondiale? Qu'est-ce qui a été créé en 1952? Combien de pays en font partie?
7. Qu'est-ce que ces pays ont organisé en 1957? Quelle est l'importance du Marché Commun?
8. Qu'est-ce que l'Euratom? Quel est son but?
9. Qu'est-ce que la Communauté européenne? Combien de pays en font partie? Nommez-les.
10. Où est l'administration de la Communauté européenne? Comment est-elle administrée?
11. Combien de membres comprend-elle? De quoi s'occupent-ils?
12. Que fait la Cour de Justice? Et la Banque européenne de placement?
13. Qu'est-ce que les nations de la Communauté européenne ont signé en 1991? Que prévoit ce traité?
14. Qu'est-ce que l'ECU? Qui ne s'en sert pas? Savez-vous pourquoi?
15. Qu'est-ce que l'ECU évite? Est-ce important à votre avis? Pourquoi?
16. Qu'est-ce que la Communauté européenne espère établir vers 1997? Que doit faire cette banque?
17. Combien de personnes font partie de la Communauté européenne? Quelles langues parlent-elles? Comment sont leurs coutumes?
18. Qu'est-ce que la coopération industrielle a permis?
19. Parlez du rayonnement artistique français dans le monde. En quoi consiste-t-il? Est-ce important?
20. Quelle est l'importance de la gastronomie française dans le monde?
21. Comment peut-on décrire l'histoire de la France? Que se passe-t-il lorsque le pays est en danger? Et en temps de prospérité?
22. Est-ce que la France est restée stationnaire depuis la dernière guerre mondiale? Que se passe-t-il? Quel est le potentiel du pays?

Sujets de Composition Française

1. Qu'est-ce qui vous a le plus intéressé ou surpris au sujet de la civilisation française?
2. A votre avis, peut-on dire que la France a une place enviable dans le monde? Pourquoi?
3. Pensez-vous que la Communauté européenne va réussir à unifier l'Europe? Expliquez en donnant des exemples.
4. A votre avis, quels sont les avantages et inconvénients de l'unification européenne?

Vocabulaire Français-Anglais

L e Vocabulaire comprend tous les mots employés dans le texte, sauf ceux qui sont
identiques ou très similaires dans les deux langues et les mots de base tels que
pronoms sujet ou objet, formes des verbes irréguliers, jours de la semaine, nombres,
etc., que les élèves doivent savoir à ce niveau.

Le sens donné au mot est celui qu'il a dans le texte.

Les abréviations suivantes ont été employées:

adj. adjectif	*m.* masculin	*pl.* pluriel
adv. adverbe	*n.* nom	*prép.* préposition
conj. conjonction	*p.p.* participe passé	*pron.* pronom
f. féminin	*p. prés.* participe présent	*v.* verbe

A

à *prép.* at, to, from, in, by, on, with
abaisser to lower, to bring down, to reduce
abattage *m.* cutting down
abattre to knock down, to pull down
abdiquer to abdicate
abonné, -e *m. & f.* subscriber
abord *m.* approach
  d'abord *adv.* first, at first
aborder to land, to arrive at, to accost
aboutir to end up, to lead to
abréger to shorten
abri *m.* shelter, cover
abroger to repeal
abstrait, -e *adj.* abstract
accentuer to stress, to increase
accident de terrain *m.* irregularities of the ground
accidenté, -e *adj.* hilly
accomplir to perform, to carry out
accord *m.* agreement
accorder to grant, to harmonize
accouchement *m.* childbirth, confinement
accrocher to fasten
accroissement *m.* increase
accroître to increase
accueil *m.* reception, welcome
achat *m.* purchase
acheter to buy, to purchase
acier *m.* steel

aciérie *f.* steelworks
acquérir to acquire, to buy, to obtain
acte *m.* document
action *f.* share
actionnaire *m. & f.* shareholder
actuel, -le *adj.* present
actuellement *adv.* right now, at the present time
adjoint *m.* councilman
admettre to admit, to allow, to concede
adonner, s' (à) to devote oneself to
aérien, -enne *adj.* aerial, airy
affaiblir to weaken
  s'affaiblir to become weak
affiche *f.* poster
affiner, s' to become more refined
affluent *m.* tributary
afflux *m.* flocking
afin de *prép.* in order to
afin que *conj.* in order that
agencement *m.* arrangement
agglomération *f.* populated area
agir to act, to do, to operate
  s'agir de to be a question of
agneau *m.* lamb
agrément *m.* pleasure, charm
agricole *adj.* agricultural
  grande exploitation agricole *f.* large-scale farming
agriculteur *m.* farmer
aide *f.* help, aid

à l'aide de   with the help of
aider   to help
aigle *m.*   eagle
aigu, -e *adj.*   acute, keen
aiguille *f.*   needle
aile *f.*   wing
ailé, -e *adj.*   winged
ailleurs *adv.*   elsewhere
aimer   to love
aîné, -e *adj.*   elder, eldest
ajouter   to add
aliment *m.*   food
alimenter   to feed
alléger   to lighten
Allemagne *f.*   Germany
allemand, -e *adj.*   German
Allemand *n.*   German
allier, s'   to become allies, to unite
allonger   to lengthen
   s'allonger   to become longer
allouer   to assign
alors *adv.*   then, at that time, therefore
alors que   whereas
amalgame *m.*   merger
amarrer   to moor, to berth
âme *f.*   soul, mind
amélioration *f.*   improvement
améliorer   to improve
aménagement *m.*   set-up
aménager   to arrange, to plan, to
   establish, to organize
amener   to bring
amers *m. pl.*   bitters
ameublement *m.*   furnishings, furniture
ami *m.*   friend
ami intime *m.*   close friend
amical, -e *adj.*   friendly
amitié *f.*   friendship
amour *m.*   love
amour fou   passionate love
amoureux, -se *adj.*   loving, in love with
ampleur *f.*   amplitude, fullness
ancêtre *m.*   ancestor
ancien, -ienne *adj.*   old, ancient, former
anglais, -e *adj.*   English
Anglais *n.*   Englishman
Angleterre *f.*   England

angoissant, -e *adj.*   distressing, agonizing
angoisse *f.*   anguish, pain, anxiety, agony
annonce *f.*   announcement, notification,
   advertisement
annoncer   to announce, to herald, to
   proclaim
annuaire *m.*   telephone book
antan *m.*   yesteryear
antichambre *f.*   waiting-room
août *m.*   August
aperçu *m.*   glimpse
apparaître   to appear, to loom
appareil *m.*   apparatus, device
appareil de prise de vues *m.*   movie
   camera
appareil de projection *m.*   movie
   projector
appareil ménager *m.*   household appliance
appartenir   to belong
appeler   to call
   s'appeler   to be called, to be named
appliquer   to apply
   s'appliquer   to apply oneself
apporter   to bring
apprendre   to learn, to teach
apprendre par cœur   to memorize
apprentissage *m.*   apprenticeship
appris, -e *adj.*   learned
approvisionnement *m.*   stock, supplies
après *prép.*   after, behind
   d'après *prép.*   according to
araignée *f.*   spider
   toile d'araignée *f.*   spider web
arbre *m.*   tree
arc-boutant *m.*   flying buttress
ardoise *f.*   slate
argent *m.*   silver, money
argenté, -e *adj.*   silvery, silver-plated
armature *f.*   frame
armée de l'air *f.*   air force
armée de terre *f.*   land forces
arracher   to tear up, to tear away, to
   uproot, to wrench, to take by force
arrêt *m.*   stop, sentence, decree
arrêter   to arrest, to stop
arrière *m.*   back, rear
arrière-pays *m.*   back country

arrière-petit-fils *m.* great-grandson
arriver to arrive, to happen
arriver à to manage
arrondi, -e *adj.* rounded
arroser to water, to irrigate, to wash down
artère *f.* artery
ascenseur *m.* elevator, *Br.* lift
assassiner to murder
assiéger to besiege
assiette *f.* plate
assister to help
assister à to attend
associer to join
   s'associer to enter into partnership
assoiffé de thirsty for
assommoir *m.* bludgeon, club, anything
   that will stun or stupefy, like alcohol
assurance maladie *f.* sickness insurance
assurance sociale *f.* social security
assurance vieillesse *f.* old-age pension
astre *m.* celestial body
atelier *m.* shop, workshop
athée *adj.* atheistic
athée *m. & f.* atheist
attacher to attach, to tie
   s'attacher à to apply oneself, to do
   one's utmost
atteindre to attain, to reach
(en) attendant *adv.* in the meanwhile
attendre to await
   s'attendre à to expect
atterrir to land
attirer to draw, to attract
aucun, -e *adj. & pron.* no, not any, not
   anyone
aucunement *adv.* not in the least
au-dessous *adv.* below
au-dessus *adv.* above
augmentation *f.* increase
augmenter to increase
aujourd'hui *adv.* today
aussi *adv. & conj.* also, too; so, therefore
aussi bien que as well as
autant (de) as much, as many
   d'autant plus so much more
auteur *m.* author
autocar *m.* bus

autoritaire *adj.* authoritarian
autoroute *f.* parkway, freeway, *Br.*
   motorway
autoroute à péage turnpike, *Br.* toll
   motorway
autour de *prép.* around
autre *adj.* other
autrefois *adv.* formerly
Autriche *f.* Austria
autrichien, -ne *adj.* Austrian
Autrichien *m.* Austrian
(à l') avance beforehand
avare *m. & f.* miser
avènement *m.* accession to the throne
avenir *m.* future
avion *m.* airplane, *Br.* aeroplane
avion de chasse fighter plane
avion à réaction jet-propelled plane
avis *m.* opinion, advice
   à votre avis in your opinion
avocat *m.* lawyer
avoine *f.* oats
avoisinant, -e *adj.* neighboring, nearby

B

bac *m.* ferry
badiner to trifle, to joke
baigner to bathe
baigneur *m;* baigneuse *f.* bather
baiser to kiss
baiser *m.* a kiss
baisser to lower, to let down
banc *m.* school (of fish), shoal
banlieue *f.* suburbs
   petite banlieue *f.* immediate area
   around Paris
   grande banlieue *f.* area farther away
baptême *m.* christening, baptism
baptiser to christen, to baptize
barbare *adj.* barbaric
barbare *m. & f.* barbarian
barque *f.* small boat
barrage *m.* dam
bas, -se *adj.* low, base, vile
base *f.* base, foundation
   à la base de the origin of

basilique *f.* basilica
bassin *m.* pond, artificial lake
bataille *f.* battle
batailleur, -se *adj.* who like to fight, quarrelsome
bateau *m.* boat
batelier *m.* boatman
bâtiment *m.* building; building trade
bâtir to build
battre to beat
  se battre to fight
  abattre to knock down, to pull down
battu, -e *adj.* beaten
bavard, -e *adj.* talkative
beau, bel, belle *adj.* beautiful, handsome
beaucoup (de) *adv.* much, many
belette *f.* weasel
berceau *m.* cradle
berger *m.* shepherd
besoin *m.* need
  avoir besoin de to need
  au besoin *adv.* if need be
bétail *m.* (*pl.* bestiaux) cattle
betterave *f.* beet
beurre *m.* butter
beurré, -e *adj.* buttered
bibliothécaire *m. & f.* librarian
bibliothèque *f.* library
biche *f.* doe
bien *adv.* well
  si bien so well
bien que although
bien-être *m.* well-being
bien *m.* advantage, right, good
bienfaisant, -e *adj.* beneficial
bienfait *m.* blessing
biens *m. pl.* possessions
bientôt *adv.* soon
bière *f.* beer
bilan *m.* balance sheet
biniou *m.* Breton bagpipes
biochimie *f.* biochemistry
blanc, -che *adj.* white
blanchir to become white, to get white, to whiten
blanchisseuse *f.* laundress
blé *m.* wheat

blessé, -e *adj.* wounded
blindé, -e *adj.* armored
bœuf *m.* ox
boire to drink
bois *m.* wood
  en bois made of wood
boisé, -e *adj.* woody, wooded
boiserie *f.* woodwork
boiserie apparente visible beams
boîte *f.* box
boîte de nuit *f.* nightclub
bol *m.* bowl
bombarder to bomb, to shell
bon, -ne *adj.* good, kind
bondé, -e *adj.* overcrowded, jammed
bonheur *m.* happiness
  avec bonheur with good results
bord *m.* edge, shore
  au bord de *prép.* at the edge of
  en bordure de bordering on
borne kilométrique *f.* milestone (for kilometers)
bouc *m.* billy goat
boucherie *f.* butcher shop
boucle *f.* curve, curl
boule *f.* ball
bouleau *m.* birch-tree
bouleversé, -e *adj.* upset, turned upside down
bouleverser to disturb, to upset
bourgeois *m.* man of the middle class
bourgeois, -e *adj.* middle-class, commonplace
(le) Bourgeois gentilhomme *m.* The Would-be Gentleman
bourgeoisie *f.* the middle class
Bourguignon *m.* Burgundian (native of the province of Burgundy)
bourse *f.* purse, scholarship
Bourse *f.* stock exchange
Bourse National de l'Emploi National Labor Exchange
bout *m.* end
bouteille *f.* bottle
  en bouteille bottled
boutique *f.* store, shop
bovin *m.* the oxen family

brebis *f.* ewe
Bretagne *f.* Brittany
brillant, -e *adj.* superior
briser to break
broché, -e *adj.* paperbound
bruit *m.* noise
brûler to burn
brûler sur le bûcher to burn at the stake
brume *f.* fog, mist
brusquement *adv.* suddenly
brut, -e *adj.* gross
bruyère *f.* heather
bûche *f.* log
bûche de Noël *f.* Yule log
bûcher *m.* stake
bureau *m.* desk, office
chef de bureau *m.* officer manager
but *m.* goal, mark, aim

C

cacher to hide
cadeau *m.* gift
cadre *m.* frame, setting
cadres *m. pl.* officials, executives
calcul *m.* calculation
calvaire *m.* Calvary
camion *m.* truck
campagne *f.* country, campaign
canard *m.* duck
cantatrice *f.* female professional singer
caoutchouc *m.* rubber
capacité *f.* ability, aptitude
capter to collect
capteur *m.* collector
car *conj.* for, as, because
caractère *m.* character, characteristic, temper, disposition
carême *m.* Lent
cargo *m.* freighter
carré, -e *adj.* square
carrefour *m.* crossroads, intersection
carrière *f.* career
carrosserie *f.* automobile body
carte *f.* map, card, menu
cartographier to map
carton *m.* cardboard

cas *m.* case, instance
en cas de in case of
casanier, ière *adj.* stay-at-home
casse-croûte *m.* snack
cassé, -e *adj.* broken
casser to break
(à) cause de because of
céder to yield
ceinture *f.* belt
célèbre *adj.* famous
céleste *adj.* celestial
célibataire *adj.* unmarried, single
celle *pron.* this, that; celles these, those
celui *pron.* this that
celui-ci *pron.* this one, the latter
celui-là *pron.* that one, the former
cendres *f. pl.* ashes
centrale *f.* power station
cependant *adv.* however, meanwhile
cerf *m.* male deer
certain, -e *adj.* some, certain, fixed
cerveau *m.* brain
cesser to cease, to stop
c'est-à-dire that is to say, i.e.
ceux those
chacun, -e *pron.* each
chair *f.* flesh
chaleur *f.* heat
chambre *f.* assembly
Chambre des Pairs *f.* House of Lords
champ *m.* field
champ de course *m.* race track
champêtre *adj.* rustic, rural
changement *m.* change
chanson *f.* song
chanter to sing
chanteur *m.* singer
chantier *m.* yard, work site
chantier naval *m.* shipyard
chanvre *m.* hemp
chaque *adv.* each
char *m.* tank
charbon *m.* coal
charme *m.* hornbeam (tree)
charpente *f.* frame, skeleton
chasse *f.* hunt, hunting
chasser to hunt, to chase away, to drive away

chasseur *m.* huntsman
le chasseur maudit *m.* the cursed huntsman
châtaignier *m.* chestnut-tree
château *m.* castle, chateau
château fort *m.* fortified castle, fortress
châtiment *m.* punishment
chaud, -e *adj.* hot, warm
chauffer to heat
chaume *m.* thatch
toit de chaume *m.* thatched roof
chaussure *f.* shoe
chauve *adj.* bald
chef *m.* head, leader
chef d'entreprise *m.* business head
chef de famille *m.* head of the family
chef de file *m.* leader
chef-d'œuvre *m.* masterpiece
chef-lieu *m.* county seat
chemin *m.* road, way, path
à mi-chemin half-way
chemin battu *m.* beaten path
chemin de fer *m.* railway
chêne *m.* oak
chenille *f.* caterpillar
chercher to seek
chercher à to try to
chercheur *m.* researcher
cheval *m.* horse
être à cheval sur to straddle
cheval de course *m.* race horse
cheval de selle *m.* saddle horse
chevaleresque *adj.* knightly, chivalrous
chevalerie *f.* knighthood
chevalier *m.* knight
chèvre *f.* goat
chevreau *m.* kid
chez *prép.* at, at the home of, at the office of
chez soi at home
chien *m.* dog
chiffre *m.* initials, monogram
chimie *f.* chemistry
chimique *adj.* chemical
chimiste *m.* chemist
chirurgie *f.* surgery
chirurgien *m.* surgeon
chœur *m.* choir

choisir to choose
chômage *m.* unemployment
chômeur *m.* unemployed worker
chose *f.* thing
autre chose something else, another story
peu de choses very little
chou *m.* cabbage
choucroute *f.* sauerkraut
chou-fleur *m.* cauliflower
chrétien, -ne *adj.* Christian
chute *f.* fall
ci-dessus above
ciel *m.* (*pl.* cieux) sky, heaven, heavens
cierge *m.* church candle
cigale *f.* cicada
cigogne *f.* stork
ciment armé *m.* reinforced concrete
cimetière *m.* cemetery
circulation *f.* traffic
citadin *m.* city-dweller
citer to cite, to quote, to mention
citoyen *m.* citizen
citronnier *m.* lemon tree
clair, -e *adj.* clear, light
clarté *f.* clearness, clarity
clavecin *m.* harpsichord
clocher *m.* steeple, belfry
clochette *f.* small bell
cœur *m.* heart
coiffe *f.* headdress
coin *m.* corner
col *m.* collar, pass (in mountains)
colline *f.* hill
colonne *f.* column
colorier to color
coloris *m.* tint
combattre to fight
combattu, -e *adj.* opposed
combler to make up
combustible *m.* fuel
commander to order, to command
comme *adv.* like, as, how, since
commencer to start
comment *adj.* how
commerçant *m.* tradesman, shopkeeper, storekeeper
commuer to commute

communauté *f.* community
commune *f.* township, smallest division of the *département*
communicant, -e *adj.* communicating
communiquer to communicate, to impart
comparé, -e *adj.* comparative
comparer to compare
compliqué, -e *adj.* complicated
complot *m.* plot
comprenant, *p. prés. de* comprendre understanding, including
comprendre to understand, to include
compris, -e *adj.* understood
  y compris including
compte *m.* account
compter (sur) to count (on)
concentrer to concentrate
concerner to affect, to interest
  en ce qui concerne concerning
concierge *m. & f.* janitor and doorkeeper combined
concours *m.* competition
concurrencer to compete with
condamnation *f.* condemnation, sentence
condamnation à mort death sentence
conduire to conduct, to lead, to drive
conférence *f.* lecture, speech
confiance *f.* confidence, trust
confrère *m.* colleague
congé *m.* leave of absence
congé payé *m.* paid vacation
connaissance *f.* acquaintance, knowledge
  faire la connaissance de to get acquainted with
connaître to know, to be acquainted with
connu, -e *adj.* known
conquérir to conquer
conquête *f.* conquest
conquis, -e *adj.* conquered
consacrer to consecrate, to devote
conseil général *m.* a body of elected officials who take care of the *département*
conseiller *m.* advisor
conseiller général *m.* one of the men who belong to the *conseil général*
(par) conséquent *conj.* therefore, consequently

conserver to keep
consommateur *m.* consumer, patron (in a café)
consommation *f.* consumption, drink (in a café)
constituant, -e *adj.* constitutional
construire to construct
consultatif, -ve *adj.* advisory
conte *m.* tale
contenir to contain
contenter to please
  se contenter de to be content with
contenu *m.* content
contestataire *adj.* contesting
contestation *f.* controversy
continuel, -le *adj.* continued, constant
continuellement *adv.* all the time
contrainte *f.* constraint
  sans contrainte freely
contraire *m.* opposite
contre *prép.* against
  par contre in contrast, on the other hand
contrecoup *m.* backlash, aftereffect
contrefort *m.* buttress
contremaître *m.* foreman
contrôler to verify, to check
convenable *adv.* fitting, suitable, proper
convenablement *adv.* properly
convoquer to call, to summon
coordonner to coordinate
cornemuse *f.* bagpipe
corps *m.* body
Corse *f.* Corsica
côte *f.* rib, coast, hill
  côte à côte side by side
côté *m.* side
cotisation *f.* contribution
cou *m.* neck
coucher, se to put to bed, to go to bed
coucher de soleil *m.* sunset
couchette *f.* berth
couffin *m.* baby carrier
couler to flow
couleur locale *f.* local color
couloir *m.* corridor, aisle
coup *m.* blow
coup d'œil *m.* glance

coup de théâtre *m.* sensational development
(à) coup de by throwing
couper to cut
cour *f.* court, yard, courtyard
cour d'eau *m.* stream
courant, -e *adj.* current
courbe *f.* curve
couronne *f.* crown
couronner to crown
cours *m.* course, class
en cours de in the process of
course *f.* errand, race
court, -e *adj.* short
courtier en Bourse *m.* stockbroker
courtisan *m.* courtier
courtois, -e *adj.* courteous, courtly
coussin *m.* cushion
coût *m.* cost
coûter to cost
coûteux, -se *adj.* costly, expensive
coutume *f.* custom
couture *f.* sewing
couvert, -e *adj.* covered
couvrir to cover
craie *f.* chalk
crayeux, -se *adj.* chalky
crèche *f.* manger, crib, day-nursery
créer to create
creuser to dig
creux, -se *adj.* hollow, deep
creux *m.* hollow
crève-cœur *m.* heartbreak
crise *f.* crisis
crise cardiaque *f.* heart attack
critiquer to criticize
croire to believe
croisade *f.* crusade
croisé *m.* crusader
croisement *m.* crossing, intersection
croisière *f.* cruise
croissant *m.* crescent-roll
croix *f.* cross
croustillant, -e *adj.* crisp, crusty
croyance *f.* belief
croyant, -e *adj.* believing
croyant *m.* believer
cru *m.* vintage

cru, -e *adj.* believed
cruche *f.* pitcher
cueillir to gather, to pick
cuir *m.* leather
cuisine *f.* kitchen, cooking
cuisinier *m.* chef, cook
cuivre *m.* copper
cultivateur *m.* farmer
curé *m.* pastor, priest of a parish, curate
cyclisme *m.* bicycling

D

d'abord *adv.* first, at first
d'ailleurs *adv.* moreover, besides
dame *f.* lady
damné, -e *adj. & n.* damned
Danemark *m.* Denmark
dans *prép.* in, into, within
d'après *prép.* according to
dauphin *m.* dolphin
d'autre part on the other hand
de *prép.* from, of, with, in, for, by
débarquer to land
débarrasser, se (de) to rid, to get rid of
débordant, -e *adj.* overflowing
déborder to overflow
début *m.* beginning
décerner to award
décès *m.* decease, demise
déchet *m.* waste
déchiffrer to decipher
déchirer to tear
déchoir to lower oneself, to lose prestige
déclencher to launch
déconcertant, -e *adj.* disconcerting
découler to derive
découpé, -e *adj.* jagged
découper to carve
découverte *f.* discovery
décréter to decree
décrire to describe
dédier to dedicate
défaut *m.* lack, default, failure, defect
défense d'entrer no trespassing
déficitaire *adj.* showing a deficit
défilé *m.* parade, procession
défini, -e *adj.* defined

dégager   to define, to evolve
degré m.   degree, echelon
déguster   to relish, to savor
dehors adv.   outside
   au dehors adv.   away from home, on the
   outside
   en dehors de prép.   without, beyond,
   outside of
déjà adv.   already
déjeuner m.   lunch
   petit déjeuner m.   breakfast
délice m.   delight
déménagement m.   moving (from one
   residence to another)
démesuré, -e adj.   out of proportion,
   excessive, immoderate
demeure f.   dwelling
demeurer   to remain, to live, to reside
demi, -e adj.   half
démissionner   to resign
demoiselle f.   young lady
dénouement m.   end, solution
denrées f. pl.   food, supplies
dentelle f.   lace
dénué, -e adj.   devoid
dépasser   to go beyond, to exceed
dépense f.   expense, expenditure
dépenser   to spend money
dépeuplé, -e adj.   depopulated
déposer   to deposit
dépourvu, -e adj.   devoid
depuis prép. & adv.   since, from, after
depuis que conj.   since
déraisonnable adj.   unreasonable
déréglé, -e adj.   unruly
dernier, -ière adj.   last, final, lowest
   ce dernier   the latter
derrière prép.   behind, in back of
dès prép.   from, since
   dès aujourd'hui   right away
   dès lors prép.   since then
désabusé, -e adj.   disillusioned, blasé
désemparé, -e adj.   at a loss, helpless
déséquilibre m.   imbalance
désespoir m.   despair
désistement m.   withdrawal
dessin m.   design, sketch, drawing
dessiner   to sketch, to draw

dessus adv.   on, over
   au-dessus de adv., prép.   above
destin m.   destiny, fate
détacher, se   to stand out
détourner, se   to turn away
détruire   to destroy
détruit, -e adj.   destroyed
devant prép.   before, in front of
devanture f.   shop-window
développer   to develop
   se développer   to evolve
devenir   to become
déverser, se   to empty
devoir   to owe, must
devoir m.   duty, exercise, task
devoirs m. pl.   homework
dévouement m.   devotion, self-sacrifice
diable m.   devil
Dieu m. (pl. dieux)   God
   familier: le bon Dieu
différend m.   dispute
différent, -e adj.   different, various
différer   to be different
digne adj.   worthy
diminuer   to lower, to reduce
dinde f.   turkey-hen
dindon m.   turkey-cock
dîner m.   dinner
dîner   to dine
diplôme m.   diploma
diplômé, -e adj.   graduated (from a
   school)
dire   to say
   c'est-à-dire   that is to say
dirigeant m.   leader
diriger   to manage, to direct, to lead
   se diriger   to head, to turn
discours m.   speech
discuté, -e adj.   much debated or disputed
discuter   to discuss
disparaître   to disappear
disparu, -e adj.   disappeared
disposition f.   arrangement
dissoudre   to dissolve, to melt
distinguer   to distinguish, to differentiate
distraire   to amuse
dit, -e adj.   said, called
divers, -e adj.   changeable, diverse, varying

diviser   to divide
domaine *m.*   domain, field
dominer   to dominate
don *m.*   power, talent, gift
donation *f.*   gift
donc *adv.*   then, therefore, hence, so
donner   to give
donner sur   to face upon, to open upon
dont *pron.*   of which, of whom, whose
dorade *f.*   sea-bream
dortoir *m.*   dormitory
dossier *m.*   file, record
dossier scolaire   student file
douane *f.*   customs
douanier, -ière *adj.*   customs
doucement *adv.*   softly
doué, -e *adj.*   gifted, talented
douer   to endow
douleur *f.*   pain, sorrow
doux, douce *adj.*   sweet, mild, soft
drame *m.*   drama
drap *m.*   heavy coat or suit material
dresser, se   to stand up
droit *m.*   right, privilege, law
droits seigneuriaux *m. pl.*   rights or
   privileges of the nobility
droit, -e *adj.*   right, straight
droite *f.*   right
dur, -e *adj. & adv.*   hard, severe(ly)
durable *adj.*   lasting
durer   to last

E

eau *f.*   water
   cours d'eau *m.*   stream
eau courante   running water
ébloui, -e *adj.*   dazzled
écart *m.*   difference
écarter   to turn aside, to separate from, to
   keep away, to dismiss, to push aside
   s'écarter   to open, to draw aside
échanger   to exchange
échapper, s'   to escape
échelle *f.*   ladder, scale
   à l'échelle de   on the scale of
échelon *m.*   rung, stage, step
échelonner   to stagger, to spread out

échouer   to fail
éclairage *m.*   lighting
éclairer   to light
éclat *m.*   brilliance
éclater   to break out
écluse *f.*   lock, tide-gate
école *f.*   school
   grande école *f.*   school of higher
   learning
école maternelle   nursery school
école primaire   elementary school
économe *adj.*   thrifty
économie *f.*   economy, thrift, saving
économie politique *f.*   political science
écorce *f.*   bark
écorce terrestre *f.*   earth's crust
écossais, -e *adj.*   Scottish
écouter   to listen to
écran *m.*   screen
écrire   to write
écrit, -e *adj.*   written
écrit *m.*   writing
écriture *f.*   writing, handwriting
écrivain *m.*   writer
écroulement *m.*   collapse
écueil *m.*   reef, rock
écureuil *m.*   squirrel
écurie *f.*   stable
effectif *m.*   manpower
effectif scolaire *m.*   school population
effectuer   to execute, to effect, to
   accomplish
effet *m.*   effect, result
   en effet   indeed
efficace *adj.*   effective
effleurer   to cross (the mind)
effondrer, s'   to collapse
efforcer, s'   to endeavor to, to strive
effrayé, -e *adj.*   frightened
effrayer   to frighten
égal, -e *adj.*   equal
égarer   to lose
égarer, s'   to get lost
église *f.*   church
   à l'église   at church
   homme d'Eglise *m.*   churchman
égout *m.*   sewer
élevage *m.*   breeding, rearing

élève *m. & f.* pupil
élevé, -e *adj.* high
élever to raise, to rear, to breed
élever, s' to be raised, to rise
éleveur *m.* breeder, farmer
élire to elect
élire domicile to choose a residence
éloigné, -e *adj.* distant, removed
éloigner, s' (de) to remove, to go away
  from
élu, -e *adj.* elected
embauche *f.* hiring
embaucher to take on
embaumer to make fragrant
embouchure *f.* mouth (of a river)
emparer, s' (de) to seize
empêcher (de) to prevent, to hinder
emplir to fill
emploi *m.* job, employment
emploi du temps *m.* timetable, schedule
employer to use
emporter to carry away, to remove
encadrer to frame
enceinte *f.* wall, enclosure
enchevêtrer, s' to become entangled
encombrer to crowd
encore *adv.* again, still
endroit *m.* place
énergique *adj.* energetic, strong
enfance *f.* infancy
enfant *m. & f.* child
enfer *m.* inferno, Hell
enfilade *f.* line
enfin *adv.* finally
engager, s' to commit oneself, to get
  involved
engin de guerre *m.* mechanized weapon
englober to include
engrais *m.* fertilizer
enluminure *f.* illumination
énoncer to express
énorme *adj.* enormous
enquête *f.* inquiry, investigation
enrichir to make rich
    s'enrichir to become rich
enseignement *m.* teaching
enseigner to teach
ensemble *m.* a whole, harmony

ensemble *adv.* together
ensoleillé, -e *adj.* sunny, full of sunshine
enterrement *m.* funeral
enterrer to bury
entier, -ière *adj.* entire, whole, full
entourer to enclose, to surround
entraîner to bring about, to occasion
entre *prép.* between, among
entrée *f.* entrance
    concours d'entrée *m.* entrance
    examination on a competitive basis
    examen d'entrée *m.* entrance
    examination
entretenir to maintain, to keep up
entretien *m.* upkeep
envahir to invade
envahisseur *m.* invader
environ *adv.* about
environs *m. pl.* neighborhood,
  surroundings
envisagé, -e *adj.* considered
envoi *m.* forwarding, sending, dispatch
envoûtement *m.* bewitching
envoyer to send
épais, -se *adj.* thick
épanouissement *m.* blooming
éparpiller to scatter
épaule *f.* shoulder
épée *f.* sword
épopée *f.* epic
époque *f.* era, period, age, time
    à cette époque at that time
épouser to marry, to espouse
épreuve *f.* proof, test, trial
éprouver to test, to feel
épuiser, s' to peter out
équilibre *m.* balance
équilibrer to balance
équipe *f.* team
équitation *f.* horseback-riding
ériger to erect
errant, -e *adj.* roaming, roving, wandering
érudit *m.* scholar
escalier *m.* stairs
esclave *m. & f.* slave
Espagne *f.* Spain
espagnol, -e *adj.* Spanish
Espagnol, -e *m. & f.* Spaniard

espérance *f.* hope
espérer to hope
espoir *m.* hope
esprit *m.* mind, wit, spirit
esprit de parti *m.* partisan spirit,
  partisanship
essai *m.* test
essayer to try
essence de pétrole *f.* gasoline, *Br.* petrol
essor *m.* flight, development, progress
estampe *f.* print
estamper to cheat
Estaque a chain of hills near Marseille
estomper, s' to tone down
étable *f.* animal shed, stable
établir to establish
étage *m.* story (in a building), floor
étain *m.* tin
étang *m.* natural pool of stagnant water,
  pond
étant *p. prés.* d'être being
étape *f.* lap, step
état *m.* state
  homme d'Etat *m.* statesman
  état d'âme *m.* state of mind, feeling
  état civil *m.* vital statistics
été *m.* summer
étendre, s' to spread, to extend, to stretch
étendue *f.* length, expanse, stretch
éterniser, s' to drag on
étoile *f.* star
  une mauvaise étoile an unlucky star
étonnant, -e *adj.* astonishing, surprising
étonner to surprise
  s'étonner to be surprised
étranger, -ère *adj.* foreign, strange
étranger *m.* foreigner, stranger
  à l'étranger abroad
être to be
être *m.* being, person
  bien-être *m.* well-being, comfort, ease
être humain *m.* human being
étrennes *f. pl.* New Year's gifts
étroit, -e *adj.* narrow, close
étude *f.* study
étudiant *m.* student
étudier to study
eux-mêmes themselves

évader, s' to escape
Evangile *m.* Gospel
éveiller to awaken
événement *m.* event
évêque *m.* bishop
éviter (de) to avoid
évoluer to change, to maneuver, to act
évoquer to evoke, to conjure up
examen *m.* examination, study
excédent *m.* surplus
exercer to practice
exercice *m.* exercise, training
  dans l'exercice de leurs fonctions in
    the performance of their duty
expérience *f.* experiment, experience
expliquer to explain
exploitation *f.* large farm
exposer to disclose, to state, to exhibit
exprimer to express
  s'exprimer to express oneself
extérieur *m.* outside
  à l'extérieur outside

F

fabliau *m.* medieval short story
fabricant, -e manufacturer
fabrication *f.* manufacturing
fabrication en série *f.* mass production
fabriquant manufacturing
fabriquer to manufacture
façon *f.* fashion, manner, way
  de façon à in order to
  de toute façon anyway
  sans façon informally
facteur *m.* mailman
faible *adj.* low, weak, feeble
faiblesse *f.* weakness
faillir to almost do, to fall short
faillite *f.* bankruptcy
faim *f.* hunger
faire to make, to do, to execute
faire bonne chère to fare, to eat well
faire des projets to plan for the future
faire des vers to write poetry
faire le plein to fill up
faire le pont to have a long weekend
faire partie de to belong to

faire pressentir   to foreshadow
faire valoir   to exploit, to develop
fait *m.*   fact
   de ce fait   for that reason, thereby
   du fait de   because of
   du fait que   in view of the fact that
falaise *f.*   cliff, palisade
farine *f.*   flour
fatal, -e *adj.*   inevitable
faute *f.*   fault, mistake, lack
faute de   for lack of
fauteuil *m.*   armchair
féerique *adj.*   fairy-like
femme *f.*   woman, wife
féodal, -e *adj.*   feudal
   régime féodal *m.*   feudal system
fer *m.*   iron
fer-blanc *m.*   tin
férié, -e *adj.*   day of rest
ferme *f.*   farm
fermier *m.*   farmer
Fermier général *m.*   farmer-general (tax
   collector during the French monarchy)
ferreux, -euse *adj.*   ferrous, containing
   iron
ferroviaire *adj.*   railway
festin *m.*   feast, banquet
fête *f.*   feast, holiday, party
feu *m.*   fire
feu d'artifice   fireworks
feu de joie   bonfire
feuillet *m.*   page, leaf (of a book)
fief *m.*   feudal estate
   en fief   in trust
fifre *m.*   fife-player
fil *m.*   thread, string
filateur *m.*   spinner
filature *f.*   spinning mill
filiale *f.*   subsidiary
fils *m.*   son
fin *f.*   end
finir   to end
finir par   to end up by
flanc *m.*   flank, slope
flâner   to dawdle, to dally
flèche *f.*   arrow, spire
fleur *f.*   flower
fleuri, -e *adj.*   in bloom

barbe fleurie *f.*   curly beard (referring to
   Charlemagne)
fleuve *m.*   river
fluvial, -e *adj.*   river
flux et reflux *m.*   the flow and ebb of the
   tides
foi *f.*   faith
foie *m.*   liver
   pâté de foie gras *m.*   goose liver pâté
foire *f.*   fair
fois *m.*   time (repeated)
   à la fois   at the same time
folie *f.*   folly, foolishness, madness, insanity
foncièrement *adv.*   fundamentally,
   thoroughly
fonctionnaire *m.*   office-holder, civil
   service employee
fond *m.*   bottom
   au fond de   at the far end of, in the
   background, at the bottom of (the sea)
fondateur *m.*   founder
fondation *f.*   founding
fonder   to found
fondre   to meld, to cast
fonds *m. pl.*   assets
   détourner les fonds   to embezzle, to
   misappropriate
fort, -e *adj.*   strong
fortement *adv.*   greatly
fortuné, -e *adj.*   wealthy, fortunate
fossé *m.*   ditch
fou, folle *adj.*   crazy
fougue *f.*   fire, heat, ardor
four *m.*   oven, furnace
fourmi *f.*   ant
fournir   to furnish, to supply
fournisseur *m.*   supplier (of a business)
foyer *m.*   fireplace, home
fraîcheur *f.*   freshness, coolness
frais, fraîche *adj.*   fresh, cool, recent
frais *m. pl.*   expenses
français, -e *adj.*   French
   à la française   in the French way
francophone *adj.*   French-speaking
fraternel, -le *adj.*   brotherly
fraude *f.*   smuggling
frein *m.*   brakes
freiner   to brake, to slow down

frelon *m.* yellow jacket
froid, -e *adj.* cold
froideur *f.* coldness
fromage *m.* cheese
fuite *f.* flight
(au) fur et à mesure que in proportion to
fusée *f.* rocket
fusion *f.* merger

G

gagner to gain, to earn, to win
gagner sa vie to earn one's living
galet *m.* beach pebble
gamme *f.* gamut, scale
garder, se (de) to retain, to keep, to guard, to take care, to be careful not to
garderie *f.* day-nursery
gare *f.* railway station, depot
gâteau *m.* cake
gauche *f.* left
gauche *adj.* left, awkward
à gauche on the left
gazeux, -se *adj.* gaseous
gêne *f.* inconvenience, trouble, bother
gêner to bother
genêt *m.* broom, furze, gorse
génie *m.* genius, talent
genre *m.* kind, gender, type; literary form
genre de vie *m.* way of life
gérer to administer
geste *m.* gesture
gestion *f.* management
gigantesque *adj.* gigantic
gigot *m.* leg of lamb
gisement *m.* bed, lode, seam
gisement de pétrole oil field
gisement de potasse potash seam
glace *f.* ice, ice cream, mirror
glacer to freeze, to chill, to congeal
glaneur, -se *m. & f.* gleaner, picker
goût *m.* taste
goûter to taste, to appreciate
goutte *f.* drop
gouvernant *m.* person who governs
gouvernement *m.* government
gouverner to govern
grâce à thanks to

grand, -e *adj.* big, tall, great
Grande-Bretagne *f.* Great Britain
grandeur *f.* grandeur, greatness, size
grandir to become great or taller, to grow up
grandissant, -e *adj.* growing
grappe *f.* cluster, bunch
gratte-ciel *m.* skyscraper
gratuit, -e *adj.* free
grave *adv.* serious
graver to engrave
gravure *f.* engraving
grec, -que *adj.* Greek
Grec, -que *m. & f.* Greek (noun)
grève *f.* strike, beach
gros, -se *adj.* big, large, thick
grossesse *f.* pregnancy
grossier, -ère *adj.* rough, coarse
grossir to enlarge, to increase in size, to expand
guérir to cure
guerre *f.* war
guerre mondiale world war
guerrier *m.* warrior
guerrier, -ère *adj.* warlike
gui *m.* mistletoe

H

ha = hectare *m.* 2½ acres
habiter to live in, to reside in
habitude *f.* habit, custom, practice
habitué, -e *adj.* used to
haras *m.* stud-farm (for horses)
hardiesse *f.* boldness
hareng *m.* herring
hasard *m.* risk, chance
par hasard by accident
haut, -e *adj.* high, loud
hauteur *f.* height
hélice *f.* propeller
hémorragie *f.* hemorrhage
herbe *f.* herb, grass, weed
héritage *m.* inheritance
hériter to inherit
héritier *m.* male heir
héritière *f.* female heir
héroïne *f.* heroine

héros *m.* hero
hêtre *m.* beech
heure *f.* hour
  à l'heure actuelle at the present time
  de bonne heure early
heure d'affluence *f.* rush hour
histoire *f.* story, history
hiver *m.* winter
Hollandais *m.* Dutchman
homard *m.* lobster (with large claws)
homme *m.* man
hors *adv.* outside
hôtel *m.* hotel, inn
hôtel particulier *m.* mansion, townhouse
Hôtel de ville *m.* city hall
houille *f.* coal (used to produce electricity)
houille blanche *f.* white coal (water power)
huile *f.* oil
Huis clos closed doors, play with English title *No Exit*
huître *f.* oyster
humour *m.* wit
hypothèse *f.* hypothesis

I

île *f.* island
illettré, -e *adj.* illiterate
illustre *adj.* illustrious, famous
illustrer to illustrate
îlot *m.* islet
imiter to imitate
immeuble *m.* building, apartment-house
immuable *adj.* immovable
importer to import, to matter
(n') importe qui anybody
imposer, s' to assert oneself
impôt *m.* tax
impôt direct *m.* income tax
imprimerie *f.* printing shop
improvisateur-né *m.* born improviser
inanité *f.* emptiness
incendie *m.* fire
incommodité *f.* inconvenience
inconnu, -e *adj.* unknown, strange
inconvénient *m.* drawback
incorporer to incorporate

indécis, -e *adj.* irresolute, indistinct, uncertain
indiquer to show, to indicate
inégal, -e *adj.* unequal
inégalité *f.* inequality
infatigable *adj.* untiring
inférieur, -e *adj.* inferior, lower
infirme *m. & f.* disabled person
infirmière *f.* nurse
influent, -e *adj.* influential
informatique *f.* data processing
infraction *f.* breach, violation
infranchissable *adj.* impassable
ingénieur *m.* engineer
ingénieur des Eaux et Forêts engineer in the Forestry Service
ingénieur des Ponts et Chaussées civil engineer in the Department of Bridges and Highways
inonder to flood
inopportun, -e *adj.* inopportune
inoubliable *adj.* unforgettable
inoxydable *adj.* stainless
inscription *f.* inscription, entry, registration
  droit d'inscription *m.* registration fee
inscrire to enter, to register, to note
inscrire, s' to register oneself
inscrit, -e *adj.* registered
insolite *adj.* unusual
inspirer, s' (de) to imitate freely, to take as a base
instituteur, institutrice *m. & f.* male or female teacher in elementary schools
instruire to teach, to instruct
instruit, -e *adj.* educated
intégral, -e *adj.* full
intendant *m.* manager
intention *f.* intention, purpose
  avoir l'intention de to intend to
interdire to prohibit
intéresser to interest
  s'intéresser à to be interested in
intérieur *m.* inside
  à l'intérieur inside
(par) intérim acting
internat *m.* boarding school, internship
intervenir to intervene

intime *adj.* intimate
intituler to entitle
intrigue *f.* plot, intrigue
inutile *adj.* useless, unnecessary
irréel, -le *adj.* unreal
Islande *f.* Iceland
isolement *m.* loneliness
isoler to isolate
isoloir *m.* polling booth
issu, -e *adj.* stemming from
à l'issue de at the end of
ivre *adj.* drunken

J

jadis *adv.* formerly, of old
jardin *m.* garden
jardin d'enfants *m.* kindergarten
jardin potager *m.* vegetable garden
jardinier *m.* gardener
jaune *adj.* yellow
jeter to throw
se jeter dans to flow into
jeu *m.* game, play, gambling
jeune *adj.* young
jeunesse *f.* youth, young people
joie de vivre *f.* gaiety, zest, keen
enjoyment of the pleasures of life
joindre to join
se joindre à to join
jouer, jouer à, jouer de to play, to play a
game, to play an instrument
joueur, joueuse *m. & f.* player
jouet *m.* toy
jouir (de) to enjoy
jour *m.* day
jour de congé *m.* day off
jour de l'An *m.* New Year's Day
jour de repos *m.* day off
journalier, -ière *adj.* daily
joyau *m.* jewel
joyeux, -se *adj.* joyous, happy
judiciaire *adj.* judicial, legal
juillet *m.* July
juger to judge
jurer to swear
jusqu'à *prép.* until, to, as far as
jusqu'alors until then

jusqu'ici up to now
jusque-là *adv.* as far as there, up to that
time
juste *m. & f.* righteous person

K

kermesse *f.* village fair
km *m.* kilometer
kmh *m. pl.* kilometers per hour
kWh *m.* kilowatt-hour

L

laid, -e *adj.* ugly
laine *m.* wool
de laine woolen, *Br.* woollen
laisser to leave, to let
lait *m.* milk
industrie laitière *f.* dairy industry
production laitière *f.* milk production
lancement *m.* launching
lancer to launch
lanceur *m.* launcher
lande *f.* moor, heath
langouste *f.* lobster (without large claws)
langue *f.* tongue, language
lapin *m.* rabbit
laquelle *pron.* which
large *m.* open sea
large *adj.* broad, wide
largeur *f.* width
lecteur, lectrice *m. & f.* reader
lecture *f.* reading
léger, -ère *adj.* light, slight
légèreté *f.* lightness
legs *m.* legacy
légume *m.* vegetable
lendemain *m.* day after
lent, -e *adj.* slow
lenteur *f.* slowness
lentille *f.* lens
lentille optique *f.* optical lens
lequel *pron.* which
lesquels, lesquelles *pron.* which
lever, se to rise, to get up
lever de soleil *m.* sunrise
Liban *m.* Lebanon

libérer to free
se libérer to free oneself
liberté *f.* freedom
libre *adj.* free, unoccupied
libre arbitre *m.* free will
libre examen *m.* free enquiry
licorne *f.* unicorn
lien *m.* bond, tie
lieu *m.* place
    avoir lieu to take place
    au lieu de instead of
    donner lieu à to give rise to
ligne *f.* line
    grandes lignes main topics
lin *m.* flax (plant); linen (material)
lire to read
liseur *m.* avid reader
lit *m.* bed
littéraire *adj.* literary
livrer to surrender, to deliver
livret *m.* libretto of an opera
locataire *m. & f.* tenant
logement *m.* lodging, apartment
loi *f.* law
loin *adv.* far
lointain, -e *adj.* far, distant
longtemps *adv.* long, for a long time
lorsque *conj.* when, at the time that
louer to rent
lourd, -e *adj.* heavy
lourdeur *f.* heaviness
loyer *m.* rent
lumière *f.* light
lune *f.* moon
    clair de lune *m.* moonlight
lutte *f.* fight, struggle
lutter to fight, to struggle

M

macabre *adj.* macabre, gruesome, ghastly
machines agricoles *f. pl.* farm machinery
machines-outils *f. pl.* machine tools
magasin *m.* shop, store
magnifique *adj.* magnificent, splendid
main *f.* hand
    laisser les mains libres to give a free
    hand to

main-d'œuvre *f.* labor, manpower
maintenant *adv.* now
maintenu, -e *adj.* maintained
maintien *m.* keeping, upholding
maire *m.* mayor
mais *conj.* but
maïs *m.* corn, *Br.* maize
maison *f.* house, home
    à la maison at home
maison de retraite *f.* retirement home
maître *m.* schoolteacher, master
maîtresse *f.* schoolteacher, mistress
maîtresse de maison *f.* housewife
majeur, -e *adj.* of age, main, principal
majorité *f.* coming of age, greater part
mal *m.* evil, ache, pain, harm
malade *adj.* sick
malade imaginaire *m. & f.* hypochondriac
maladie *f.* sickness
malentendu *m.* misunderstanding
malgré *prép.* despite, in spite of
malheur *m.* misfortune
malheureusement *adv.* unfortunately
malheureux, -euse *adj.* unhappy,
    unfortunate
malhonnête *adj.* dishonest
malmener to harry, to bully
malveillant, -e *adj.* malevolent, malignant
mamelle *f.* breast
Manche *f.* the English Channel
manger to eat
manœuvre *m.* unskilled workman
manque *m.* lack
manquer (de) to fail, to miss, to lack
maquereau *m.* mackerel
maraîcher *m.* salad and vegetable farmer
marais-salant *m.* salt marsh
marbre *m.* marble
marchand, -e *adj.* commercial, merchant
marché *m.* market
    à bon marché inexpensive, cheap
marché aux puces *m.* flea market
marché de gros *m.* wholesale market
marcher to walk, to run (machine)
marécageux, -se *adj.* swampy, marshy
marée *f.* tide
marée basse *f.* low tide
marée haute *f.* high tide

marémotrice *adj.* tide-power
mare nostrum our sea (in Latin)
mari *m.* husband
marin *m.* sailor
marine *f.* navy
marmite à pression *f.* pressure cooker
marque *f.* mark, brand, make
  personne de marque *f.* person of note
  or distinction
marqueterie *f.* inlaid work
marronnier *m.* chestnut-tree
marronnier d'Inde *m.* horse-chestnut-tree
marteau *m.* hammer
matière *f.* matter, material, subject
  (school)
matière première *f.* raw material
matin *m.* morning, in the morning
matinal, -aux *adj.* early-rising
matinée *f.* morning
maudit, -e *adj.* cursed, accursed, damned
mauvais, -e *adj.* bad
mécanique *f.* mechanics
mécanique *adj.* mechanical
mécanique céleste *f.* movement of
  celestial bodies
mécanique de précision high tolerance
  machining
mécanique ondulatoire *f.* wave
  movement
mécène *m.* maecenas, a patron of the arts,
  from the name of Virgil and Horace's
  patron
mécontentement *m.* dissatisfaction
mécontenter to displease
médaille *f.* medal
médecin *m.* doctor (medical)
médicament *m.* medicine
meilleur, -e *adj.* better
mélange *m.* mixture
mélanger to mix
mêler to mix
même same, even
  à même de able to
  en même temps at the same time
ménage *m.* household
ménagère *f.* housewife
mener to lead
meneur *m.* leader

mensonge *m.* lie
mensuel, -le *adj.* monthly
mer *f.* sea
  mer du Nord North Sea
mère *f.* mother
  belle-mère *f.* mother-in-law
merlan *m.* whiting
merveille *f.* marvel
  à merveille marvelously, wonderfully
  well
merveilleux, -euse *adj.* wonderful
mesquin, -e *adj.* niggardly, petty
  esprit mesquin *m.* narrow-mindedness
messe *f.* mass (religious service)
messe de minuit *f.* midnight mass
métayer *m.* tenant farmer
métier *m.* trade, profession, craft
métier à tisser *m.* weaving machine
metteur en scène *m.* producer
mettre to put
  se mettre à to begin
  se mettre d'accord to agree
  se mettre de la partie to get in the act
mettre à exécution to carry out
mettre au point to put in working order
mettre en cause to implicate
mettre en scène to stage
mettre en valeur to enhance
mettre fin à to end
meuble *m.* furniture
meurtri, -e *adj.* bruised
midi noon
Midi *m.* the south (esp. of France)
mieux *adv.* better
mièvre *adj.* affected
milieu *m.* middle, center, environment, class
  juste milieu *m.* happy medium
  milieu ouvrier *m.* working class
mince *adj.* thin
mineur, -e *adj.* under age
mineur *m.* minor, miner
minime *adj.* minimal
misère *f.* poverty
mode *f.* fashion
  à la mode fashionable
modéré, -e *adj.* moderate
mœurs *f. pl.* customs, usages, habits,
  practices

moindre *adj.* lower, less(er)
moine *m.* monk
moins *adv.* least
  au moins at least
moitié *f.* half
moment *m.* moment, time, period
mondain, -e *adj.* worldly, belonging to
  society
monde *m.* world
  tout le monde everybody
mondial, -e *adj.* worldwide
montrer to show
moquer, se (de) to make fun of
morceau *m.* piece
morceler to parcel out
mordant, -e *adj.* biting
mordre to bite
morsure *f.* bite
mort *f.* death
mort *m.* dead man
mort, -e *adj.* dead
morue *f.* cod
mot *m.* word
mouche *f.* fly
moule *f.* mussel
moulin *m.* mill
mousse *m.* ship's apprentice
moutarde *f.* mustard
mouton *m.* sheep, mutton
mouton de Panurge *m.* from an anecdote
  by Rabelais, meaning "one who follows
  blindly"
moyen *m.* means
  au moyen de *prép.* by means of
moyen, -enne *adj.* average, middle-size
moyennant *prép.* by means of, in return
  for
moyeu *m.* hub
mur *m.* wall
mur de soutènement retaining wall
mûrier *m.* mulberry-tree
musée *m.* museum
musulman *m.* Moslem
mutilé, -e *adj.* maimed, disabled

N

nacelle *f.* gondola, basket

naguère *adv.* lately
naissance *f.* birth
  donner naissance to give birth
naissant, -e *adj.* newly born, being born,
  budding, nascent
naître to be born
natal, -e *adj.* where one is born
  terre natale *f.* birthplace
natalité *f.* birthrate
natation *f.* swimming
natif, -ve *adj.* native, born
nature morte *f.* still life (in painting)
naufrage *m.* shipwreck
navire *m.* ship, boat, vessel
  navire porte-avions aircraft carrier
né, -e *adj.* born
néanmoins *adv.* nevertheless
néant *m.* nothingness
nef *f.* nave
néfaste *adj.* evil, harmful
négligence *f.* neglect
négliger to neglect
neige *f.* snow
neiger to snow
nervure *f.* rib used in Gothic cathedrals
net, nette *adj.* clean, clear
neveu *m.* nephew
nid *m.* nest
nid de cigogne *m.* stork's nest
niveau *m.* level
noblesse *f.* nobility
noce *f.* wedding
Noël *m.* Christmas
  Père Noël *m.* Santa Claus
nœud *m.* knot
noir, -e *adj.* black
nombreux, -se *adj.* numerous
nommer, se to name, to nominate, to be
  named
non-rimé, -e *adj.* without a rhyme
Norvège *f.* Norway
note *f.* note, grade (in school)
nourrir to nourish, to feed
nouveau, nouvel, -le *adj.* new (newly
  acquired)
  de nouveau again, once more
nouveauté *f.* novelty
noyau *m.* nucleus

nu, -e *adj.* naked
nuage *m.* cloud
nuit *f.* night
numéro *m.* number
nuptial, -e *adj.* bridal

O

obligatoire *adj.* compulsory
obsédé, -e *adj.* obsessed
occasion *f.* bargain
d'occasion second-hand
occuper, s' to take care of
octroi *m.* city toll for the entry of certain goods
octroyer to grant, to allow, to bestow
odorat *m.* sense of smell
œuvre *f.* work (of art)
oie *f.* goose
ombrager to shade
(théorie) ondulatoire *f.* wave theory
opprimé, -e *adj.* oppressed
or *m.* gold
ordinateur *m.* computer
ordonner (de) to order, to command
organe *m.* organ, political body
organisateur *m.* organizer
organisme *m.* political body, association
orge *f.* barley
orgue *m.* organ (mus. inst.)
originaire *adj.* native
orné, -e *adj.* decorated
orner to decorate
osé, -e *adj.* daring
oser to dare
oublier to forget
outil *m.* tool
outil agricole *m.* farm implement
(à) outrance to the death
outre-mer *adv.* overseas
ouvert, -e *p.p. d'*ouvrir opened
ouverture *f.* opening
ouvrage *m.* work
ouvrier *m.* workman
ouvrier mécanicien *m.* machinist

P

païen, -ienne *adj.* pagan
paille *f.* straw
pain *m.* bread
paisible *adj.* peaceful
paître to graze
paix *f.* peace
Pâques *m. pl.* Easter
paraître to appear, to be published
apparaître to appear, to loom up
disparaître to disappear
parapluie *m.* umbrella
parce que *conj.* because, for
parcourir to cover
parfait, -e *adj.* perfect
parfois *adv.* sometimes
parfum *m.* perfume
paria *m.* outcast
parmi *prép.* among
partager to divide, to share
partenaire *m. & f.* partner
parterre *m.* flower-bed, background
parti *m.* party
prendre le parti de to decide
particulier *m.* private individual
particulier, -ère *adj.* particular, private
partie *f.* part, match, game
partir to leave
à partir de since, from
à partir de ce moment from that time on
partout *adv.* everywhere
paru *p.p. de* paraître published, appeared
pas *m.* step
passage à niveau *m.* grade crossing
passager, -ère *adj.* passing, momentary
passant *m.* passerby
passer, se to happen
passer par to go through
passionner to excite, to captivate
pâte *f.* dough
pâte alimentaire *f.* fancy dough, like macaroni, noodles, spaghetti, etc.
patrie *f.* fatherland
patron *m.* boss, patron, master
pâturage *m.* pasture, grazing ground
paume *f.* palm of the hand
pauvre *adj.* poor

pavillon *m.* small house
payant, -e *adj.* where one pays a fee
paye *f.* wages
pays *m.* country (nation)
paysage *m.* landscape
péage *m.* toll
peau *f.* skin, hide
peau de chagrin *f.* shagreen
pêche *f.* fishing
pêche à la crevette *f.* fishing for shrimp
pêcheur *m.* fisherman
peindre to paint
peint, -e *adj.* painted
peinture *f.* painting
pèlerin *m.* pilgrim
pèlerinage *m.* pilgrimage
pendant *prép.* during
pendant que *conj.* while
pendre to hang
pendu *m.* a man killed by hanging
pénible *adj.* difficult, hard, trying
péniche *f.* river barge
pensée *f.* thought
penser to think, to believe
penseur *m.* thinker
pensionnaire *m.* resident, retired soldier
pépinière *f.* plant nursery
percement *m.* opening, cutting, tunnelling
percer to pierce, to cut through
perdre to lose
    se perdre to lose oneself, to be wrecked, to be lost
perdu, -e *adj.* lost
perfectionner to improve
perforé, -e *adj.* perforated
péripétie *f.* vicissitudes, ups and downs
perle *f.* pearl
permettre to permit, to make possible
permis, -e *adj.* permitted
personnage *m.* character (in a story or a work of art)
perte *f.* loss, ruin
pesanteur *f.* weight, gravity
peste *f.* plague
peste bubonique *f.* bubonic plague
petit, -e *adj.* little, small
petit pois *m.* pea

petites gens *f. pl.* lower-class people
pétrole *m.* petroleum
pétrole brut *m.* crude oil
peu *adv.* little
    à peu près approximately
    peu de a little of, few
peuple *m.* the lower class; the inhabitants, the people
phare à lentille *m.* beacon with lenses
phénomène *m.* phenomenon
physicien *m.* physicist
pic *m.* peak
    à pic perpendicularly, sheer drop
pièce *f.* room, play, literary or musical selection
pied *m.* foot
    à pied on foot
    au pied de at the foot of
    sur un pied de guerre on a war footing
pierre *f.* stone
piéton *m.* pedestrian
pilier *m.* column
pillard *m.* looter, plunderer
piller to plunder
pilotis *m.* stilts
pintade *f.* guinea hen
pittoresque *adj.* picturesque
place *f.* square, seat, room (space)
    de place en place here and there
    sur place on the spot
plafond *m.* ceiling
plage *f.* beach
plaie *f.* wound, sore
plaisant, -e *adj.* pleasing
plaisanterie *f.* joke, quip
plaisir *m.* pleasure
plat, -e *adj.* flat
plat *m.* dish
    un petit plat fin a very elaborate and savory dish
platane *m.* plane-tree
plein, -e *adj.* full
    en plein air outdoors
pleuvoir to rain
pli *m.* fold
plisser to fold
plomb *m.* lead
pluie *f.* rain

plupart *f.* greater part, most
plus more
  de plus moreover
  de plus en plus more and more
  en plus de besides, in addition
  encore plus still more
  ne . . . plus no more, no longer
  plus ou moins more or less
plusieurs *adj. pl.* several
plutôt *adv.* rather
pneu *ou* pneumatique *m.* tire, *Br.* tyre
poche *f.* pocket
poids *m.* weight
point *m.* point, period
  être sur le point de to be on the verge
  of
point de vue standpoint, opinion
poisson *m.* fish
poissonneux, -se *adj.* full of fish
Pologne *f.* Poland
polonais, -e *adj.* Polish
Polonais, -e *m. & f.* Pole
pomme *f.* apple
pomme de terre *f.* potato
pont *m.* bridge
porc *m.* pig, pork
porcelaine *f.* chinaware, bone china
port *m.* port, harbor
portage *m.* carrying
porte-aéronefs *m.* aircraft carrier
porter to wear, to carry, to bear
  se porter to be (health)
posséder to own
poste *m.* position, post
poste-émetteur *m.* transmitter
postes et messageries public mail and
  parcel service
potage *m.* soup
poule *f.* hen
  mettre la poule au pot "a chicken in
  every pot"
poulet *m.* chicken
pour *prép.* for, in order to
pour ainsi dire so to speak
pourparlers *m. pl.* negotiations
pourquoi *conj. & adv.* why
poursuivre to pursue
pourvoir, se (en) to appeal to

pousser to push, to grow
pouvoir to be able
pouvoir *m.* power, authority
pratique *f.* practice
pratiquer to practice
pré *m.* meadow
pré salé *m.* salt meadow
précédent, -e *adj.* preceding, previous,
  earlier
précepteur *m.* private tutor
prêcher to preach
préciser to specify
  se préciser to become clear
préconçu, -e *adj.* preconceived
  idée préconçue *f.* preconception
précurseur *m.* precursor, forerunner
premier, -ière *adj.* first
  premier plan *m.* foreground
prendre to take
(se) présenter à un examen to take an
  examination
préserver to protect, to preserve, to save
presque *adv.* almost
pression *f.* pressure
prêt *m.* loan
prêt, -e *adj.* ready
prêtre *m.* priest
preuve *f.* proof
  faire preuve de to evince, to manifest
prévoir to foresee
prier (de) to pray, to ask, to beg
prière *f.* prayer
primaire *adj.* primary, elementary
primeur *f.* early vegetable
principe *m.* principle
principe de base basic principle
printemps *m.* spring
prise *f.* grasp, capture, taking
privé, -e *adj.* private
prix *m.* price, prize
  à tout prix at any cost
procédé *m.* method, procedure, process
proche *adj.* near, close by
Proche-Orient *m.* Near East
proclamer to proclaim
produire to produce
produit *m.* product
produit chimique *m.* chemical

professionnel, -le *adj.* vocational
profit *m.* advantage, profit
  au profit de in favor of
profond, -e *adj.* deep
profondeur *f.* depth
prolonger to extend
  se prolonger to extend
propager, se to travel (light waves)
propos *m.* talk, remark
propre *adj.* own, clean
(à) proprement parler strictly speaking
propriétaire *m. & f.* owner
propriété *f.* property, ownership
propulser to propel
prospère *adj.* prosperous
protéger to protect
prouesse *f.* prowess, bravery, valor
provenir to come, to derive, to originate
provisoire *adj.* provisional
provoquer to be the cause of, to create, to
  produce
puisque *conj.* since
puissance *f.* power
puissant, -e *adj.* powerful
puits *m.* well
puy *m.* peak

Q

quai *m.* embankment
quartier *m.* quarter, district,
  neighborhood
que *pron.* what, which, that
que *conj.* that, as, whether, than
quel, -le *adj.* what, which
quelque *adj.* some, any
quelquefois *adv.* sometimes
quelques-uns *pron.* some, a few
querelle *f.* quarrel, dispute
qui *pron.* who, that, which, what, whose,
  whom
quoi *pron.* what, which
quoique *conj.* though, although

R

raconter to relate
radeau *m.* raft

raffinement *m.* refinement
raffiner to refine
raffinerie *f.* refinery
rage *f.* rabies
raison *f.* reason, right
  avoir raison to be right
raisonnement *m.* reasoning
rallier to rally
  se rallier to rally
ramener to bring back
rang *m.* rank
rangé, -e *adj.* orderly, of regular habits
ranimer to revive
rappeler, se to recall, to remember
rapport *m.* relation, report
rapporter to bring back
rapprocher to bring closer
rassemblement *m.* collecting, gathering
rayon *m.* department
rayonnement *m.* brilliance, radiance,
  dissemination
rayonner to radiate
réagir to react
rebeller, se to rebel, to revolt
recensement *m.* census (of the
  population)
recette *f.* recipe
recevoir to receive
  être reçu à un examen to pass an
  examination
réchauffer to warm up
recherche *f.* search, research
recherche rationnelle *f.* research based
  upon reasoning
rechercher to seek, to look for
récit *m.* narrative, story
réclamer to claim, to demand
récolte *f.* crop, harvest
reconnaître to recognize
reconquérir to win back
reconstruire to rebuild
recueil collection of poems
reculé, -e *adj.* remote
reculer to fall back
rédaction *f.* essay, composition, drawing-up
redécouvrir to rediscover
redevenir to become again
rédiger to compose, to draft

redonner to give back

redresser to straighten up, to restore, to revive

réduire to reduce

reflet *m.* reflection

refléter to reflect, to throw back

se refléter to be reflected

refroidir to cool down

régime *m.* rule, law, government

Ancien Régime *m.* the French monarchy before the Revolution

régir to govern, to manage

règle *f.* rule, ruler

règlement *m.* regulation, payment

règne *m.* realm, kingdom, reign

régner to reign, to rule

regorger to overflow, to be packed or crowded

regorger de monde to swarm with people

reine *f.* queen

rejeter to reject

Relations Extérieures *f. pl.* Foreign Affairs

relever to raise, to revive

se relever to recover, to rise again

relier to connect

remerciement *m.* thanks, lay-off

remerciement en masse *m.* general lay-off

remercier to thank

remettre sur pied to put back on its feet

remonter to go back up, to raise, to go upstream

remorqueur *m.* tugboat

remplacer to replace

remplir to fill

remporter (une victoire) to win

renaissance *f.* rebirth

renaître to be reborn

rendement *m.* yield, result

rendre to give back, to return, to make

se rendre à to go to

se rendre compte to realize

renflouer to set right

renforcer to reinforce

renommée *f.* renown

renoncer to renounce, to give up

renouveau *m.* revival

renouvelable *adj.* renewable

renouveler restore, renew, renovate

renseignement *m.* information

renverser to overthrow, to spill, to upset

répandre to pour out, to spread

se répandre to spread

répartir to divide, to distribute

répartition *f.* distribution

repas *m.* meal

repentir *m.* repentance

répétition *f.* repetition, private lessons, coaching

reposer, se to rest

reprendre to take back, to take up again, to get back, to begin again

représentant *m.* representative, salesman

réseau *m.* network

réseau ferroviaire *m.* railway network

réseau routier *m.* road network

résoudre to resolve

ressaisir, se to recover

ressemblance *f.* resemblance, likeness, similarity

ressembler to look like, to be like

se ressembler to look alike, to be alike

ressentir to feel

ressortir to stand out

reste *m.* remainder

au reste *adv.* for that matter

du reste *adv.* moreover, besides

rester to stay, to remain

résultat *m.* result

rétablir to re-establish, to restore

retenir to keep, to detain, to reserve

retirer to take away, to pull out, to withdraw

retourner to return

retraite *f.* retreat

retraité *m.* retired person

retrancher, se to retrench, to entrench

réunir to gather

se réunir to join, to combine, to meet

réussir (à) to succeed (in), to manage to

réussite *f.* success

rêve *m.* dream

réveiller, se to waken, to awaken

réveillon *m.* Christmas or New Year's Eve party

revendication *f.* claim
revenir to come back
revenir sain et sauf to come back safe and sound
revenu *m.* income
rêver to dream
réverbérer, se to reverberate, to echo
revue *f.* magazine, review
riant, -e *adj.* pleasant, smiling
richesse *f.* riches, wealth
rien nothing
 en rien at all
rivaliser to be in competition with
rive *f.* shore, bank, side
riz *m.* rice
robotisation *f.* automation
rocheux, -se *adj.* rocky
roi *m.* king
romain, -e *adj.* Roman
Romain, -e *m. & f.* Roman
roman *m.* novel
roman *adj.* romanesque (architecture)
romancier *m.* novelist
rond, -e *adj.* round
rond *m.* round, ring, circle
rond-de-cuir *m.* petty official (literally, a leather cushion in the form of a doughnut)
roseau *m.* reed
rouet *m.* spinning wheel
rouge *adj.* red
rouget *m.* red mullet (fish)
route *f.* road
royaume *m.* kingdom
rubrique *f.* heading
rue *f.* street
rue à sens unique one-way street
rusé, -e *adj.* wily, foxy
russe *adj.* Russian
Russe *m. & f.* Russian

S

sable *m.* sand
sable mouvant *m.* quicksand
sacre *m.* coronation
sacré, -e *adj.* sacred, holy
sage *adj.* wise, good, well-behaved

sagesse *f.* wisdom
sain, -e *adj.* healthy
sain et sauf safe and sound
saint, -e *adj.* holy
saisir to seize
saisissant, -e *adj.* thrilling, striking
sale *adj.* dirty
salle *f.* hall, large room
saltimbanque *m.* juggler, tumbler
sang *m.* blood
sanglant, -e *adj.* bloody
sans *prép.* without
santé *f.* health
saucisson *m.* sausage, salami
sauf *prép.* except, save for
saut *m.* leap, jump
sauter to leap, to jump
sauvage *m. & f.* wild one, savage
sauver to save
 se sauver to escape, to run away
savant *m.* scientist
savant, -e *adj.* learned
savoir to know (a fact)
savon *m.* soap
savonnerie *f.* soap industry
savoureux, -se *adj.* tasty, savory
scolaire *adj.* scholastic
 programme scolaire *m.* school program
scrutin *m.* ballot, vote
 premier tour de scrutin *m.* first round of voting
sec, sèche *adj.* dry
sécher to dry
seconder to help, to support
secousse *f.* shaking, jolt
seigneur *m.* nobleman, lord, master
seigneurial, -e *adj.* belonging to the nobility, lordly, manorial
séjour *m.* stay
séjourner to stay
selon *prép.* according to
semaine *f.* week
semblable *m.* fellowman
semblable *adj.* similar, alike
sens *m.* sense, meaning, direction
sensiblement *adv.* noticeably, appreciably, deeply

sentiment *m.* feeling
sentir to feel, to smell
séparer to separate
septennat *m.* seven-year term of French
president
séquestré *m.* prisoner
serment *m.* oath
serpent *m.* snake
serpentin *m.* streamer of paper
serré, -e *adj.* close
servir to serve
se servir de to use, to make use of
seul, -e *adj.* alone, only
sidérurgie *f.* iron or steel industry
siècle *m.* century
siège *m.* seat, siege
siège social *m.* headquarters
siéger to sit, to be in session
siffler to whistle
signification *f.* meaning
silloner to crisscross
simplement *adv.* simply
singe *m.* monkey, ape
sinon *conj.* otherwise
situation *f.* position
situé, -e *adj.* located
sobre *adj.* moderate, sparing
soi *pron.* oneself, himself, herself, itself
soie *f.* silk
soif *f.* thirst
avoir soif to be thirsty
soigneusement *adv.* carefully,
meticulously
soigneux, -se *adj.* careful, meticulous
soin *m.* care
avec soin carefully
avoir soin de to be careful to, to take
care to
soir *m.* evening
soit . . . soit *conj.* either . . . or
soit . . . que whether . . . or
sol *m.* ground, earth
soldat *m.* soldier
soleil *m.* sun
au soleil in the sun
coucher de soleil *m.* sunset
lever de soleil *m.* sunrise
solennel, -le *adj.* solemn, formal

sombre *adj.* somber, dark, gloomy
somme *f.* sum
sommet *m.* summit, top
son *m.* sound
sort *m.* lot, fate
(de) sorte que *conj.* so that
sortie *f.* exit, departure
sortir to go out, to leave, to come out
sortir de to get out of
soude *f.* soda (chemical)
souffert *p.p. de* souffrir suffered
souffle *m.* force, power
souffler to blow, to breathe heavily
souffleur *m.* blower
souffrance *f.* suffering
souffrir to suffer
soufre *m.* sulphur
souhaitons let us hope
soulever to raise, to lift up
se soulever to revolt
soulier *m.* shoe
souligner to underline
soumettre to submit
se soumettre to submit
soumis, -e (à) *adj.* subjected to
souple *adj.* flexible
source *f.* spring, springhead
sourire *m.* smile
sourire to smile
sous *prép.* under
sous-développé, -e *adj.* underdeveloped
sous-marin *m.* submarine
sous-marin, -e *adj.* underwater
sous-sol *m.* basement, subsoil
soutenir to support, to sustain,, to uphold
souvent *adv.* often
spécialisé, -e *adj.* skilled
spirituel, -le *adj.* witty
squelette *m.* skeleton
stage *m.* course of training (not in a
school)
stagiaire *m. & f.* person under instruction
(not in a school)
station balnéaire *f.* seaside resort
station thermale *f.* spa
subconscient *m.* subconscious
subir to undergo
subir une défaite to meet with defeat

subordonné, -e *adj.* dependent
subtil, -e *adj.* subtle
subventionner   to subsidize
succéder   to succeed
sucre *m.* sugar
sud *m.* south
les pays Sudètes   Sudetenland
suffire   to suffice
  se suffire   to support oneself
  il suffit   it is enough
suggérer   to suggest
Suisse *f.* Switzerland
suivant   according
  en suivant   following
suivre   to follow
sujet *m.* subject
  au sujet de   concerning
supérieur, -e *adj.* superior, higher
supprimer   to eliminate
surcroît *m.* increase
sûreté *f.* safety
surgir   to rise, to appear
surmonter   to surmount, to top
surprenant, -e *adj.* surprising
surtout *adv.* above all, especially
surveiller   to watch over, to look after
survenir   to take place
susciter   to create
suzerain *m.* overlord
syndicat *m.* labor union, *Br.* trade union
système solaire *m.* solar system

T

tableau *m.* picture
tablette de chocolat *f.* bar of chocolate
tâche *f.* task, work
taille *f.* waist, size
tandis que *conj.* while, whereas
(en) tant que   as
tantôt *adv.* presently
  tantôt . . . tantôt   now . . . now
tapis roulant *m.* conveyor belt
tapisserie *f.* tapestry
tard *adv.* late
  plus tard   later
tartine *f.* buttered slice of bread
taureau *m.* bull

taux *m.* rate
teint *m.* complexion
tel, -le *adj.* such, such a, similar
télégraphie sans fil *f.* wireless, radio
tellement *adv.* so, so much
tel quel   as is
témoin *m.* witness
tempéré, -e *adj.* temperate
temps *m.* time, weather
  de temps en temps   from time to time
  en même temps   at the same time
tendance *f.* tendency
  avoir tendance à   to tend to
tendre   to extend, to bend
tenir, se   to hold, to keep, to remain
  cela tient au fait que   it is due to the
  fact that
tentation *f.* temptation
tenter   to attempt
terminer   to end
ternir   to tarnish, to soil
terrain *m.* ground, land, field
terre *f.* earth, ground, domain
  terre à terre   unimaginative, prosaic,
  matter-of-fact
Terre-Neuve *f.* Newfoundland
terrestre *adj.* earthly, on earth, of the
  earth
territoire *m.* territory
tête *f.* head, top
  tenir tête à   to resist
thé *m.* tea
Thermes *m. pl.* Roman baths
tiers *m.* third
Tiers Etat *m.* the Third Estate
tilleul *m.* linden tree
tintement *m.* jingling
tir *m.* launching
tirer   to take, to launch (a missile)
tireur isolé *m.* sniper
tissage *m.* weaving
tisser   to weave
  métier à tisser *m.* weaving loom
tissu *m.* tissue, fabric
tissu cellulaire *m.* cell tissue
titre *m.* title
toile *f.* linen cloth, canvas
toile d'araignée *f.* spider web

toile de fond *f.* backdrop
toit *m.* roof
tombeau *m.* tomb, monument
tomber to fall, to drop
tonnerre *m.* thunder
tortueux, -se *adj.* twisting, winding
tôt *adv.* early, soon
  plus tôt earlier
touché, -e *adj.* affected, moved
toucher (*money*) to earn
toujours *adv.* always
tour *f.* tower
tourmenté, -e *adj.* tormented, very
  irregular
tournée *f.* tour (actors and musicians)
tournoi *m.* tournament, tourney, tilt
Toussaint *f.* All Saints' Day
tous all
tout, -e, -es *adj.* all
tout compte fait everything considered
tout en while
tout le monde everybody
tout-Paris *m.* Parisian society
traduction *f.* translation
traduire to translate
traduire, se to be expressed by
trahison *f.* treason
(être en) train de to be in the act of, to be
  busy with
trait *m.* feature
  animal de trait *m.* draught animal
  avoir trait à to be connected with, to
  refer to
trait de caractère *m.* moral characteristic
traité *m.* treaty
traiter to treat
trajet *m.* journey
trame *f.* texture, web
tranche *f.* portion, slice, group
tranchée *f.* trench
transcrire to transcribe
transmettre to transmit, to pass on
transmis, -e *adj.* transmitted
transport fluvial *m.* river navigation
travail *m.* (*pl.* travaux) work
  Ministère du Travail *m.* Labor
  Department
travailler to work

travailleur *m.* workman, worker
travaux manuels *m. pl.* manual work
  training
travaux publics *m. pl.* public works
(à) travers de through
traverser to cross
trépassé *m.* dead man, deceased
tribu *f.* tribe
tricher to cheat
tricheur, -euse one who cheats
trône *m.* throne
trottoir *m.* sidewalk, *Br.* pavement
troubles *m. pl.* riots
troué, -e *adj.* with holes
troupeau *m.* herd
trouver to find
  se trouver to be, to be situated, to find
  oneself
trouvère *m.* troubadour, minstrel
tuer to kill
tuerie *f.* slaughter
tuile *f.* tile
tutelle *f.* tutelage
typique *adj.* typical

U

unir to unite
urbain, -e *adj.* town, urban
urbanisme *m.* town planning
usine *f.* factory, works, mill
utile *adj.* useful
utiliser to use

V

vache *f.* cow
vain, -e *adj.* futile
vaincre to defeat
vaincu, -e *adj.* defeated
vainqueur *m.* conqueror, winner
vainqueur *adj.* victorious
valeur *f.* value
vallonné, -e *adj.* hilly
vapeur d'eau *f.* steam
veau *m.* calf, veal
vécu, -e *adj.* lived
véhicule *m.* conveyance

veille *f.*   eve, day before
  à la veille de   on the verge of
vivre   to live
vélo *m.*   bicycle (familiar)
velours *m.*   velvet
vendange *f.*   grape harvest
venir   to come
vent *m.*   wind
ver *m.*   worm
ver à soie *m.*   silk-worm
verdoyant, -e *adj.*   verdant
verdure *f.*   green vegetation
verger *m.*   fruit garden
véritable *adj.*   true, real
vérité *f.*   truth
verre *m.*   glass
verrerie *f.*   glassware
verrière *f.*   glass structure, stained-glass
  window
vers *prép.*   toward, around
vers *m.*   verse, line of poetry
verser   to pour out, to pay
vert, -e *adj.*   green
vestige *m.*   vestige, trace, remains
vêtement *m.*   garment; *pl.* clothes
viande *f.*   meat
victorieux, -se *adj.*   victorious
vide *adj.*   empty
vie *f.*   life
vie courante *f.*   everyday life
vieillard *m.*   old man
vieillards *m. pl.*   the elderly, the aged
vieillesse *f.*   old age
vierge *f.*   virgin
vieux, vieil, -le *adj.*   old, ancient
vif, vive *adj.*   brisk, brilliant, intense
vigne *f.*   grapevine
vignoble *m.*   vineyard
ville *f.*   city
vin *m.*   wine
violemment *adv.*   violently
vis-à-vis   opposite, towards
vis-à-vis de   in relation to
vite *adv.*   fast, swiftly

vitesse *f.*   speed
vitrail *m.* (*pl.* **vitraux**)   stained glass
  window
vitrine *f.*   window (of a store)
vivant, -e *adj.*   lively, vivid, lifelike
  langue vivante *f.*   modern language
vivre   to live
vœu *m.*   vow, desire, wish
voie *f.*   way, road, path, channel, means,
  track
  en voie de   in process of
voie ferrée *f.*   railroad tracks
voir   to see
voisin, -e *adj.*   near, neighboring
voiture *f.*   carriage, car
voiture de livraison *f.*   delivery cart or van
voix *f.*   voice, vote
vol *m.*   theft, flight
volaille *f.*   poultry
volcan *m.*   volcano
volcan éteint *m.*   extinct volcano
voler   to fly, to steal
volet *m.*   shutter
volonté *f.*   will
volontiers *adv.*   willing, gladly, readily
vouer   to devote
vouloir   to wish, to want
  (en) vouloir à   to have a grudge against
vouloir bien   to be willing
vouloir dire   to mean
voûte *f.*   vault
voyage *m.*   trip
voyager   to travel
voyageur *m.*   traveler
voyeur *m.*   peeping Tom
vrai, -e *adj.*   true
vraisemblance *f.*   verisimilitude,
  appearance of truth
vue *f.*   sight, view

W

wagon-lit *m.*   sleeping car

INDEX